心理学の基礎
四訂版

今田 寛・宮田 洋・賀集 寛 共編

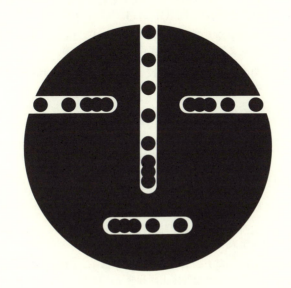

培風館

編者・執筆者紹介 (2020年8月現在)

〈　〉内は本書における執筆分担を示す
（共同・分担執筆を含む）

編　者

今田　寛 （いまだ　ひろし）	関西学院大学名誉教授　文学博士，Ph. D. 1963年米国アイオワ大学大学院卒業。1964年関西学院大学大学院文学研究科博士課程修了。〈1, 3, 4, 5, 6, 7章〉	
宮田　洋 （みやた　よう）	関西学院大学名誉教授　文学博士。1958年関西学院大学大学院文学研究科博士課程修了。〈2, 4章〉	
賀集　寛 （かしゅう　かん）	関西学院大学名誉教授　文学博士。1957年関西学院大学大学院文学研究科博士課程修了。〈9, 10章〉	

執筆者（執筆順）

佐藤暢哉 （さとう　のぶや）	関西学院大学文学部教授　博士（学術）。2000年広島大学大学院生物圏科学研究科博士課程後期修了。〈2章〉
獅々見　照 （ししみ　あきら）	広島修道大学人文学部教授　Ph. D. 1976年関西学院大学大学院文学研究科博士課程修了。1983年米国ハワイ大学大学院卒業。〈3章〉
中島定彦 （なかじま　さだひこ）	関西学院大学文学部教授　博士（心理学）。1993年慶應義塾大学大学院社会学研究科博士課程修了。〈4章〉
八木昭宏 （やぎ　あきひろ）	関西学院大学名誉教授　文学博士。1968年関西学院大学大学院文学研究科修士課程修了。〈8章〉
小川洋和 （おがわ　ひろかず）	関西学院大学文学部教授　博士（心理学）。2003年関西学院大学大学院文学研究科博士課程後期課程修了。〈8章〉
浮田　潤 （うきた　じゅん）	元関西学院大学文学部教授　文学修士。1991年関西学院大学大学院文学研究科博士課程修了。〈9, 10章〉
嶋崎恒雄 （しまざき　つねお）	関西学院大学文学部教授　文学修士。1986年関西学院大学大学院文学研究科博士課程修了。〈10章〉
岸本陽一 （きしもと　よういち）	近畿大学名誉教授　文学修士。1978年関西学院大学大学院文学研究科博士課程修了。〈11章〉
古賀愛人 （こが　あいと）	関西医科大学名誉教授　文学修士。1973年関西学院大学大学院文学研究科博士課程修了。〈11章〉
松見淳子 （まつみ　じゅんこ）	関西学院大学名誉教授，米国ホフストラ大学名誉教授　Ph. D. 1978年米国ハワイ大学大学院卒業。〈12章〉

本書の無断複写は，著作権法上での例外を除き，禁じられています。
本書を複写される場合は，その都度当社の許諾を得てください。

まえがき

　もう 10 年以上も前のことになるでしょうか。培風館の原氏から教養の心理学の教科書の執筆依頼をうけました。その時の教室のスタッフの反応は，培風館からのものも含めて，すでに立派な心理学の教科書が数多く世に出ているのに，いまさらわざわざ書くこともないのではないか，というものでした。その思いはその後も変わらなかったのですが，原氏のお人柄に負けて重いみこしを上げたのが，ちょうど 1 年ほど前だったかと思います。しかしそれまで書きしぶっていた理由が理由であるだけに，われわれが書く教科書には何か特徴がなければ意味がないことになります。そこで出した結論は，われわれの心理学教室の伝統的カラーをそのまま出せば，それがもっとも無理のない形での特色となるのではないかということでした。

　近年の心理学は認知的傾向が強いとよく言われますし，教科書の中にもその傾向の強いものがあります。しかし心理学が問題とする知，情，意ということからすれば，近年のこの傾向は"知"に重点をおいた傾向といえると思います。何か，"ヒトも基本的には動物の仲間である"という姿勢がもっと色濃く出た教科書があってもよいのではないでしょうか。本書の 2 章に「行動の生理的基礎」，3 章に「行動の生物的基礎」をもうけたのは，われわれのこのような思いがこめられています。第 2 の特徴は，心理学の歴史的背景の重視です。われわれの教室には，教室創始者の今田恵先生以来の心理学史への関心が強く流れています。心理学にかぎらず，教養科目では，それぞれの学問を歴史的な流れの中で理解することは大切なことだと思います。本書では心理学の歴史的背景は 1 章で扱われていますが，各章でも，それぞれの問題のルーツを明らかにするよう努めたつもりです。第 3 にわれわれの教室には古武弥正先生以来の学習，条件づけへの強い関心があります。それが学習についての二つの章，「学習 (1)」(4 章) および「学習 (2)」(5 章) にあらわれています。4 章では条件づけによる学習を中心に述べ，5 章ではそれ以外の認知学習や，学習に関する基礎研究の成果の教育や臨床への応用について述べています。第 4 は，われわれの教室には，動機づけ，情動に関する基礎研究と，実験的異常行動研究やストレス研究への関心も長くあります。それらの背景に 6，7 章がもうけられました。8 章の「知覚」の領域は元来手薄な領域でしたが，数年前よりこの領域のスタッフを加え，新しい伝統をつくりつつあります。第 5 に，われわれの教室には石原岩太郎先生以来の言語学習，記憶，心理言語学の領域の研究の流れがあり，

それを背景に9章が書かれました。しかし紙数の関係でこれに関連づけて「思考」の章をもうけることができなかったのが残念です。さらに紙面の制限から，どうしても省かざるを得なかったトピックとして，「発達」「社会的行動」などがあります。しかし発達に関しては，3章でも，また10章の「パーソナリティ」でも，多少の言及をするように心がけました。

　最後に各章に「コラム」という名のかこみ欄をもうけたことが特徴としてあげられると思います。これらのコラムはいくつかの意図をもって設けられています。(1) 心理学の初学者が関心をもつような，比較的日常的なトピックをとりあげて，心理学への閾を低くすること。(2) 本文に入れると全体の流れが切れてしまうが，完全に省いてしまうわけにはいかないトピックをとり上げるため。(3) 比較的新しい興味深い事実であるが，その事実を承認するか否かに関してはまだ多少の疑問が残るようなトピックを論ずること，などでした。これらのコラムは，いずれも独立の読みものとしても読めるようになっていますが，本文の流れの中でより意味をもつように考えられています。

　複数の筆者で1冊の書物を書いたわけですし，個々人の文体の特徴は残るようにしましたので，それに伴う問題はいくつか残るかと思います。本書が読者の皆様の御批判によって，将来，より良いものになることを願っております。

　最後に，本書が完成するまでにいろいろな方にお世話になったことを記し，感謝を申したいと思います。関西学院大学心理学教室の大学院の人たちには，さまざまな形でお手伝いいただきました。また学部の人たちにも，読者の立場で原稿の下読みをしてもらいました。その意味では本書はわれわれの教室の協同製作です。また10年以上にわたってお待ち下さり，また企画，執筆，編集の過程を通して実に木目の細かい御配慮を下さり，上梓にいたるまでお世話下さった，培風館の原高峰氏に心よりの感謝の意を表わしたいと思います。

　　昭和60年11月21日

　　　　　　　　　　　　　　　　　　　　　　　　　　　　編者一同

改訂にあたって

　初版まえがきのような経緯で数年前に「心理学の基礎」が出版されて以来，幸い非常に多くの方々に教科書として使っていただき，また多くの暖かいコメントをいただいて参りました．心から感謝しております．今回初版が出てから5年を経過したところで改訂版を出すにあたって，かねて懸案の「思考と言語」の章を新たに設けました．そして「思考」の部分の執筆には，現在学術振興会特別研究員で，われわれの研究室に在籍している嶋崎恒雄君に加わってもらいました．その他，これまでにいろいろご指摘を頂いておきながら，大きな組みかえが不可能であったのでそのままになっていた箇所は，できるかぎり修正したつもりです．コラムもいくつか新しく加えたり差し替えたりしました．

　しかし「心理学の基礎」としてのわれわれの基本方針は変更しませんでした．大学生の活字離れが進んでいる中で，漫画による心理学の教科書とか，図表や，トピック的なことを多くした教科書が多数出版されるようになりましたが，基礎心理学を共通の基盤とする著者たちが慣れないことをするよりも，断固ベーシックであることの道を堅持し，それをもって一つの特徴とすべきだと考えました．したがって大きな変更はしておりません．

　数年後には大改訂をしなければならない程，心理学が急速に進歩することを期待しつつ第1回の改訂版をおとどけいたします．きたんのないご意見をお寄せください．最後になりましたが，いろいろお世話下さいました培風館の後藤昌之氏に感謝いたします．

　　　1990年9月28日

編者一同

三訂版の発刊にあたって

「心理学の基礎」の初版が発行されたのは1986年，そしてその改訂版が出版されたのが1991年ですから，随分長い間改訂作業を行なっていませんでした。その間，心理学の最前線は随分進歩しましたが，初学者が接する「基礎」の部分にその影響が及ぶには少しは遅れがあると思いつつ，随分時間がたってしまいました。今回，もう少し大々的な改訂をしようと思っていましたが，時間の関係で以下の改訂に留まらざるを得ませんでした。

- 1章「心理学とは」の章は，全面的に書き改めた。
- 11章「パーソナリティ」の章も，ほぼ全面的に書き変えた。
- 12章「臨床心理学の基礎」の章を追加した。
- 7章「欲求不満・ストレス情動」の章の，情動の節は全面的に書き変えた。
- その他すべての章で，比較的小さな修正，改訂を行なった。
- 推薦図書は，すべての章についてアップデートした。

以上の中でもっとも大きな改訂は，12章に「臨床心理学の基礎」を加えたことでしょう。入門書なので，心理学の一応用領域である臨床心理学に特化した一章を当てるのは適当ではないと思いましたが，一般社会の中でもスクール・カウンセラーや臨床心理士という言葉が飛び交う今日の心理学ブームの中で，「臨床心理学の基礎」を修めておくことは必要だと思い，新しく一章を付け加えました。

しかし学部レベルでの心理学の学習においては，心理学という学問の全体の姿を見失わないでいただきたいと思います。1章の「心理学とは」の章は，今回とくにそのことを意識して書きましたので，これを学びの原点だと考えて，時々1章に戻って心理学という森の全体像を森の外からとらえ，いま学んでいることが森の中のどこにあるのかを確かめてほしいと思います。

前回の改訂から今回の改訂の間は12年でしたが，次回の改訂まではあまり間が開かないと思います。どうかこれまで同様，お気づきの点などご意見をいただき，幸い好評をいただいている本書を，読者の方々と共に育てたいと思っております。

2003年2月18日

編者一同

四訂版の発刊にあたって

　2003年に本書の三訂版が出版されてから12年が経過しました。その間に，本書の編者はすべて教育現場を離れ引退の身となりました。この度，培風館から四訂版のご提案をいただいた時，これを機にすべてを後進に委ねる道もありました。しかし幸い三編者とも健康に恵まれていますし，新たな陣容での企画となると大変な作業になりますので，私どもが手がける最後の仕事として四訂版の作業にとりかかりました。

　改訂にあたっても，これまでの基礎重視の基本方針には何も変わるところはありません。しかし本書はやや難しいという声がありますので，それには耳を傾けなければなりません。そこで作業の手始めに，三人の編者が三訂版を最初から最後まで，今一度丹念に読み直し，記述の面で難しいと感じられたところのリストを作り，その情報を共有しました。そしてそれを各執筆者に伝え，'分かりやすさ' を念頭においての改訂作業が始まりました。なお改訂にあたっては，紙幅の許す範囲での内容の修正，アップデートや推薦図書の見直しも心がけました。冒頭の執筆者一覧には，今回の改訂には直接の関与はありませんでしたが，これまでの執筆に関わったすべての方の名前を記載いたしました。なお今回新たに，小川洋和先生が知覚の章の執筆に加わりましたが，この他にも関西学院大学心理学教室の関係者に助言やご協力をいただきました。感謝しております。

　思えば初版が出版されたのが1986年ですから，本書は30年間にわたって多くの方に用いていただいたことになります。心理学には，科学としての側面と職業としての側面の両面がありその両方が大切ですが，一般の人が目にするのは社会の現場で活躍する心理学専門職の人たちの姿だと思います。しかしこの職業に至る道には地道な基礎の学びが欠かせません。そのような思いが本書を通して伝わることを心から願っております。

　なお今回の改訂作業にあたり，今回も培風館の近藤妙子さんに大変お世話になりました。木目の細かいご対応に心から感謝しております。

　　　2016年1月30日

編者一同

目　次

1　心理学とは ──────────────── 〔1〜20〕
1　心理学とは ……………………………………………………… 2
　　目的と対象／心理学の諸領域
2　心理学の歴史 …………………………………………………… 6
　　科学的心理学の独立まで／科学としての心理学の独立／今日の心理学／
　　心理学の日本への導入
3　心理学の研究方法 ……………………………………………… 15
　　実験的方法／非実験的方法

2　行動の生理的基礎 ──────────── 〔21〜42〕
1　"心の座"を求めて ……………………………………………… 22
2　行動と心的活動の種類 ………………………………………… 23
3　脳・神経系の基本構造 ………………………………………… 26
　　ニューロンとシナプス／脳の構造
4　脳・神経系のはたらき ………………………………………… 28
　　脊　髄／脳幹と脳幹網様体／小　脳／間　脳／辺縁皮質と辺縁系／
　　大脳皮質／自律神経による調節／ホルモン系による調節
5　心理学と生理学の接点 ………………………………………… 36
　　心的活動と脳の電気活動／生物(生体)リズム／睡　眠／学習・記憶の
　　生理的基礎／大脳半球の機能的非対称性

3　行動の生物的基礎 ──────────── 〔43〜64〕
1　生得的な適応行動様式 ………………………………………… 44
　　走　性／反　射／本能的行動
2　初 期 経 験 ……………………………………………………… 49
　　刻印づけ(刷り込み)／社会的隔離と正常な知覚経験の欠如
3　人間の生得的行動と初期経験 ………………………………… 56
　　生得的知覚様式／生得的行動様式／初 期 経 験

4 学 習 (1) 〔65〜84〕

1 学習とは ……………………………………………………… 66
  学習の定義／学習の種類
2 古典的条件づけ …………………………………………… 67
  パブロフの条件反射／ワトソンとアルバート坊や
3 道具的条件づけ …………………………………………… 72
  道具的条件づけとは／ソーンダイクの試行錯誤学習／スキナーのオペラント条件づけ
4 古典的および道具的条件づけの基本性質 …………… 78
  強　化／消去と自発的回復／般　化／分化と弁別／高次条件づけと2次強化／古典的条件づけと道具的条件づけの関係

5 学 習 (2) 〔85〜98〕

1 認知学習 …………………………………………………… 86
  洞察による学習／何が学習されるのか／観察学習
2 学習原理の応用
  ティーチング・マシン／行動療法
3 運動技能学習 ……………………………………………… 96
  運動技能学習とは／運動技能学習に影響を与える諸要因／熟達した技能とそれへの過程

6 動機づけ 〔99〜118〕

1 動機と行動 ………………………………………………… 100
  動機づけの諸概念／動機の分類
2 生物的動機 ………………………………………………… 102
  ホメオスタシス／摂食行動の基礎／誘因の役割／動因の3機能
3 内発的動機
  感覚遮断の実験／内発的動機のいろいろ／覚醒と最適覚醒水準
4 社会的動機 ………………………………………………… 113
  社会的動機とは／達成動機と親和動機
5 動機間の関係 ……………………………………………… 116
  基本的動機の強度比較／機能的自律性／動機の階層

7 欲求不満・ストレス・情動 ―――――― 〔119〜138〕

1 欲 求 不 満 ·· 120
   動機の葛藤と欲求阻止／欲求不満に対する反応／認知的不協和の解消
2 ストレス ·· 127
   心 身 症／ストレスと潰瘍
3 情   動 ·· 131
   情動の諸側面／情動の理論／情動の顔面表出

8 知   覚 ―――――――――――――――― 〔139〜166〕

1 物理的世界と知覚 ·· 140
   地理的環境と行動的環境／知覚の過程／知覚の選択性と統合性／知覚と客観的世界とのズレ
2 感覚の水準での選択 ·· 143
   刺激閾と弁別閾／精神物理学／感覚の範囲／順   応
3 知覚の統合作用 ··· 146
   時間的空間的統合作用／図 と 地／群化の要因／バイオロジカルモーション
4 知覚の恒常性 ··· 149
   大きさの恒常性／その他の恒常性
5 空 間 知 覚 ·· 150
   空間の異方性／奥 行 知 覚
6 運動の知覚 ·· 154
   実際の運動／仮 現 運 動
7 知覚に及ぼす主体的要因 ·· 156
   知覚に及ぼす学習の効果／動 的 知 覚
8 知覚の情報処理的研究 ·· 158
   形 の 知 覚／パタン認識のモデル
9 注   意 ·· 162
   持続的注意／分割的注意／選択的注意／注意の制御

9 記憶と忘却 ―――――――――――――――――― 〔167〜196〕

1 感覚記憶 ……………………………………………………………… 168
　　容　量／持続時間
2 短期記憶 ……………………………………………………………… 170
　　持続時間／容　量／短期記憶における符号化／短期記憶からの忘却
3 長期記憶 ……………………………………………………………… 174
　　リハーサル／長期記憶の下位区分／宣言的記憶と手続き的記憶／エピソード記憶と意味記憶／意味記憶のモデル
4 ワーキングメモリ …………………………………………………… 178
5 長期記憶からの忘却 ………………………………………………… 180
　　干渉説／手がかり依存と忘却／動機づけと忘却
6 構成的記憶 …………………………………………………………… 186
　　記憶の変容／文章の記憶／知識による統合と構成／目撃証言とデマ／記憶の永続性について
7 記憶増進法 …………………………………………………………… 190
　　感覚記憶と短期記憶の問題／過剰学習／チャンキング／媒　介／イメージ化
8 記憶研究の最近の展開 ……………………………………………… 194
　　日常記憶研究／脳研究との連携

10 思考と言語 ―――――――――――――――――― 〔197〜220〕

1 思考とは何か？ ……………………………………………………… 198
2 推　理 ………………………………………………………………… 198
　　推理の研究／さまざまな推理
3 問題解決 ……………………………………………………………… 200
　　問題とは何か？／問題解決に影響を与える要因／問題解決の過程
4 言語の意味 …………………………………………………………… 208
　　言語の恣意性／意味の二つの側面／意味の心理学／概念の学習
5 言語の文法 …………………………………………………………… 214
　　変形生成文法の心理学的実在性／文法習得の生得性
6 言語と認知 …………………………………………………………… 215
　　ピアジェ-ヴィゴツキー論争／言語化の効果／言語と文化

11 パーソナリティ ─────────────── 〔221〜252〕

1 パーソナリティの記述 ……………………………………… 222
　類型論によるアプローチ／特性によるアプローチ
2 パーソナリティの測定 ……………………………………… 233
　質問紙法／投映(影)法／パーソナリティ・テストの信頼性と妥当性
3 パーソナリティの形成の基礎過程 ………………………… 236
　精神分析理論／学習心理学の考え方
4 知　　能 …………………………………………………… 239
　知能とは／知能の構造／知能の測定
5 遺伝と環境 ………………………………………………… 248
　遺伝規定性／環境との相互作用

12 臨床心理学の基礎 ─────────────── 〔253〜271〕

1 臨床心理学の領域 ………………………………………… 254
2 臨床心理学の歴史的背景：現在とのつながり ………… 255
　臨床心理学の誕生／個人差心理学研究と計量的分析法の開発／知能検査と心理テストの開発／心理療法の創始と発展
3 臨床心理学の基礎訓練について：科学者―実践家モデル ……… 261
4 実証研究方法 ……………………………………………… 262
　事例研究／実験研究／アナログ・デザイン／一事例実験デザイン／メタ分析
5 臨床心理学におけるアセスメント ……………………… 266
　アセスメントとは？／心理面接／行動アセスメント／生理的反応の測定
6 エビデンス・ベースの心理療法 ………………………… 268
7 臨床心理学における職業倫理 …………………………… 271

推薦図書──より理解を深めるために── ……………… 〔273〜274〕
引用文献 …………………………………………………… 〔275〜283〕
図表出典 …………………………………………………… 〔284〜288〕
索　　引 …………………………………………………… 〔289〜297〕

■ コ ラ ム ■

- 2-1 "脳と心"の研究小史　24〜25
- 2-2 「おや，なんだ反射」　31
- 3-1 野生児の物語は信じられるのか？　53
- 3-2 新生児の感覚　60
- 4-1 学習における"準備性"の考え　73
- 4-2 不随意反応を随意的にコントロールする方法—バイオフィードバック　77
- 4-3 報酬と罰　79
- 4-4 恐怖の動機づけ機能　83
- 6-1 肥満　107
- 6-2 刺激希求性尺度(SSS)　112〜113
- 7-1 学習された無力感—あきらめの学習　125
- 7-2 ストレスの概念　126
- 7-3 情動の意識経験　132
- 7-4 基本情動　135
- 7-5 実際に起こった出来事よりも，それをどう解釈するかが大切？　137
- 8-1 月の錯視　152
- 8-2 アフォーダンス　161
- 9-1 記憶研究法　170〜171
- 9-2 レミニセンス　181
- 9-3 状態依存学習　184
- 10-1 問題解決の実験で用いられるさまざまな問題　202〜204
- 10-2 意味測定法　211〜212
- 10-3 文化と思考　218〜219
- 11-1 相関係数と因子分析　226〜227
- 11-2 外向性の者は昼から調子が良くなる？　233
- 11-3 いわゆる「血液型性格学」は信頼できるのだろうか　251
- 12-1 行動療法，認知行動療法，認知療法の実証的アプローチ　260

1 心理学とは

1879年にドイツのライプチッヒ大学に創設
された世界最初の心理学実験室
(中央座位, 科学的心理学の父　W. ヴント)

この章では，心理学を学びはじめるに当たって，まず心理学とはどのような学問なのか，その概略について述べる。そのために，心理学の目的と対象，その諸領域，歴史的背景，研究法などについて紹介する。

1 心理学とは

1 目的と対象

　人間はなぜ戦争をするのだろう？　彼(彼女)は一体何を考えているのだろう？　赤ちゃんはどのようにしてことばを覚えるのだろう？　ものごとを忘れるのはなぜだろう？　子どもはテレビの暴力番組から影響を受けるのだろうか？　血液型で性格がわかるのだろうか？　女性の方が男性よりも育児に向いているのだろうか？　人は一晩に何回くらい夢を見るのだろう？　どうして地平線に近い満月は大きく見えるのだろう？　どうして私は"あがる"のだろう？　嘘発見器で嘘は見抜けるのだろうか？

　このような疑問は，日常生活の中で誰でも抱く疑問である。そして人の行動や心のはたらきに関わる what, how, why であるから，当然，心理学に答えが求められる疑問である。しかし心理学の専門家でなくても，これらの問いのいくつかについては自分なりの答えをもっている人も多いだろう。たとえば血液型で性格がわかると信じている人もいるし，育児には女性の方が適任だと思っている人もいる。また人の心が"読める"と自認している人もいるかもしれない。その意味では世の中には多くのアマチュア心理学者がいる。しかしアマチュアあるいは常識心理学と，科学としての心理学は違う。科学としての心理学はこれらの疑問に対して確実な事実・証拠をもとにして答えることが求められている。本書を通して，科学的心理学がこれらの疑問に対してどのような答え方をしているかがわかるだろう。

　「ワタシは，イマ，ココに生きている」。これは私たちの存在そのものを表しているが，この表現の中に心理学の出発点があるといってもよい。ワタシは他の人と異なる独自な存在であると同時に，人間として他の多くの人と共通点もある。したがってワタシの行動は人間共通の一般法則に従っている。またわれわれは動物の仲間なので，われわれの行動は動物の行動とも法則性を共有している。さまざまな心理機能別に，人や動物の行動や心のはたらきの規則性・法則性を探ることは心理学の主な課題なのである。またイマ・ココに生きるということは，われわれは常に時間と空間の交叉点に生きているということである。イマということは，われわれは受精―誕生―成長・発達―死という過程のどこかに位置していることであり，イマのワタシは常に過去の産物である。その過程には一個体としての発達の過程も，学習

1　心理学とは　　3

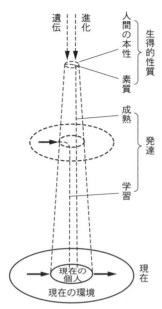

図 1-1　「現在の個人」(イマ，ココにいるワタシ)に影響を与えているさまざまな要因(今田，1958)

の過程もあるが，さらにその背後には動物の仲間として，動物の進化の全過程がひかえている。その意味でも人間は過去の産物である。ココということは，われわれの周辺には多くの人が住む広い環境が広がっていて，われわれの存在が社会的存在であることを意味している。われわれの行動は社会から，さらにはその社会を包んでいる文化から計り知れない影響を受けている。心理学は幅の広い学問であるが，その諸領域を理解する上で，いま述べた「ワタシは，イマ，ココに生きている」という表現は多くの示唆を含んでいる。なお，図 1-1 はこれまで述べたことの理解に役立つであろう。

　心理学は，人間の"行動と心的過程の科学的研究"を目的とする学問といわれる。われわれは心そのものを直接観察することはできないので，表に現れた行動を通して心の動きや変化，つまり心的過程を知ろうとする。行動を心的過程を反映しているものとして見た場合，それを心的活動(mental activity)ということがあるが，その意味では心理学の対象は心的活動であり，それを科学的に研究することが心理学の目的である。

　心的過程，心のはたらきといっても多様である。俗に「知・情・意」という表現

があるが、これは人の心には知能・知性・知識をあらわす「知」の側面、感情・情動をあらわす「情」の側面、そして意志・意欲をあらわす「意」の側面があるということである。このような心の三分法はもともと、18世紀の能力心理学の伝統の中で哲学者カントによって用いられた表現で、今日の科学的心理学で用いられることはないが、心理学を学び始めるにあたって、心的過程というものを大づかみに理解する助けにはなると思う。われわれは見たり、聞いたり、考えたり、覚えたり、忘れたり、喜怒哀楽を経験したり、やる気を起こしたり失ったり、毎日さまざまな経験をするが、それらがすべてワタシの諸側面であり心理学の研究対象である。

表1-1 心理学の諸領域

部門	領域	本書における関連章
基礎部門	**実験心理学・生理心理学**	2〜10章
	実験心理学は、実験室での実験的研究によって人間のさまざまな心理過程(感覚、知覚、学習、記憶、問題解決、動機づけ、感情・情動、思考、言語など)についての基本的一般法則を明らかにしようとする領域である。生理過程と行動の関係を実験的に明らかにする生理心理学、脳のはたらきと心的活動の関係を明らかにしようとする神経心理学、薬と心的活動の関係を実験的に調べる心理薬理学のような領域を含む。実験心理学ではヒトのみでなくヒト以外の動物も実験対象とする。	
	発達心理学	独立章なし。特に関連が深いのは3章
	発達心理学は、時間経過にともなう人間の心的活動の変化を研究する幅広い領域である。発達にともなって運動、感覚、知覚、認知、言語、社会行動などがどのように変化するか、そこにどのような法則性があるかを研究する。対象とする時期によって、乳児心理学、幼児心理学、児童心理学、青年心理学、老年心理学などがあるが、近年は人が生まれてから老年期にいたるまでの全領域をカバーした生涯発達心理学の視点が強調されるようになった。この個体の発達過程(個体発生的発達)に対して、ヒトの動物としての進化の過程(系統発生的発達)も広義の発達心理学の問題に含まれる。比較心理学は、ヒトと他の動物との比較によって、ヒトをよりよく理解しようとする領域である。近年、心理過程の生物的起源を問題にする進化心理学が注目されている。	
	社会心理学	独立章なし
	社会行動の諸現象や、集団・社会の中の個人の行動、とくに他者が個人の行動に与える影響などを研究する幅広い領域である。対人知覚、対人関係の形成、社会的態度の形成や変容、集団内での役割行動、集団内での意思決定、リーダーシップ、援助行動、攻撃行動、さらに広く国家・世界と個人の関係、政治・法律と人間行動の関係などが問題にされる。近年、心理過程の文化差を問題にする文化心理学が注目されている。	
	パーソナリティ心理学	11章
	行動傾向の個人差を研究する心理学の一部門であり、実験心理学のアプローチが、どちらかといえば個人差を無視して、いわば平均的個人に当てはまる心的活動の一般法則を追求するのと対照的である。また実験心理学が、知覚や学習という個別の心理過程を別々に取り扱う傾向が強いのに対して、パーソナリティ心理学は、個人を時間を超えてある程度一貫性をもつ統合体としてとらえる傾向が強い。パーソナリティの遺伝的・環境的決定、形成、測定、異常、構造などが問題となる。	

2 心理学の諸領域

上に述べたように，時間的・空間的存在である人間の心的活動を対象とする心理学は幅広い学問である。大きな書店の心理学の棚に行くと，その領域の広さとトピックの多様性に驚くことであろう。ここでは今日の心理学の諸領域をある程度整理をしながら紹介する。

医学が基礎医学と臨床医学に分けられるように，多くの科学は基礎部門と応用部門をもち，心理学も例外ではない。前者は研究の成果がすぐに現実の問題の解決に役に立つことを目ざすものではなく，大学の研究者の多くはこの領域で基礎研究を行なっている。後者は，解決を迫られている現実の諸問題を解決するために基礎研究の成果を応用する領域で，社会の現場で働く専門職業人がこの領域で活躍している。科学として，および職業としての心理学が協力し合って前進するのが理想である。

心理学の具体的な領域を細かく列挙すると膨大なリストになる。たとえば会員数約13万人を擁するアメリカ心理学会は54部門に分かれている。しかしこれでは細かすぎて，何かの基準で限られた数の領域にまとめなければ心理学の全体像をつか

部門	領域	本書における関連章
応用部門	**教育心理学・学校心理学**	独立章なし
	教育のもつ心理的側面を研究したり，心理学の成果を教育場面に応用する領域が教育心理学である。教授・学習過程，学習動機，学習場面での年齢差や性差，学習遅滞，教育効果の測定・評価，教育場面における情緒的問題などが取り上げられる。教育心理学者の多くは大学の教育・研究者であるが，学校心理学者は教育現場で働く心理学者であって，子どもの学習，情動，性格などの測定・評価を行い，よりよい教育効果あげることに従事する現場の職業心理学者である。	
	産業心理学・組織心理学・工学心理学	独立章なし
	職場での人間行動，人間と機械の関係などを研究する領域である。産業場面での生産性に影響を与えるさまざまな環境的，心理的要因の研究，快適で健康的な物理的，人的，心理的環境の問題，雇用・労働形態や組織が労働意欲や生産性に与える影響などが具体的問題の例である。職場の機械化が進むに伴って，人間にやさしく安全な機械の配置や，ヒューマン・エラーを最小限に抑える機械の設計など，人間と機械の関係に関わる工学心理学(あるいは人間工学)の領域が発展してきた。	
	臨床心理学・カウンセリング心理学	12章
	臨床心理学は，異常行動の研究，診断，治療を行う心理学の一応用領域であり，精神疾患，神経症，薬物依存，夫婦・家族の人間関係の問題などを扱う。カウンセリング心理学(相談心理学ともいう)も臨床心理学と重なるところがあるが，職場や学校現場における日常的な適応上の問題についての相談・助言に従事するのがカウンセラーである。また近年，治療というよりは心身の健康の促進と維持を目ざす健康心理学が大きく発展している。	

むことはできない。ここではまず表 1-1 のように心理学を大きく基礎部門と応用部門に 2 分し，さらに基礎部門を 4 領域，応用部門を 3 領域に分ける分類法にしたがった。なお基礎部門の発達，社会，パーソナリティ心理学の 3 領域は相互に重なるところが多く，しばしば一つの領域にまとめられることもあるが，ここでは 1 節 1 項で述べたように，人間理解をめざす心理学の姿が，時間 vs 空間，一般法則 vs 独自的個人，個別機能 vs 統合的全体という対比によってより明らかになると思い，基礎部門を実験心理学を含む 4 領域に分けた。なお一般の人は基礎部門に直接接する機会は少なく，応用の 3 領域の方がなじみがあるだろう。

2 心理学の歴史

以上，心理学は心的活動，つまり行動と心的過程の科学的研究を行なう多様な領域をもつ学問であることについて述べた。それでは今日の心理学にはどのような過去と歴史があったのであろうか。ドイツの心理学者エビングハウス (H. Ebbinghaus, 1850-1909) は 1908 年の著書の中で，「心理学は長い過去を持つが，短い歴史しか持たない」と述べている。これは広い意味での心理学は，人が「心とは」ということに好奇心を抱き始めた時に始まったと考えれば，それは随分古い過去のことになるが，一つの独立した学問体系として確立されたことをもってその歴史が始まったとすれば，その歴史はまだ短いという意味である。本節では心理学の過去と歴史について簡単に述べることにする。

1 科学的心理学の独立まで

後に述べるように科学としての心理学が誕生したのは 1879 年と言われるので，その歴史はまだ 140 年ほどである。しかしそれに先立って，心理学の基礎を築く上で貢献のあった哲学者，物理学者，生物学者は数多くいる。表 1-2 はそのうちの代表的な何人かの貢献をまとめたものである。

2 科学としての心理学の独立

科学としての心理学は 1879 年に，ドイツのライプチッヒ大学にヴント (W. Wundt, 1832-1920) が世界で最初の心理学実験室を設立したことをもって始まるとされている。もちろん表 1-2 に見られるフェヒナー (G. T. Fechner) は，心の測定を試みたわけであるから科学的心理学の創始者と言ってもよいかも知れない。しかし自らを心理学者と名乗り，実験室を設置し，学問体系としての科学的心理学を唱えたのはヴントが最初である。以下ヴント以後，約半世紀にわたって展開された心理学上の

2 心理学の歴史

さまざまな立場，主張の主だったものを七つに分けて紹介するが，これは同時に初期の心理学の発展の歴史をも示している。

最初に，心理学130余年の歩みを研究対象と研究方法を中心に概観しておく。心理学が科学であるためには心や霊魂を哲学的・思弁的に研究していても駄目である。観察できるものを対象としなければならない。自分の意識は自分で観察できる。そのような考えに基づいて，科学としての心理学は意識を対象とし，それを自分自身で観察する(内省・内観)方法でもって始まった。しかし内省という主観的方法に頼っているかぎりやはり科学的とはいえない。観察は客観的観察でなければならな

表1-2 心理学の基礎を築くために貢献のあった哲学者，物理学者，生物学者

人名	事項	補足説明
アリストテレス(希) (384-322 B.C.)	・『精神論』(デ・アニマ)	世界最初の心に関する体系的書物を著し，精神に関する研究を高く位置づけ，客観的観察を重視した心理学を唱えた。また観念の連合の法則(類似・反対・接近)を主張。
デカルト(仏) (1596-1650)	・心理学に独立の地位 ・心身相互作用説 ・反射の概念 ・観念の生得論	それ自体は機械である身体は，脳内のある部位で精神と相互作用すると考える心身二元論を提唱。生理心理学，反射の概念の創始者。観念・知識の起源に関しては生得的観念を肯定する生得論の立場をとる。
ロック(英) (1632-1704) ヒューム(英) (1711-1776) 17〜19Cの英国経験論哲学者	・経験論 (生得的観念の否定) ・連合論	人の心は生まれた時には白紙(tabula rasa)(ロック)であり，感覚的経験を通してのみ知識は獲得されるとする経験論の立場。また感覚的経験によって与えられる観念の連合によって複雑な心ができるとする連合論を提唱。ヒュームはその流れの中にあり，「人間の科学」における物理学のニュートンのようになろうとした。
フェヒナー(独) (1801-1887)	・『精神物理学要論』 (1860)	刺激と感覚の関係を明らかにし，物質界と精神界の数量的対応を解明しようとする学問体系として精神物理学を提唱。精神物理学的測定法を残す。
ダーウィン(英) (1809-1882)	・『種の起源』(1859) ・進化論 ・適者生存/自然選択 ・『人及び動物の表情について』(1872)	進化論を唱え，人と動物の連続性を主張。また生存への闘争の中で環境に適するものの子孫が生残り，他は淘汰されるとする適者生存・自然選択の考えを主張。適応の心理学とも言われるアメリカの機能主義心理学に多大な影響。人の心的機能のルーツを人以外の動物に求める傾向を促すとともに，心理学における動物実験研究を促進。
スペンサー(英) (1820-1903)	・『心理学原理』(1855) ・心の進化論的見解	「心が現在の形式で存在するのは，さまざまな環境に適応しようとして過去および現在も続けている努力によってである」という心の進化論的見解を明らかにし，後のアメリカの機能主義心理学の基を築いた。

い。そこで心理学の対象は意識から客観的観察と測定が可能な行動へと移行した。しかしそのために，行動を"刺激に対する反応"というように機械的に考え，意識や心がもつ能動性が心理学から追い出されるのであれば，それはまた問題である。そこで，科学の方法論の進歩とともに，客観的に能動的心的過程を扱う方法が生まれた。それが今日の心理学の姿である。

(1) ヴントの実験心理学

もともと生理学者であったヴントは，1874年に『生理学的心理学綱要』を著し，1879年に世界最初の心理学実験室を設立し，意識を対象とする経験科学としての心理学を創始した。書名にある生理学的というのは実験的ということであって，彼は本章の扉や p. 20 に見られるような実験機器を用いて，統制のとれた実験室の中で実験協力者（被験者という）にさまざまな刺激を加え，それに対する意識経験を報告させる方法，すなわち内観あるいは内省（introspection）という方法をもちいて，世界ではじめて意識の実験的研究を行なった人物である。

(2) ティチェナーの構成主義心理学

ティチェナー（E. B. Titchener, 1867-1927）はヴントの弟子のイギリス人であり，1893年にアメリカに渡りヴントの心理学を英語圏に紹介し，かつまた自分の心理学を構築した人である。ティチェナーは，先進科学である物理学や化学が，複雑な現象をそれを構成している要素（たとえば原子や元素）に還元する方法をとったのと同じように，心理学も意識の内容を内省によって組織的に分析し，これ以上分析不可能な心的要素を発見し，それを再構成することによって複雑な心的経験を理解しようとした。その意味で彼は自分の立場を構成主義（structuralism）とよんだ。意識を内省法を用いて研究する点に関しては，ティチェナーはヴントと同じであるが，個人差を無視して心的過程の一般法則を発見しようとする純粋科学としての心理学を

ヴント　　　　　　　　ジェームズ　　　　　　　　フロイト

2 心理学の歴史

追求する姿勢はヴントよりも強かった。またヴントも心的要素を追求したが，ティチェナーの方がその要素還元論の姿勢は強く，また徹底していた[†]。

（3） ジェームズの機能主義心理学

1890年に『心理学原理』を著し，アメリカ心理学の父と言われるジェームズ（W. James, 1842-1910）は，意識を対象とし，方法として内省法を用いる点においてはヴントやティチェナーと同じであったが，彼らが意識の内容と構造に関心をもったのに対して，ジェームズはダーウィンの進化論の影響を受けて，意識の機能・はたらきに関心をもった。

ダーウィンの進化論は，自由競争に基づく適者生存と実効性に価値を置く19世紀末のアメリカ社会に広範囲で多大な影響を与えた。生物の形態や構造はそれなりの生存上の適応的意味があったからこそ今日の形態や構造に進化してきたのだとする進化論からすれば，意識にもそれなりの生存・適応上の意味や目的があるはずである（表1-2のスペンサーを参照）。したがって心理学は，意識の内容や構造を問題とするのでなく，その機能・はたらきを研究すべきであるという考えが，19世紀末のアメリカに生まれた。このような，動物や人の環境への適応過程において意識が果たす役割・機能を重要視する立場を，構成主義に対して機能主義（functionalism）というが，この考えはデューイ（J. Dewey, 1859-1952）やエンジェル（J. R. Angell, 1869-1949）に受け継がれ，適応の心理学とも言われるアメリカ心理学の主流となった。

ジェームズの有名なことばに"意識の流れ"ということばがあるが，これは意識を構成している静的な要素を追求するティチェナーの心理学からは生まれない動的な，心的活動の流動性を表すことばである。また意識の合目的性と選択性を強調するジェームズの主張も構成主義の主張からは生まれるとは考えられない。後世への影響に関して言えば，意識は行動をとおしてその適応機能を発揮するのであるから，当然心理学の研究対象に行動が加わることは時間の問題であった。また，意識がどのように役立つかという考えからすれば，意識のはたらきの及ぶところすべてが心理学の対象になりうるわけであるから，心理学の研究対象が大いに拡大し，応用研究が促進されることも十分に予想されたことであった。

（4） フロイトの精神分析学

意識は内省の対象になるが，無意識は内省の対象になり得ない。しかし，もし

[†] 実はヴントの心理学は長年，世界中の多くの心理学テキストで誤った伝えられ方をしていた。その誤解の多くは，ヴントの弟子のティチェナーによる英語圏へのヴントの紹介の不正確さと，彼自身の心理学とヴントの心理学が混同されたことにあると言われている。ヴントの心理学はこれまで考えられていた以上に心のもつ能動性を強く主張する心理学であり，その点で今日的要素を多く含んでいたと言われるようになった。

行動に影響を与える無意識過程があるならば，それも心理学の対象としなければならないことになる。オーストリアの医師フロイト(S. Freud, 1856-1939)は20世紀初頭に，意識と無意識過程の相互作用を研究する学問体系として精神分析学(psychoanalysis)を提唱した。フロイトは，いろいろな精神疾患の診断と治療を試みている中で，幼児期に抱いた反社会的(性的)欲求が意識の世界から追い出されて無意識の世界に押し込められ，それが行動や思考に影響を与え，時には神経症を引き起こすと考えるようになった。それらの無意識過程は，普段は表に現れないが，夢の中とか，うっかりした行動(口滑らしや物忘れ)に現れると考えられた。また神経症の治療法としての精神分析では，催眠や自由連想という方法が用いられるが，それは，これによって無意識過程が意識化され，その意識化によって症状の原因が除去されるからだと考えられた。

それではフロイトの影響によって心理学は無意識を研究対象の中に積極的に取り込むようになったのだろうか。必ずしもそうではなかった。その主な理由は，無意識の欲求を性的なものと考え，しかも小さな子どもの性欲を考えるフロイトの汎性欲説に対する反発と，彼の用いた方法が科学的でなかったからだと言える。しかし，たとえ神秘的な無意識な力であれ，人間の内部にあって行動を動かす力を考える彼の力動的な考えは，当時としては新鮮であり，後の動機づけの心理学の先駆をなすものである。また今日多くの人は，フロイトの無意識についての考えを受け入れないにしても，気づかないで行なってしまう行動のあることは認めるであろう。

(5) ワトソンの行動主義

ヴント，ティチェナー，ジェームズなどは，立場は違うが，意識を心理学の対象とする点においていずれも意識主義の心理学に属する。これに対してアメリカのワトソン(J. B. Watson, 1878-1958)は意識主義を否定し，1913年に行動主義(behaviorism)の心理学を提唱した[1]。今日のわれわれの常識からすれば，科学に客観的観察が求められるのは当然である。たしかに自分の意識は内省によって観察可能であろうが，内省によって得られるものは主観的な私的データでしかない。このようなことでは心理学はいつまでたっても自然科学の仲間入りをすることはできないとして，ワトソンは，心理学は客観的観察が可能な行動のみを研究対象とするべきであると主張した。

ワトソンの主張を以下に簡単に要約する。心理学の目的は行動の予測と統制にある。そのためには操作可能な刺激(S：stimulus)と，測定可能な反応(R：response)の間の法則関係，つまりS-R法則を実験的に明らかにすればよいのであって，いかなる意識的概念も心理学には必要はない。このような目的を達成するために，ワトソンは条件反射の研究(4章参照)を重要視した。彼は，行動はどれほど複雑なもの

であっても最終的には単純な S-R 結合（条件反射）の連鎖，あるいは束として考えることができると考えた。すなわち条件反射はワトソンにとっては複雑な行動を構成する要素であった。

これまで述べてきたこととの関連に少し触れると，第一に，彼の立場はティチェナーと同じ要素還元論の立場である。ただ要素の性質において両者が異なっているのは明らかである。第二に，表 1-2 のロックの項との関連で言えば，ワトソンはごく少数の生まれつきの行動傾向を除けば一切の先天性を否定する立場をとるので，人は生まれたときは「白紙」とする経験論の立場に立つ。また S-R 連合の学習によって行動が複雑化していくとする考えも連合論の立場そのものでもある。第三に，上に述べたように（(3)参照），行動を心理学の対象にすることは，ジェームズの機能主義心理学の考えからは十分に予想されるので，行動主義心理学は機能主義心理学の流れの中にあると言える。また同じく進化論の影響を受けて生まれた機能主義の考えに一致して，「行動主義者は，動物の反応の統一的な図式を求める努力の中で，人と動物とを分割する線を認めない。人の行動は極めて精緻で複雑ではあるが，行動主義者の研究の図式全体の一部に過ぎない」と，ワトソンは 1913 年の行動主義宣言の中で述べている。

（6） ゲシュタルト心理学

アメリカでワトソンが行動主義を唱えていたちょうど同じ頃，ヨーロッパではまったく別の観点からの批判と主張が，ヴント，ティチェナーたちの要素還元論に立つ心理学に対してなされていた。それは，ヴェルトハイマー（M. Wertheimer, 1880-1943），コフカ（K. Koffka, 1886-1941），ケーラー（W. Köhler, 1887-1941）らを中心としたゲシュタルト心理学（Gestalt psychology，形態心理学）からなされたものであった。

ゲシュタルト心理学は最初ヴェルトハイマーの仮現運動の研究から始まった[2]。

ワトソン

ヴェルトハイマー

ケーラー

この現象は，図 8-14 に見られるように，たとえば二つの隣接する静止した点が，短い間隔で一つずつ相次いで提示されると，あたかも点が移動したかのように見える現象のことで，2 点は静止しているのに運動が見られるので，見せかけの動きという意味で仮現運動と言われる。この場合，運動という性質は，要素論が主張するように二つの点の感覚に還元できないし，逆に，二つの点の感覚的印象を合わせてみたところで，運動という性質は生まれようがない。

このような知覚に関する現象をきっかけに，ゲシュタルト心理学は，よく「全体は部分の総和ではない」という表現で代表される全体論の立場を主張した。すなわち心理現象は要素に分析できない全体的な動的形態を形成していると考える立場を明らかにした。したがってゲシュタルト心理学は，要素論が主張する絶対不変な要素としての感覚を否定し，また個々の刺激と感覚の間には固定的な関係があるとする考え（恒常仮定）や，知覚がこうした感覚の集合であるとする仮定（束仮定）も否定した。また同じようにワトソンのような反射を要素とする行動の説明にも反対することになる（p. 86 の「洞察による学習」を参照）。

なお，ジェームズの心理学の中には，後のゲシュタルト心理学を思わせる考えがみられる。たとえば意識を要素に分かたず，まとまりのある全体としてとらえる姿勢や，同じ目的を達成するために異なる手段を柔軟に選択するという考えや，さらには注意の過程に見られるような外界の認識に当たっての意識の選択性などは，ゲシュタルト心理学の主張と相通ずるものである。

（7） 新行動主義

客観的観察ができない意識（もちろん無意識も）は科学の対象になりえない，したがって心理学は意識をその対象から外すべきであるとするワトソンの主張は，それなりに筋は通ってはいるが，何か単純過ぎるようにも思える。しかし当時の科学観からすれば，このワトソンの客観主義の主張に反論するのは困難であり，その結果，ワトソンの行動主義はアメリカ心理学界に大きな影響を与えた。たしかに客観性は大切であるが，そのために心理学から意識を完全に排除するのはおかしいと感じていた人も多かったに違いない。

これに変化をもたらしたのは，物理学を中心として 1920 年代に生じた科学観の変化であった。物理学では観察事実の記述を重んずると同時に，理論も重んじる。理論では諸現象を統一的に説明するために観察不可能な仮説的実体（たとえば原子や力や質量）の導入が不可欠とされる。したがってここで重要になるのは，これらの仮説的実体を表す概念の問題である。そしてこの概念の問題は二つに分かれる。一つは概念の定義の問題であり，いま一つは概念導入の効用の問題である。心理学に関連づけて説明すると，ワトソンは素朴な科学観に基づいて心理学からすべての意

トールマン　　　　　　　ハ　ル　　　　　　　スキナー

識的概念を追放したが，この物理学の考えによれば，それ自身が観察不可能な意識的概念であっても，それらがしっかりと定義されており，またその概念を導入したほうが導入しないよりも諸現象の説明や予測がうまくいく場合には，それらを大いに用いてもよいという立場が成り立つ。すなわち科学であることの基準が，対象の客観性から，概念定義の客観性へと移行したのである。

　そしてそのような科学観に裏づけられて生まれた，より柔らかな行動主義が新行動主義 (neo-behaviorism) であり，その代表者がトールマン (E. C. Tolman, 1886-1959) やハル (C. L. Hull, 1884-1952) といった学習理論家たちであった。そして概念の客観的定義を可能にさせたのがアメリカの物理学者ブリッジマン (P. W. Bridgman, 1882-1961) の唱えた概念の操作的定義の方法であった[3]。たとえば"弾力性"という抽象的概念を操作的に定義すれば次のようになる。「もし物体Xを引っ張り，そしてそれを離した場合(操作)，物体Xが縮んだとすれば(結果)，その操作と結果の間に"弾力性"という概念を定義することができる」。つまり概念にいたる具体的操作が明らかにされておれば，どのような意味でその概念が使われているかが明瞭であり，その概念定義に賛成もできるし反対もできる。そして反対であれば別の操作的定義をすればよいのである。

　このようにしてワトソンによって心理学から追放されていた多くの心的・意識的概念が操作的に定義され，媒介変数 (intervening variable)，あるいは仮説的構成概念 (hypothetical construct) として再び心理学に戻ってきた。しかし新行動主義者がすべてトールマンやハルのように理論的概念を重んじたわけではない。たとえば1950年代と60年代に，上記の二人よりもやや遅れて大きな影響力をもつようになったスキナー (B. F. Skinner, 1904-1990) は，理論的概念の導入を排した徹底的行動主義 (radical behaviorism) を唱えた新行動主義者である (p. 75 参照)。この三人が共通してワトソンと異なる点は，対象とした行動の種類である。ワトソンは反射に

代表される微視的あるいは分子的行動(molecular behavior)(身体の一部の動き)を対象としたのに対して,三人が対象とした行動は,巨視的あるいは全塊的行動(molar behavior)(身体全体の動き)であり,これが彼らを新行動主義者としてひとまとめにされる重要な要素であった。

3　今日の心理学

以上,およそ1960年頃までの心理学の歴史について,研究対象と方法を中心に概観した。1960年代になると一般社会に,世界的に反体制運動が起こり,心理学の世界でも既存の心理学のあり方を疑う傾向が引き起こされた。またコンピュータの進歩が心理学にもたらした変化も大きかった。今日の心理学は認知的傾向が強いとよく言われるが,これはある意味では意識主義の復活である。複雑な意識経験,高等な心的過程,人間のもつ自発性や能動性,これらを否定し得ない事実として認め,それを行動主義の主張してきた客観性を維持しつつどのように解明していくかが課題なのである。今日は,かつての構成主義のような学派はもはや存在しないが,その代わり,心理現象に対するいくつかの異なる面からのアプローチ(接近法)が存在する。アメリカで半世紀以上人気を保っているヒルガードの心理学テキスト(推薦図書参照)は,「生物学的」「行動的」「認知的」「精神分析的」「現象学的」の五つのアプローチを紹介している(図1-2参照)。

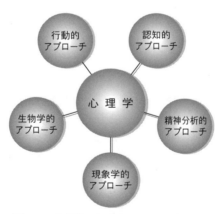

図1-2　心理学における5つのアプローチ

たとえば赤信号を見て止まる行動一つを取り上げても,それはいろいろな側面から研究できる。生物学的アプローチでは,この行動を脳や神経系統で起こっている電気的,化学的変化に関連づけて理解しようとする。行動的アプローチでは通常は

身体内の変化には言及せず，環境内の観察可能な刺激と関連づけて行動をみる。そして赤信号が停止行動を引き起こすにいたった環境内の出来事などに興味をもつ。認知的アプローチでは，赤信号に対する停止行動を，意識の中で起こるさまざまな心的過程(知覚，情報処理，記憶，推理，目標，計画，意思決定，問題解決等々)に関連づけて理解しようとする。精神分析的アプローチでは前項(4)で述べたように，行動の背後にある無意識過程を探ろうとする。最後の現象学的アプローチは人間の意識過程を重んずる点では認知的アプローチと共通しているが，認知的アプローチが科学的方法を用いて心的活動の法則性を追求することに関心をもつのに対して，現象学的アプローチは個々の人間の心に映ったままの主観的意識経験を重んじる。したがってこのアプローチは人を動物の一員とみなしたり，無意識の原始的な欲動に関連づけて理解したり，単なる環境の産物だとは考えず，人間の尊厳を重んじる"人間性の心理学(humanistic psychology)"が好んでとるアプローチである。したがって，個々あるいは一連の行動も，人がその潜在能力を最大限に発揮し，自己実現しようとする過程の中で解釈される。

　ちなみに，この人間性の心理学のことを，心理学における第三勢力といわれることがあるが，それは第一勢力としての行動主義，第二勢力としての精神分析学に対して起こった新しい勢力という意味である。

4　心理学の日本への導入

　日本最古の国立大学として東京大学が設立されたのは1877(明治10)年，科学的心理学がドイツに誕生したのはその2年後の1879(明治12)年，そしてその9年後，1888(明治21)年，わが国で初めて科学的心理学が講じられた。アメリカで心理学を専門的に学び博士学位を取得し，東京大学講師になった元良勇次郎(1848-1900)によってである。その後，元良の弟子の松本亦太郎(1865-1943)によってわが国初の心理学実験室が1903(明治36)年に東京大学に設立され心理学の専門的研究が始まり，徐々に全国各地の大学に心理学研究室が開設されるようになった。その結果，太平洋戦争前には，国立8大学(東京，京都，東北，九州，京城，台北，東京文理，広島文理)，私立7大学(早稲田，慶応，日本，法政，立教，同志社，関西学院)，合計15大学が，独立した心理学研究室をもつようになった。このような経緯から，松本亦太郎はよく日本の心理学の父とよばれる[4]。

3　心理学の研究方法

　これまでの説明で，心理学にはさまざまな研究方法があることがわかったと思う

が，本章最後の節では，心理学が用いる研究方法をまとめて紹介する。

1 実験的方法

心理学は，さまざまな心的機能にはすべて法則性・規則性があることを前提にしている。そしてその法則を見いだすために人や人以外の動物を観察するが，複雑な行動をただ自然の状態で観察しているだけでは法則関係は浮かび上がってこない。その場合には本書の多くの章でみられるように，実験的観察が行なわれる。

中学時代の化学の実験を思い出してみよう。化学における化合の実験をするのに，まず実験者は清浄な試験管を使う。そしてその中に物質Xと物質Yを入れて物質Zができたとする。この際，もし試験管が汚れていて，XやY以外の物質が混入しておれば実験は成り立たないのは当然である。結果ZをXとYのみに帰因させることができないからである。心理学の実験の場合も基本的には同じである。実験の結果に影響を与えうる要因・変数は数多くあるが，その中で実験者が操作をして特にその効果を見たい変数のことを独立変数(independent variable)という。そしてその変数の効果を見る側の変数を従属変数(dependent variable)という。

たとえば図1-3にp.106のグラフ(図6-3)を転載しているが，この図は，ニワトリのヒナ(ヒヨコ)は，目の前に提示される穀物粒の山が大きいほどたくさん食べることを示した実験結果である。ここでは独立変数Xは"穀物粒の山の大きさ"(グラフの横軸)であり，従属変数Yは"摂食量"(縦軸)である。ある刺激X(独立変数)がある行動Y(従属変数)に与える影響を調べるためには，もちろんX以外の変数が

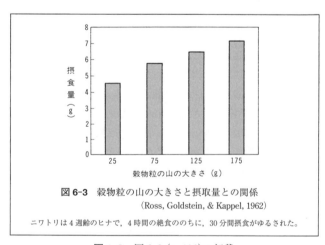

図6-3 穀物粒の山の大きさと摂取量との関係
(Ross, Goldstein, & Kappel, 1962)

ニワトリは4週齢のヒナで，4時間の絶食ののちに，30分間摂食がゆるされた。

図1-3 図6-3 (p. 106)の転載

入り込まないように十分注意しなければならない。つまり実験はよく統制（コントロール）された条件のもとで行なわなければならない。これを象徴的な意味で「きれいな試験管を使う」といってもよい。図 6-3 の下に「ニワトリは <u>4 週齢のヒナ</u>で <u>4 時間の絶食</u>ののちに <u>30 分間摂食がゆるされた</u>」と記されているのは，摂食量に影響を与えるこれらの変数がコントロールされていることを示している。このように実験によって独立変数と従属変数の関係が明らかになれば，X から Y という事象が予測できるし，X が原因で Y が起こっていることもわかる（因果関係）。また Y という事象を起こさせるためにはどうすればよいかもわかるので事象の統制・制御も可能になる。科学は，その種類を問わず，事象の法則性を見いだし，それによって事象の予測と統制を行なうことを目ざしている。ただ扱う事象の種類によって科学は分業をしているわけで，心理学が分担しているのは心的活動という事象である。なお実験的研究は通常，「この変数はあの変数にこのような効果をもつであろう」というような仮説をもって行なわれる。

　心的活動の場合，われわれを取り巻く環境は非常に複雑なので，物理学や化学の実験に比べれば条件の統制は容易でないことは確かである。人を対象とした実験（実験の対象となる人を被験者という）では統制が困難な場合には，上の例のように実験条件の統制がより容易な動物を対象（被験体）にすることもある。実験では一時に一つの変数の効果しか調べられないわけではなく，進んだ統計的手法・実験計画法を用いて，複数の変数を同時に変化させ，それらの個々の効果や相互関係なども調べることができる。

2　非実験的方法

　心理学の研究方法は実験的方法がすべてではない。実験的操作が加えられない場合もしばしばある。ここでは非実験的方法として，自然観察法，調査的方法，相関法，事例研究法について簡単に触れておこう。

（1）　自然観察法

　実験的方法と異なり，自然の状況で起こる行動を，観察されている側に気づかれないように観察し，項目を定めて記録する方法である。この方法は，たとえば p. 45 にある比較行動学者，動物学者たちによる動物の本能的行動や生態の観察でよく用いられる方法である。実験と違い行動に操作を加えないので，標的とする行動はいつ起こるかわからない。最近はビデオ撮りが可能になったとはいえ忍耐が必要である。自然観察では因果関係まではわからないので，まずある行動と関係のありそうな変数を自然観察によって見当をつけ，そこから何らかの仮説が生まれると，それが実験的研究へと発展する場合がよくある。もちろん自然観察は自然界の動物のみ

が対象になるのではなく，自宅，幼稚園，学校，スーパーマーケット，空港など，どこでも可能である。

（2）調査法

選挙前によく行なわれる世論調査がなじみ深い例である。質問紙やテストや面接などを通して，人々の行動傾向・態度・意見・性格などを調べ，実態を知り予測をしようとする。研究者は，ある大きな集団（母集団）の意見や傾向を知るために，その集団の一部分（標本・サンプル）を取り出して調査をし，標本の事実から母集団の事実を推測する。鍋のなかの味噌汁の味を調べるのに，その一部を小皿にとって味見をするのと同じことであるが，そのときに小皿の少量の味噌汁が鍋全体の味噌汁を十分に代表していなければ意味がない。したがって標本の抽出の仕方には十分注意が必要になる。調査法は実験的方法と違って対象に対して操作を加えないので，事象の因果関係まではわからない。また調査法では自己報告方式をとるので，被調査者が嘘をついてもわからないので，それに対する対策も必要となる。11章2節「パーソナリティの測定」において，質問紙による性格テストの実例が紹介され，使用上の注意についても述べられている。

（3）相関法

調査法によって得られたデータの分析によく用いられる方法が相関法である。子どもの知能指数（X）と学業成績（Y）の関係や，情緒的不安定性という性格特性（X）と日常生活で感じるストレスの程度（Y）の関係などは，調査データをもとにして相関法によって明らかにすることができる。この場合，個々の人はそれぞれ数値化されたXとYの二つの値をもつことになるので，X軸とY軸からなるグラフ上に一つの点としてプロット（グラフ上に記入）することができる。仮に被験者が10人いると

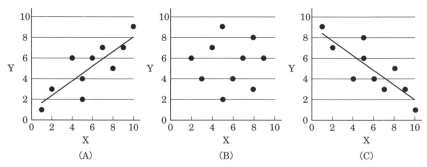

図1-4 相関関係の程度と種類を例示した散布図
なお各図について相関係数を求めると，(A) $r=+0.83$，(B) $r=+0.03$，(C) $r=-0.83$ となる。

すれば，図1-4の架空の例のように10個の点がプロットできる。これを散布図という。そしてその点の分布の様子から，2変数間の相関関係の種類と程度が視覚的に把握できる。たとえば図1-4の例では，(A)はXの値が大きいほどYの値も大きい正の相関関係の場合，(B)はX値とY値の間に関係がない無相関の場合，(C)はX値が大きいほどY値は小さい負の相関関係の場合を示している。相関の種類は，点の間を縫って引かれた近似直線が(A)のように右上がりの場合は正の相関，(C)のように右下がりの場合は負の相関，(B)のように傾向線の引きようがない場合は無相関であり，相関の程度は点の周りにそって描かれる楕円の短径が長径に比べて狭いほど相関関係が強いことを意味している。もっとも相関関係が高い場合（完全相関）の場合には，プロットされた点はすべて直線上に並ぶことになる。相関関係は数値的には $-1.0 \sim +1.0$ の範囲の値をとる相関係数 (r) で表されるが，これについては，〈コラム11-1〉を参照してほしい。三種の相関関係についての具体例を，生徒の学業成績をY軸にとって考えてみると，おそらくX軸が授業外の学習時間の場合には正の相関関係が，X軸がテレビを見て過ごす時間の場合には負の相関関係が，X軸が身長のような場合には無相関が予想される。

　ここで大切なことは，相関関係があるということと因果関係があるということを混同してはならないことである。XとYが相関しているということから，XがYの原因になっている（あるいはその逆）ということまでは断定できない。なおここでいうX変数は，上の情緒的(不)安定性のように連続変数でなく，男女のようなカテゴリー変数の場合もある。男女のような性は実験操作の対象になり得ないので相関的な方法で研究せざるを得ない。

(4) 事例研究

　世の中には何かを病的に怖がる恐怖症という異常があり，その種類も多様である。しかし事例数があまり多くないこと，また個々の事例が特殊であることから，実験や調査のように多くの人を対象に研究することはできないし適当でもない。このような場合に単一の事例について徹底して調べる事例研究の方法が用いられる。たとえば特定の問題行動の診断と治療をしようとすれば，その人に関するあらゆる情報（生い立ち，家庭状況，性格，知能，健康状態，言語・感覚機能等々）をこの方法によって集めなければならない。ただ虚偽の報告はないか結果の解釈は正しいかなど，注意しなければならない点も多い（12章4節も参照）。

　以上のどのような方法を使うかは，研究の領域や研究の段階によって異なる。

ヴォイス・キー　　　　　　　　　クロノスコープ
音声に右の膜面が振動し，反応時間　　（精密時間測定器）
が測定できる

ヴントの時代の心理学実験機器

2 行動の生理的基礎

ガレヌス(129—199)の脳室機能局在説。頭の中の三つの脳室に入っている"精神の気"がさまざまな心のはたらきをすると考えた。詳しくは次頁の"心の座を求めて"を参照。

心理学の研究対象は，1章で述べたようにさまざまな環境に対してわれわれが示す心的活動である。この2章では，その心的活動を支える生理的基礎[1],[2]について述べるが，まず"脳と心"の科学に対する先人たちの考え方や研究をたどってみたい。

1 "心の座"を求めて

われわれは，歩き，走り，力をだして重いものを持ち上げる。一方では，喜び，悲しみ，自分の過去を思い出し，明日の計画を考える。先人らは，前者を身体のはたらき，後者を心のはたらきと考えた。この心は目には見えないが，息のなかにひそみ，人が眠っているときには，一時的に肉体から離れる。目覚めると，この離れた心が肉体にもどってくる。そして死は心が肉体から永久に離れてしまうと信じた。このように，心をひとつの実体としてとらえる考え方は，19世紀初頭まで続いた。

この心の"在りか"である"心の座"として，約6000年前のエジプト王朝時代では心臓，約4000年前のバビロニア王国時代では肝臓が考えられた。しかし，心の座を明確に脳に求めたのはギリシア時代の医学の祖，ヒポクラテス(Hippocrates, 460-377 B.C.)である。全集のなかに，「われわれは脳があるがゆえに，思考し，見聞し，美醜を知り，善悪を判断し，快・不快を感じる」と述べ，さらにてんかんの原因は脳の故障にある，とまでいった。プラトン(Platon, 427-347 B.C.)は，心の座を脊髄と脳に分け，心を"植物の精神"，"動物の精神"，"神の精神"の三つに区別した。そして本能的欲求をつくる植物の精神は腹髄に，情熱と意欲をつくる動物の精神は胸髄に，理性と知性を司る神の精神は脳に宿ると主張した。このように心を実体と考えているが，その異なるはたらきを肉体の異なる部位に求めている。ところがプラトンの弟子のアリストテレス(Aristoteles, 384-322 B.C.)は，脳のはたらきを無視し，心臓に心の座をおいた。ローマ文明時代に入ってからは，ガレヌス(Galenus, 129-199)が心の座を脳室におき，三つの脳室に入っている"精神の気"(animal spirit)がさまざまな心のはたらきをすると考えた。この精神の気がつくられるまでの過程が非常に興味深い。胃腸で消化された食物から"自然の気"(natural spirit)が肝臓でつくられ，心臓に送られる。そして肺から入ってきた空気と化学変化を起こして"生命の気"(vital spirit)になる。これが脳に送られ蒸留されて"精神の気"になると唱えた。この精神の気が三つの脳室に入り，前の脳室にある精神の気は感覚や想像を，中央の脳室のものは思考と理性を，最後の脳室のものは運動と記憶を司るとした。これがガレヌスの脳室機能局在説である(本章の扉の図を参照)。この考え方はウィーンの医師ガル(F. J. Gall, 1758-1828)が，19世紀初頭に骨相学

(phrenology)を提唱するまで支配的な考え方であった。

その後の心の座に関する研究の展開は,「"脳と心"の研究小史」〈コラム 2-1〉を参照してほしい。時代精神の変革と科学技術の進歩によって,"脳と心"に対する現代の認識に達した過程がよくわかる。

2 行動と心的活動の種類

　行動と心的活動の基礎にある神経系は,図 2-1,図 2-2 に示すように,脳と脊髄からなる中枢神経系と末梢神経系に分けられる。前者は生活体のさまざまな機能に関する神経中枢の集まりで,後者は中枢神経系と身体各部との連絡路である。これらの神経系のはたらきは,図 2-2 に示すように,つぎの五つの部分から成っている。

　1) 感覚器官(受容器):身体内外の刺激を受けとり,感覚器官内の感覚細胞に興奮を起こす。その結果,知覚(感覚)神経に信号が送りだされる。この信号には,伝達される次の部位の活動が促進されたり,抑制されたりする"情報や指令"が含まれている。
　2) 知覚(感覚)神経(求心性神経):感覚器官からの信号を中枢神経に伝達する。
　3) 中枢神経:知覚(感覚)神経の信号が脊髄や脳にある神経中枢で,運動神経に伝達されたり,他の信号と統合されたりする。
　4) 運動神経(遠心性神経):運動中枢からの信号が運動器官(効果器)に伝達される。
　5) 運動器官(効果器):4)の結果,筋や腺の活動として反射や反応が起こる。

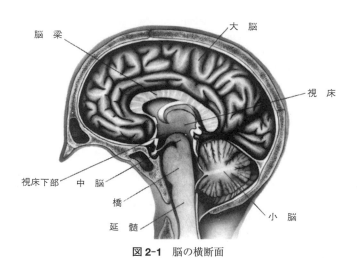

図 2-1 脳の横断面

これらの部分のはたらきから行動や心的活動を分類すれば，図 2-3 のようになる。外側の円(E)は環境，次の円(O)は生活体(ヒトや動物)で，そのなかの点線の円(CNS)は中枢神経系である。(S)は刺激，(SO)は感覚器官，(SN)は知覚(感覚)神経，(MN)は運動神経，(EF)は効果器，(R)は反応である。以下の説明につけられている番号は，図中の番号と対応している。

1) ある特定の刺激が，一定の神経路をへて特定の反応を引き起こす。たとえば，ピンを踏んで，足を引っ込めるような反射である。
2) 中枢神経内の連絡が，反射のように確定していない。いくつかの可能性のなかから，その時の状況によってあるものが選ばれ，反応が生じる。意志的行動にあたる。
3) 同じ事態を反復して経験していると，中枢神経内の多くの可能性のなかから，あ

■■■ 〈コラム 2-1〉 "脳と心"の研究小史 ■■■

1543　ヴェサリュス(A. Vesalius)，『人体の構造についての7つの書』に脳・神経系について記載する。
1649　デカルト(R. Descartes)，脳の松果体を"心の座"と考え，反射の概念を初めて用いる。
1719　ヘンシング(J. T. Hensing)，脳内にリンを同定し，脳内物質の研究を始める。
1774　杉田玄白・大槻玄沢，『解体新書』を著す。
1792　ガルバニ(A. L. Galvani)，生体電気を発見する。
1812　ガル(F. J. Gall)，骨相学を提唱する。
1830　ミュラー(J. Müller)，知覚の生理学的研究を始める。
1838　エーレンベルグ(C. G. Ehrenberg)，神経細胞を発見する。
1852　ロッツエ(R. H. Lotze)，『医学的心理学』を著す。
1856　ヘルムホルツ(H. L. F. von Helmholtz)，色彩論を発表する。
1860　フェヒナー(G. T. Fechner)，精神物理学を提唱する。
1861　ブローカ(P. Broca)，運動性(発話)言語中枢を発見する。
1863　セチョノフ(I. M. Sechenov)，『脳の反射』を著す。
1870　フリッチ(G. T. Fritsch)，ヒッチイヒ(E. Hitzig)，運動中枢を発見し，大脳機能の局在を証明する。
1872　ダーウィン(C. Darwin)，『人及び動物の表情について』を著す。
1874　ヴント(W. M. Wundt)，『生理学的心理学綱要』を著す。
1875　ウェルニッケ(C. Wernicke)，感覚(知覚)性言語中枢を発見する。
1879　ヴント(W. M. Wundt)，ライプチッヒ大学に世界で初めて心理学実験室を作る。
1884　ジェームズ(W. James)とランゲ(C. Lange)，情緒の末梢発生説を唱える。
1885　エビングハウス(H. Ebbinghaus)，記憶に関する論文を発表する。
1886　ジャックソン(H. Jackson)，てんかん患者の脳を調べ，側頭葉が記憶と関係していることを発見する。

2　行動と心的活動の種類

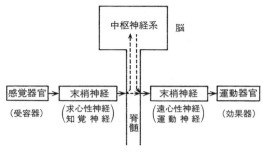

図 2-2　神経系のはたらき

1891　ワルダイエル（H. W. G. Waldeyer），ニューロンという用語を初めてつかう。
1897　シェリントン（C. S. Sherrington），ニューロンとニューロンの接合部に対してシナプスという用語を初めてつかう。
1906　シェリントン（C. S. Sherrington），反射の概念を確立する。
1909　ブロードマン（K. Brodmann），脳地図を発表する。
1923　加藤元一，神経の興奮伝導に関して不減衰伝導説を唱える。
1926　エコノモ（C. von Economo），脳炎患者の脳の病理組織学的研究を行ない，大脳の神経細胞の数を約 136 億 5,000 万と推定する。
1927　パブロフ（I. P. Pavlov），条件反射による脳研究の書物が英語で出版される。
　　　キャノン（W. B. Cannon），翌年バード（P. A. Bard）とともに情緒の中枢発生説を唱える。
1928　エイドリアン（E. D. Adrian），感覚生理学の基礎を築く。
1929　ベルガー（H. Berger），ヒトの脳波を記録する。
　　　ラッシュレイ（K. S. Lashley），脳のはたらきに対して量作用説を唱える。
1930　ペンフィールド（W. Penfield），ヒトの大脳皮質の機能局在の研究を行なう。
1947　オイラー（K. von Euler），ノルアドレナリンを発見する。
1949　ヘス（W. R. Hess），微小電極法による視床と視床下部の研究を行なう。
　　　ヘッブ（D. O. Hebb），神経生理学を基礎とした行動理論を提唱する。
1950　マグーン（W. H. Magoun），脳幹網様体賦活系の研究を行なう。
1954　オールズ（J. Olds）とミルナー（P. Milner），脳内自己刺激法を開発する。
1955　クライトマン（N. Kleitman）とデメント（W. Dement），REM 睡眠を発見する。
1956　セリエ（H. Selye），ストレス学説を提唱する。
1961　スペリー（R. W. Sperry），大脳両半球の機能に非対称性を見いだす。
1973　ヒルヤード（S. A. Hillyard）ら，事象関連電位を用いて注意の研究を行なう。
1990　小川誠二，脳機能イメージングに対する BOLD 法を確立する。

る一つのものが選択・固定化される。学習による習慣的行動や条件反応がこれにあたる。

4) 中枢神経に伝達された信号に対して複雑な作用が生じ，それに対して反応や行動が生じる。すなわち刺激そのものでなくて，その意味への反応である。思慮的反応がこれにあたる。

5), 6) 外界に刺激はあるが，明白な反応がない。5) は特定の刺激，たとえば，ある波長の光波に対して中枢神経内で単純な過程が生じ，〈赤〉という感覚が生じる。6) は中枢内で複雑な過程が生じ，話をきいてその意味内容を理解するような場合で，知覚にあたる。

7), 8) 外部からの刺激がないが，反応が認められる。7) は身体内部で生じた刺激によって反応が生じる場合で，たとえば，空腹によって生じた胃の間欠的収縮(図 6-1 を参照)やその他の生理的変化が刺激となって摂食反応が生じる場合で，動機づけにあたる。8) では，中枢神経内に生じた複雑な過程が刺激となって反応が生じる。たとえば，昨日見た映画を思い出して笑うような場合で，概念行動にあたる。

9) 中枢神経内に複雑な過程が生じているが，外部刺激も反応もない。考えごとにふけっているような場合で，思考がこれにあたる。

このように反応，行動，心的活動を九つのパターンに分類することができる。次にこれらのはたらきの背景にある脳・神経系の構造について述べよう。

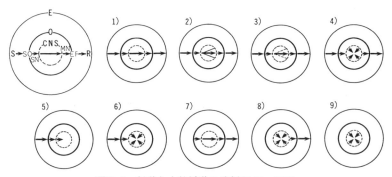

図 2-3　行動と心的活動の分類(今田，1958)

3 脳・神経系の基本構造

1 ニューロンとシナプス

神経系は，図 2-4 に示しているニューロン (neuron，神経細胞) の連鎖である。ニューロンは神経系の形態的・機能的単位で，核をもつ神経細胞とそこからでる多くの突起からなっている。そのうちの1本は長く伸び，軸索といわれる。ニューロンからの信号は，この軸索を伝って次のニューロンに伝達されたり，効果器(筋や腺)に伝達される。他の突起は樹状突起とよばれ，複雑に枝分かれして，ニューロン

3 脳・神経系の基本構造

からの刺激を受けとっている。神経細胞には，直径 0.1mm から 1000 分の数 mm のような小さなものまであって，脳・神経系には約 140 億の細胞があるといわれている。出生後，ニューロンは分裂・増加することはなく，生後にみられる脳・神経系の発達は，樹状突起や軸索が伸びて分裂していくだけである。

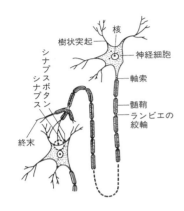

図 2-4 ニューロンとシナプス（塚田，1966）

軸索は長いもので約 1m もあり，さきに述べたように，その先端は枝分かれして他のニューロンの樹状突起や神経細胞に接触している。その接合部をシナプス（synapse）といい，1 個のニューロンの表面には，4,000 個以上のシナプスがつくられている。そして一つのニューロンに発生した信号は，このシナプスを介して次のニューロンに伝達される。シナプスでは，軸索を伝わってきた電気信号が化学的信号に変換され，この化学的信号は神経伝達物質とよばれる。アセチルコリンやノルアドレナリンはその代表的な興奮伝達物質である。また，シナプスで次のニューロン活動を抑制する化学物質をだす抑制ニューロンの存在も確かめられている。このようにして脳・神経系には，刺激によって発生した信号（情報や指令）を整理し，伝達する神経網（neural network）が組み込まれている。

2 脳の構造

脊髄とその上にある脳髄が中枢神経である。図 2-1（23 頁参照）に示すように，脳髄には下から延髄，橋（きょう），中脳，間脳，左右 1 対の大脳半球があり，橋の後方には小脳がある。この左右の半球を結ぶ交連線維が脳梁をつくっている。延髄，橋，中脳，間脳を総称して脳幹（brainstem）という。下等から高等な脊椎動物に進化するに従って，大脳半球の発達が著しく，これは大脳化（encephalization）とよばれている。ヒトの大脳は前頭葉（全体の 41%），側頭葉（21%），頭頂葉（21%），後頭葉（17%）の四つ

の部分に分けられ，とくに前頭葉が最もよく発達している(図2-9, 33頁参照)。

脳は神経細胞の集まりであるが，多くの神経線維も含まれている。神経細胞が集まっているところは灰色に見えるので灰白質，神経線維が集まっている部分は白いので白質といわれる。灰白質は種々の大きさの塊になって脳内に散在し，神経核をつくっている。大脳の表面にある灰白質は大脳皮質(cerebral cortex)とよばれ，その厚さは約2.5 mm，広さは約2,200 cm^2 (新聞1頁の広さ)もあるが，3分の2はシワの部分にかくされている。この大脳皮質は，神経細胞の大きさ，配列，神経線維の走り方から6層の層構造がみられる。この皮質細胞層の構築上の相違から，大脳皮質を52区画に分け，それぞれの区画に番号をつけたブロードマン(K. Brodmann)の脳地図がある。

大脳表面の灰白質のほかに，延髄から間脳にかけて神経細胞と神経線維が網状に広がっている脳幹網様体(brainstem reticular formation)がある。また，間脳にも灰白質が二つあり，それが視床(thalamus)と視床下部(hypothalamus)である。視床下部は大脳の底部にあって，そこから下垂体という内分泌腺が突出している。

大脳皮質には細胞構築的，機能的に異なる3種類の皮質がある。それらは新皮質(neocortex)，原皮質(archicortex)，古皮質(palecortex)で，系統発生的に古皮質が最も古く，次いで原皮質，そして新皮質が最も新しい。

4 脳・神経系のはたらき

脳・神経系は，中枢神経系と末梢神経系がまとまった一つのはたらきをしている。それらの基本的なはたらきを理解するために，両者を分けて説明する。中枢神経系は先に述べたように，末梢神経から入ってくる信号を受けとり，処理し，統合し，指令を出している。末梢神経系は中枢神経系に信号を伝達し，そこからの指令を効果器に伝えるメッセンジャーの役割をしている。そして末梢神経系は反射をつかさどる脊髄神経系と内臓器官の制御を行なっている自律神経系(autonomic nervous system, ANS)に分けられる。

1 脊　髄

脊髄のはたらきは，感覚器官→脳→効果器を結ぶ連絡路の役割である。その基本的なはたらきは脊髄反射(spinal reflex)で，医師が神経系の検査に用いる膝蓋腱反射のような伸張反射や，ピンを踏んで思わず足を引っ込める屈曲反射などがある。

伸張反射では，図2-5 (A)に示すように，膝の下に加えられた刺激(たとえば，ハンマーによる打叩)によって筋のなかにある筋紡錘からの信号が，知覚神経をへて

脊髄の後根にはいる。そこで運動ニューロンに伝達されて、脊髄の前根から運動神経をへて骨格筋に達し、反射が生じる。(B)の屈曲反射の場合は、ピンを踏んだことによって生じた皮膚感覚の信号が、知覚神経、介在ニューロンをへて運動ニューロンに達する。そこを出た信号は運動神経をへて筋に達し、屈曲反射が生じる。このような反射にかかわる神経路を反射弓 (reflex arc) といい、大部分の反射は介在ニューロンをもっている。膝蓋腱反射はこの反射弓のなかで最も簡単な神経回路をもち、介在ニューロンがない。屈曲反射は、痛み刺激から結果として身体をまもることになるので、防御反射 (defensive reflex) ともいわれる。

また、脊髄反射は主として骨格筋の反応としてあらわれるが、内臓器官に反射を引き起こす自律反射 (autonomic reflex) がある。

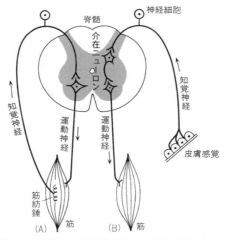

図 2-5　反射——伸張反射(A)と屈曲反射(B)——

一般に反射の特徴として、(1)意志にかかわりなく、自律性がある、(2)種に共通に備わっている、(3)反射を引き起こす刺激は一般的に定まっている、(4)疲労を生じない、などをあげることができる。

2　脳幹と脳幹網様体

脳幹の腹側には多くの運動神経路や自律神経核が集まり、背側には知覚神経とその中継核が集まっている。また、延髄から間脳にかけて神経核と神経線維をふくむ脳幹網様体がある。図 2-6 に示すように、感覚器官からの信号は、知覚神経を通じ

て脳幹部を通過するさいに，その一部は知覚神経の側枝からこの脳幹網様体にはいり，視床を通じて大脳皮質全体におくられる。これが脳幹網様体非特殊投射系のはたらきである。その結果，大脳皮質全体の覚醒水準(arousal level)を高める。これは上行性脳幹網様体賦活系のはたらきであるが，皮質から抑制を伝える抑制系もある。基礎実験から，このように脳幹網様体が意識の覚醒水準の程度を制御していることが明らかになった。

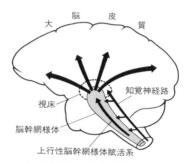

図 2-6 上行性脳幹網様体賦活系(Magoun, 1958)

3 小　　脳

小脳は大脳皮質と同じように皮質をもち，知覚神経からの信号を受けとって，平衡のとれた姿勢や微妙な運動の調節をつかさどっている。片葉，小節葉，虫部は，頭部や体幹の位置関係の調節を行ない，前葉は脊髄と関係し，脊髄反射の制御を行なって，身体の骨格筋が調和のとれた動きをするように指令を出している。急いで階段を駆け下りたり，丸太の上でバランスをとりながら歩くなど，身体の滑らかな，平衡のとれた動きができるのは小脳のはたらきの結果である。

4 間　　脳

図 2-1 (p. 23)に示している視床と視床下部を合わせて間脳とよぶ。本能行動，情動行動，自律機能のように，われわれが"生きていく"ために欠くことのできないはたらきを制御する神経中枢が視床下部にある。ここでは，視床下部と情動を中心にそのはたらきを説明する。

摂食行動を例にとると，視床下部の外側部に摂食行動の発現を指令する場所，内側部に摂食を停止する指令をだす場所がある。外側視床下部を破壊されたネコは食

物を食べなくなり，体重が減少して，死亡することもある。このことはネコが飢餓を感じなくなっている証拠で，この破壊された部位に空腹中枢があることがわかる。腹内側部を破壊すると多食し，肥満になる（図6-2〔ネズミの場合〕参照）。このことは，ネコが満腹を感じなくなっている証拠で，この部位に満腹あるいは飽食中枢があることがわかる。摂水や性行動もこのような機序で制御されている。

　ヒトや動物は，上に述べたような本能的欲求がつねに充足されるとは限らない。欲求が満足されたときには快を，不満足に終わったときには不快を感じる。敵と対決するときには，怒り，攻撃，恐れが生じる。このような情動と情動行動もまた視床下部で制御されている。

　オールズ（J. Olds）はスキナー箱（図4-7参照）を改造して，あらかじめ辺縁皮質，

〈コラム 2-2〉「おや，なんだ反射」

　パブロフ（I. P. Pavlov）の条件反射の実験（4章2節1項参照）では，メトロノームがなると，イヌが唾液をだす。その時に不意に隅の方で小さな音がする。イヌは素早くその方を向き，耳をそばだて，音がした方向から目をはなさない。イヌはその音—新奇刺激—が何であるか確かめようとしている。その時には，メトロノームに対して出ていた唾液がとまってしまう。

　このように新奇刺激に対して，その時に起こっている活動を停止し，新奇なものが何であるのか確かめようとする活動が起こる。これをパブロフは，"おや，なんだ反射（what-is-it-reflex）"あるいは "定位反射（orienting reflex, OR）" とよび，注意に対する生理的メカニズムの一つと考えた。この定位反射が生じると，種々の神経生理的変化が観察される。ヒトの場合，脳波では脳の活性化を意味するα波減衰が生じ，感覚器官の感度が高まる。そして末梢血管の収縮と頭部血管の拡張が観察される。この血管系の変化は，新奇刺激を確かめようとする脳・神経系活動に必要な血液を頭部に供給するためと考えられる。これらの変化はすべて新奇刺激が「何であるか」を知覚するために必要な最適生理的状態を確保する脳・神経系のはたらきである。

　われわれがパソコンに入力しているときに，部屋の外で変な音がして，「オヤッ？」と思った瞬間，入力が止まってしまうことがある。これは，変な音に対する定位反射の生起とその結果として生じる活動の抑制である。まさにパブロフのイヌである。この変な音は「ノイズ」といわれる。われわれ人間は注意して活動していても，このノイズに非常に弱く，そのときに行なっている必要な活動が妨害され，誤ったことをすることがある。これが産業場面で問題になるヒューマン・エラーである。

　しかし，このノイズが繰り返して生じると，注意しなくなる。これは定位反射の消失で，"慣れ（habituation）" といわれている。慣れると緊張が低下して，眠くなる。この眠けも，ヒューマン・エラーを起こす原因の一つであろう。

間脳，中脳に刺激電極を植え込んだネズミが，テコを押すと自動的に電気刺激が電極挿入部に加わる実験をした。図 2-7 (A) に示すように，ネズミがレバーを押すことによって自分の脳を刺激するので，この手続きは自己刺激法とよばれている。図 2-7 (B) の灰色の部分が刺激されるようにすると，ネズミは 1 時間に 8,000 回にもおよぶレバー押し反応をするようになる。これは，ネズミが快を感じた結果と考えられる。しかし，点を打ってある場所では，ネズミはレバーを 1～2 度押すだけでレバー押しをやめてしまう。これは不快を感じた結果と考えられる。同様に怒りや恐れも視床下部にそれらの神経中枢があることが確かめられている。

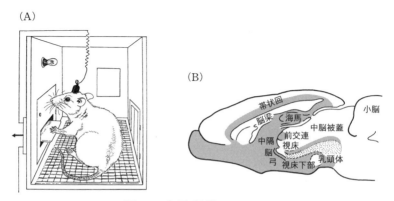

図 2-7　自 己 刺 激 (Olds, 1956)

5　辺縁皮質と辺縁系

　辺縁皮質は，脳幹を包み込むように取り巻いているリング状の灰白質領域で，発生学的には古い古皮質と原皮質または中皮質からなっている。大脳辺縁系 (limbic system) は，辺縁皮質とそれに解剖学的あるいは機能的に関係する部位を一つの系としてまとめたものである。具体的には図 2-8 に示すように，大脳半球内側部の帯状回，前頭葉後部の後眼窩回，側頭葉前端の側頭極，側頭葉内側から後ろに弓状に伸びる海馬と歯状回，大脳核のうちの扁桃核と中隔野などが含まれる。

　辺縁系は，視床下部と神経連絡を持ちながら自律神経系を調整し，生存に必要な生理的要求を充足する摂食や性行動，怒り・恐れなどの情動行動の解発に関係する本能の座とも考えられる。一方，海馬と乳頭体を含む辺縁系は，学習や情報の処理・保存という記憶に関係していることが最近の研究から明らかにされている。

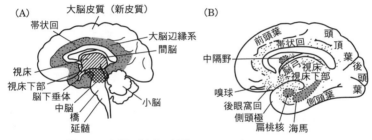

図 2-8　大脳辺縁系の領域（伊藤, 1982）
　（A）　脳と左右半球の間（正中面）で切ったところ。
　（B）　大脳半球の内側面を示す。

6　大脳皮質

　大脳のはたらきの中心は大脳皮質で，皮質のはたらきは図 2-9 に示すように，臨床的所見や生理的研究から皮質の一定部位に異なった機能があることが明らかになってきた。これは機能局在（functional localization）といわれる。機能の局在はブローカ（P. Broca）によって 1861 年に最初に発見された。かれは，声はだせるが，コトバが話せなくなる運動性失語症の患者の死後，脳の病理解剖の結果から左前頭葉下部に病変をみつけ，そこが運動性言語（発話）中枢であることをつきとめた。この部位は，かれの名をとってブローカの言語中枢ともよばれている。その後，1874 年にウェルニッケ（C. Wernicke）が左側頭葉上部にコトバの内容を理解する感覚性言語中枢を確認した。

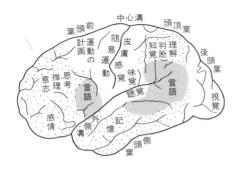

図 2-9　大脳皮質の機能局在
　　　　（伊藤, 1982）

　大脳皮質の機能局在について詳細な研究を行なったのは，ペンフィールド（W. Penfield）らである。彼らは焦点性てんかんの原因となっている脳の異常部分を外科

的に削除しているときに，後遺症の発現防止のために，開頭中の患者の脳を弱い電流で刺激した．その観察記録，すなわち患者の報告の一部を以下に引用してみよう番号は図中の刺激部位に対応している（図 2-10 を参照）．

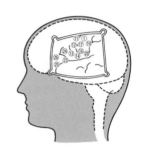

図 2-10 ペンフィールドの研究（Penfield & Roberts, 1965）

1) 右親指がピリピリする感じと軽度の運動が起こる．
19) 下唇の外側に感覚が生じる．
17) 右唇の内面に感覚が生じる．
16) 舌右側の先がピリピリする感じ．
14) 顎の関節と下唇の内側に感覚が生じる．
11) 私の話を止めるような喉の感じ．
12) 顎が横に震える．
13) 顎が右側に引っ張られる．
23) 患者が話をしている間に電気刺激があたえられた．患者は話すのを止めたが，少し声を出した．刺激を中止すると，彼は刺激中には話すことができなかったといった．
23) 患者が話をしようとしないときに，刺激を反復する．少し声を出したが，刺激中止後には，その時に話をすることはできなかったと言った．
24) 患者は話をしようとして，口を右側に動かしたが，声がまったくでなかった．
25) 患者は口ごもり，それから正確に「蝶」と言った．つぎにこの場所の下と，点 25 と点 24 の間にある二つの狭い場所の上方に刺激を加えたが，その結果は陰性で，命名との干渉はまったくなかった．
26) 患者は「それはなんだかわかる．それは靴のなかにいれるものだ」と言った．刺激を取りさると，患者は「足」と言った．

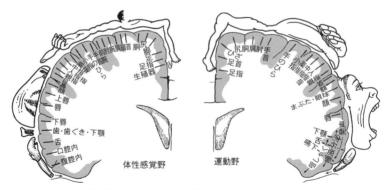

図 2-11 体性感覚野と運動野の機能局在（Penfield & Rasmussen, 1954）

このような研究から大脳皮質には，皮膚表面からの信号によって生じるさまざまな感覚の神経中枢が集まっている．体性感覚野，運動の指令をだす運動野（図 2-11），眼や耳からはいってきた信号を統合する視覚野や聴覚野などが同定され，それら以

外の場所は，各皮質を統合するはたらきをもつ連合野とよばれている。

7 自律神経による調節

われわれの内臓器官の調節は自律神経系とつぎに述べるホルモン系のはたらきによっている。これらの調節作用は，身体内部の変化を感知する感覚細胞の信号が脳幹や脊髄にある自律神経中枢に達した結果，行なわれている。最高の神経中枢は視床下部にある。血圧や体温などの調節はすべてこの自律神経によるものである。自律神経には交感神経系（sympathetic nervous system）と副交感神経系（parasympathetic nervous system）があり，両者のはたらきは拮抗的である。たとえば，心拍数は交感神経のはたらきによって増加し，副交感神経によって減少する。表2-1は各内臓器官に対する両者のはたらきを示している

表 2-1　自律神経系のはたらき

器官	交感神経	副交感神経
瞳孔	散大（瞳孔散大筋）	縮小（瞳孔括約筋）
涙腺		分泌促進
唾液腺	分泌（濃くねばい液）	分泌（薄い大量の液）
気管支	拡張	収縮
末梢血管（皮膚・粘膜/内臓）	収縮	拡張
冠状動脈（心臓）	拡張	収縮
心臓	促進（拍動数増加）	抑制（拍動数減少）
胃	蠕動の抑制	蠕動の促進
胃液・膵液	分泌減少	分泌増加
副腎	アドレナリン分泌	───
肝臓	グリコーゲンの分解	グリコーゲンの合成
子宮（妊婦）	収縮	弛緩
膀胱（壁/括約筋）	収縮抑制／収縮 →閉尿	収縮／収縮抑制 →排尿
汗腺	分泌	───
立毛筋	収縮	───

このようにして，われわれの意志には関係なく身体内部の状態が自律神経によってつねに最適状態に保たれている。これを生理的平衡あるいは恒常性（homeostasis）という。

8 ホルモン系による調節

身体内部の内臓を中心とした生理的環境は，上に述べたように自律神経系によって常に制御されている。しかし，この神経性調節のほかに，ホルモン系による化学

的調節がある。ホルモンを分泌する内分泌腺は，下垂体の前葉と後葉，甲状腺，上皮小体，膵臓のランゲルハンス島，副腎皮質と髄質，精巣，卵巣，胎盤などである。なかでも下垂体はホルモン系の指令をだす中心である。下垂体の後葉は，視床下部からの指令により血液中に前葉刺激物質をおくりだす。その結果，前葉から副腎皮質刺激ホルモン，甲状腺刺激ホルモン，性腺刺激ホルモンのように，ある特定の分泌腺を刺激するホルモンが分泌される。また，催乳ホルモン，成長ホルモンのように直接作用するものもある。

5 心理学と生理学の接点

　行動や心的活動を研究対象にしている心理学と，脳・神経系のはたらきを研究する神経生理学は，お互いに密接な関係をもっている。この関係，すなわち，心理学と神経生理学の境界領域に成立している知識体系が，心理（精神）生理学 (psychophysiology) と生理心理学 (physiological psychology) である。たとえば，仕事で長期間ストレスを感じていると，不眠，血圧上昇，胃腸障害などが起こる。これはストレスという心理的原因によって生じた生理的変化で，心理生理学において研究される。また不幸な例であるが，交通事故で頭部を強打した結果，記憶に障害が生じた場合は，脳の損傷という生理的原因によって生じた心理的変化で，生理心理学がこのような問題をあつかっている[3),4)]。

1 心的活動と脳の電気活動——脳波，事象関連電位と脳機能イメージング——

　a）**脳波**　脳の神経細胞は，外界からの刺激がなくてもつねに活動し，それに伴って電気活動が生じている。この自発性電位変動を縦軸に，時間を横軸にとって記録したものが図 2-12 (A) に示している脳波 (electroencephalogram, EEG) である。

　脳波はその周波数から，β（ベータ）波（14～30 Hz，20 μV），α（アルファ）波（8～13 Hz，50 μV），θ（シータ）波（4～7 Hz，50～100 μV），δ（デルタ）波（0.5～3 Hz，100～200 μV）に分類される。図 2-12 (B) に示すように，安静閉眼時には規則正しい α 波が出現する。しかし，目を開いたり，目を閉じたままで暗算をしたり，皮膚に触られると，β 波に変わる。そして眠くなると θ 波に，寝入ってしまうと δ 波に変わる。

　b）**事象関連電位**　脳は外界からの特定刺激を選択的に処理し，身体のある部分を動かす指令をだすような活動を絶えず行なっている。これらの活動は上に述べた脳波にもあらわれるが，ふつうは非常に小さな電位変化なので，脳波の記録ではこの電位変化を直接見ることはできない。しかし，音刺激を 100 回反復呈示し，各回の

5 心理学と生理学の接点

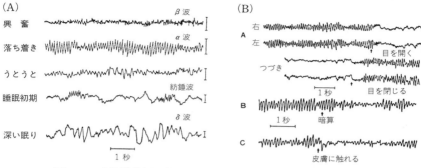

図 2-12 心的活動と脳波((A) Penfield & Jasper, 1954;(B)時実,1969)

刺激開始時点を基準として脳波を 100 回加算平均すると,ランダムな電位変動は消失し,音刺激の受容による電位変化のみを抽出することができる。こうして得られた電位変化を事象関連電位(event-related potential, ERP)という。

この ERP は図 2-13 に示すように,その事象の物理的要因を反映する外因性電位(実線)と心理的要因(破線および点線)を反映する内因性電位からなっている。前者は,刺激の感覚様相に対応した頭皮上分布を示し,刺激強度のような物理的特性に応じた変化を示す。これらの外因性電位は,刺激呈示直後に生じる。これに対して後者は,われわれの注意や期待などのような心理的要因に応じた変化を示し,電位変化の後期に出現する。心理学では,この ERP の内因性電位を用いて,認知活動などの研究が行われている。たとえば,注意をむけた刺激に対してのみ観察される陰性電位(Nd)や,刺激系列のなかからある特定の標的刺激を検出するとき,その標的刺激に対して見られる大きな陽性電位変化(P_3)などがある。

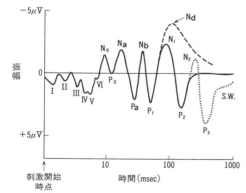

図 2-13 聴覚 ERP の模式図
(Picton et al., 1974)
聴性脳幹反応(I〜VI),中潜時成分(N_0〜N_b)および長潜時成分(P_1以降)。実線は外因性電位,破線および点線は内因性電位。縦軸と横軸は対数スケール。

また，反応しなければならない刺激を期待しているときに生じる緩徐な陰性電位（随伴性陰性変動，contingent negative variation, CNV）も，われわれの心的活動を反映する脳電気活動の一つとして研究されている．

　c）**脳機能イメージング**　情報技術の発展に伴い，1990年代からヒトの脳全体の活動を計測し，画像化する脳機能イメージングが盛んに行なわれるようになった．脳機能イメージングは，脳の血流量を計測する手法と脳の電気的活動を計測する手法に分けることができる．

　陽電子断層撮影法（positron emission tomography, PET）や，機能的核磁気共鳴画像法（functional magnetic resonance imaging, fMRI）は，脳の局所的血流量を計測する手法である．神経細胞は電気的な活動によって情報をやりとりするが，その作用の維持には常に血液からの酸素や栄養の供給が必要である．そのため，神経細胞が活性化すると，それに伴って近辺の血管の血流量が増加することが知られている．このことから，局所脳血流量の変化は，間接的ではあるが，神経活動の指標とすることができる．

　PETは，血中に投与された放射性追跡子（トレーサー）から放出される放射線を検出することによって脳活動を計測する．使用されるトレーサーによって，さまざまな脳内の物質代謝の計測ができる．局所脳血流量の計測には ^{15}O でラベルされた H_2O が用いられることが多い．

　fMRIでは，BOLD（Blood Oxygen Level Dependent）法を用いて脳の血流変化を計測する手法が最もよく使用されている．BOLD法は，血中ヘモグロビンの酸素化の変化を磁気共鳴信号の変化として検出する手法である．

　PETやfMRIは，空間分解能に優れ，脳のどの領域が活性化しているのかを計測することができるが，計測対象が血流であるために，神経活動を調べる手法としては時間分解能はあまり優れていない．つまり，いつその活動が生じているのかを調べることには適していない．

　それに対して，脳波（EEG）や脳磁図（MEG）は脳の電気的活動を計測する手法であるために，時間分解能に優れている．MEGは，神経細胞の電気的活動によって生じる磁場を超伝導量子干渉計を用いて計測する．EEGと同様に，多点同時記録によって電源を推定することが可能であるが，その空間分解能はよくない．つまり，脳内のどの領域が活動源であるのかを調べることには適していない．

　また，MRIを用いたイメージング法として，脳の解剖学的な特徴を画像化する拡張テンソル画像法（diffusion tensor imaging, DTI）という手法もある．DTIは，水分子の拡散の異方性を検出することによって，神経線維の走行を画像化する手法である．これにより，脳領域間の神経接続を調べることができる．図2-14は，ヒトが随

5 心理学と生理学の接点

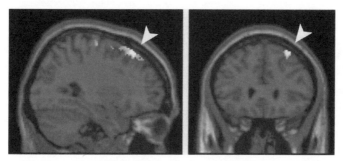

図 2-14 ヒトの随伴性判断時の fMRI による画像 (沼田ら, 2012)

伴性判断を行なっている時に fMRI によって記録された画像である。

2 生物(生体)リズム

ひろく生物が示す行動や生理機能には，周期的変動がみられる。これを生物(生体)リズム(biological rhythm)とよび，その周期はミリ秒単位から年単位に及んでいる。たとえば，一定温度条件下では，"冷たさ"に関係する感覚器官は，100 ミリ秒の周期で信号を感覚中枢におくっている。心拍は安静状態で，約 0.8 秒の周期で拍動をうっている。新生児は数時間ごとに睡眠—覚醒を繰り返すが，成人は約 24 時間の睡眠—覚醒リズムをもっている。女性にみられる約 1 ヵ月の月経周期，さらには 1 年を周期とする渡り鳥など，いろいろな周期をもつ生物リズムが認められる。

これらのなかで，約 24 時間のリズムをもつ睡眠—覚醒について，明るさ，温度や湿度を一定にし，他人との接触や時刻の認知ができないような自然・社会から隔離された環境のなかでヒトを生活させると，睡眠—覚醒リズムはどのように変化するのだろうか。このような隔離実験を最初に行なったのはドイツのアショフ(J. Aschoff)である。結果として，隔離された恒常的な条件のもとで観察された睡眠—覚醒のリズムは約 25 時間であることがわかった。そしてこの約 25 時間のリズムは概日リズム(circadian rhythm)とよばれた。

しかし，日常生活にみられるわれわれの睡眠—覚醒リズムは，周期的な変化をもっている自然・社会的条件に同調して約 24 時間のリズムを刻んでいる。このようにリズムをつくりだす身体のしくみは生物時計とよばれ，最近の研究から，哺乳類ではこの生物時計が視床下部視交叉上核にあることが証明された。

われわれの心理状態，気分，行動や作業効率などにも，最近の研究から周期的変化があることがわかってきた。毎朝，気分が爽快で，仕事もはかどるが，午後には眠けにおそわれ，夜になると早く寝てしまう朝型の人，午前中は，寝起きが悪く，

不機嫌で仕事も手につかないが，午後から夜半にかけて調子がでてくる夜型の人がある．

海外旅行などで経験する時差ボケは，旅先の外部環境の約24時間周期の変化と自分の身体のリズムが一致しないために生じるものと考えられる．しかし，1週間も旅先で生活すれば，身体リズムが旅先の外部リズムに同調し，普通の生活ができるようになる．

3 睡　眠

われわれが毎日，規則正しく繰り返しているものに，睡眠—覚醒リズムがある．昔は，睡眠は脳活動の抑制あるいは休息であると考えられた．しかし，睡眠中にも脳のなかでもいろいろな神経活動が営まれている．睡眠の研究は，ポリグラフ（polygraph）とよばれる多種の生体電気現象を記録する装置によって，おもに脳波，筋活動，眼球運動，呼吸，体動を終夜記録しつつ行なわれる．約8時間のヒトの終夜睡眠をポリグラフから分析すると，五つの睡眠段階に分けることができる．睡眠は段階1から始まり，段階2, 3と睡眠が深くなり，段階4をへて段階REM（rapid

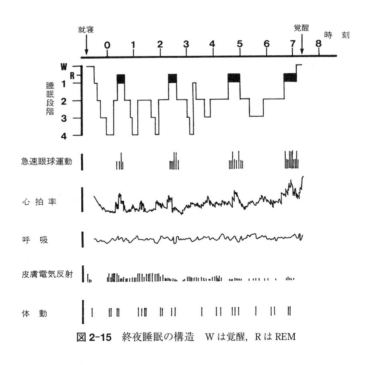

図 2-15　終夜睡眠の構造　Wは覚醒，RはREM

eye-movement, 急速眼球運動) に入る。この睡眠段階の移行過程で, 脳波は覚醒時にみられる α 波からより遅い周波数をもつ θ 波, δ 波へと変わっていく。筋活動はやや減少し, 眼球運動が消失する。これらの変化は, 睡眠が徐々に深くなっていることを意味している。しかし, 段階 REM にはいると, 脳波は睡眠段階 1 に似た脳波に変化し, 眼球運動が活発になり, 筋電図が消失する。そしてこの段階 REM では, しばしば夢をみている。

われわれの夜間睡眠では図 2-15 のように睡眠段階 1 から段階 4 をへて段階 REM (黒ぬりの部分) にいたるサイクルが, 約 90-100 分の周期で朝までに 4 回ぐらい繰り返される。そして朝方になるにつれて一つのサイクルのなかでしめる段階 REM の時間が長くなる。このように睡眠は, 深くなり, そして浅くなって夢をみるサイクルを朝まで反復している。若年成人の夜間睡眠では, 全睡眠時間の 50% が段階 2, 25% が REM, 10% がおのおの段階 3 と 4, 5% が段階 1 である。

4 学習・記憶の生理的基礎

学習や記憶は脳のどこで行なわれ, 脳内にどのような変化が起きているのであろうか。この問題は脳科学のなかで最も注目されている研究領域である。

学習は大脳皮質の基本的な機能と考えられているが, 大脳皮質を取り除いた動物でも学習が成立するという報告もあり, 学習の座の特定はできていない。一方, 記憶の座としては, 側頭葉の海馬, 乳頭体と視床内側部が示唆されている。てんかん患者の側頭葉に電気刺激を与えると, 過去の記憶がよみがえること, 最近の出来事の記憶障害, 逆行性健忘症などを主症状とするコルサコフ症候群を示す患者では, 乳頭体や視床内側核に病変が認められることが知られている。

学習や記憶が行なわれているとき, 脳内の RNA (ribonucleic acid：リボ核酸) とタンパク合成が促進されることや, 神経の電気信号を伝えるシナプスの伝導性に変化が生じることが明らかになってきた。たとえば, マウスに回避学習をさせた後に, 脳内の RNA やタンパク合成の変化を調べた結果, 学習によって両者が促進されていることがわかった。また, 記憶が行なわれると, シナプス間で情報伝達に関与する神経伝達物質の増加とその伝達物質を受けとる側のシナプスの樹状突起にある棘(とげ)の変形が生じることがわかった。また, 新しいシナプスが形成されることも明らかになった。前者は短期記憶, 後者は長期記憶の基礎過程と考えられる。このような学習による脳の構造や機能の柔軟な変化を可塑性 (plasticity) とよぶ。

5 大脳半球の機能的非対称性

左右の大脳半球のはたらきには, 若干の相違があることが知られている。これは,

大脳半球の機能的非対称性，偏側性あるいは機能差とよばれている。この機能的非対称性に関する研究は，失語症やその他の脳疾患をもつ患者の観察，死後の脳解剖などの方法によって行なわれてきた。その結果，ブローカによって発見された発話中枢，ウェルニッケによるコトバの理解に関する中枢がともに左半球に局在していることがわかり(図 2-9 参照)，はたらきの面から左半球は優位な，右半球は劣位な半球であるという考え方が生まれた。

　しかし，1960 年代に入り，右半球が劣位であるという考え方は修正された。そのきっかけとなった研究として，スペリー(R. W. Sperry)の研究をあげることができる。彼はてんかんや腫瘍が一方の半球から他方に転移するのを防ぐために，両半球の連絡路である脳梁の切断手術を受けた患者に注目した。このような患者はいわば"分離脳 (split brain)"の状態となり，一方の半球に入ってきた情報は他方の半球に伝わらない。彼はこのような患者の認知過程を実験心理学的方法で調べ，左右それぞれの半球に独自の機能的特性が局在していることを見いだした。スペリーはこの功績により 1981 年度のノーベル生理学・医学賞を受けている。

　その後，スペリーの研究法を用いて，健常者の大脳半球機能差の研究が可能になった。脳に送られてくる情報に対して，表 2-2 のように，左脳は言語材料，右脳はイメージ，情動，メロディのような非言語材料の識別，認知にすぐれている。そして左脳では情報は分析的，系列的に処理され，範ちゅう化，意味整合性の判断のような言語性操作が加えられ，右脳では全体的，並列的な処理が行われる。しかし，健常者の左右の半球は脳梁で結ばれているので，両者が独立してはたらいているとは考えにくい。したがって，左右の半球に特有の機能が存在するとしても，それらが両半球で統合される過程の解明が今後の課題であろう。

表 2-2　左脳と右脳のはたらき

左 半 球	右 半 球
発　語	空間の構成
言語材料の識別	非言語材料の識別
意味の理解	情動の理解
音韻処理	形態処理
分析的処理	全体的処理
系列的処理	並列的処理
言語性操作	心像性操作

3 行動の生物的基礎

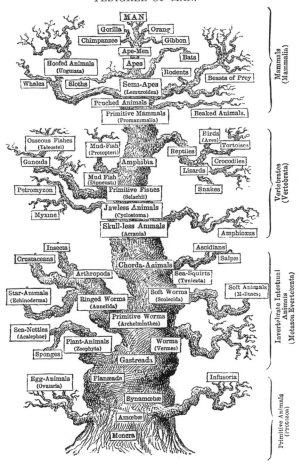

Haeckel (1897) による系統図

この地球上にはヒトも含め100万種を超える動物が生存し，自らの環境にうまく適応して生活を営んでいる。行動によって不適当な環境を避け，生存に好都合な環境に移動したり，環境を自らの都合のよいように変化させている。摂食行動によって生命維持に必要な栄養を環境から得ているし，配偶・生殖行動によって自らの子孫を残し，同族の種を存続させている。また高等哺乳動物に顕著なように，育児行動によって独り立ちできない弱い子どもを環境の圧力から守り，将来生存していくために必要な基本的技能や知恵を授けている。

　動物の適応行動は，種によってさまざまであるが，人間の属している脊椎動物の適応行動を種の進化の過程(これを系統発生[phylogeny]とよぶ)に従って，魚類，両生類，爬虫類，鳥類，哺乳類と進化の低い段階から高い段階へと見ていくと，進化の段階が低いほど行動は単純かつ定型的で，生得的要因(遺伝)によって決定されている。このような行動を一般に生得的行動(innate behavior)とよぶ。逆に，進化の段階が高いほど行動は多様で可塑性に富み可逆性があり，後天的要因(経験)によって決定されている。このような経験によって生じる行動の変化を，一般に学習(learning)とよぶ。また，学習のなかには，受精から成人にいたるまでの発達過程(これを個体発生[ontogeny]とよぶ)の初期になされた経験がその後の発達に決定的かつ不可逆的な影響を与える，という生得的行動に近い現象があり，これは初期経験(early experience)の問題として知られている。

　この章では，動物と人間の生得的行動と初期経験の問題を取り上げ，生活体に生まれつき備わった適応機制について考えることにする。

1 生得的な適応行動様式

1 走　性

　動物が示す生得的な適応行動のうちで最も単純なものが，走性(taxis)とよばれる刺激に対する方向づけ反応である。"飛んで灯に入る夏の虫"という表現は，蛾などが光に向かう走性をもっていることをあらわしており，これを走光性という。走光性でも光源に向かう場合は正の走光性といい，ゴキブリやハエのウジのように光源から遠ざかる場合は負の走光性という。走性には，刺激の種類によって，このほか走湿性，走流性，走風性，走触性，等々がある。ゾウリムシは化学物質の濃度の高い方向に向かう正の走化性をもつが，微生物の中には磁力線に反応してN極に向かう走磁性をもつものもいる。なおミミズは正の走湿性をもっている。

2 反　射

　反射 (reflex) も，走性と同じように，比較的単純な神経回路によって媒介され，刺激—反応間の生得的な結合によって特徴づけられる反応である。走性が全身的な反応であるのに対して，反射は，どちらかと言えば局部的な反応が多い。

　反射には前の章で述べた (2章4節1項) 伸張，屈曲反射や，自律反射のような脊髄のレベルで起きるもののほか，脳幹のレベルで起きる生存には欠くことのできないつぎのような反射がある。眼をまもるまばたき反射，網膜への光量を調節する瞳孔反射，平衡器官によって姿勢を保つ姿勢反射のほか，呼吸，心臓血管運動，嚥下，唾液，嘔吐など，生命の維持に直接関わる反射などである。

　反射といわれるものの中には，個々の反射が連鎖して起きる連鎖反射 (chain reflex) もある。たとえばミミズの前進運動は，各体節が一つ前の体節の収縮により機械的に引っ張られることにより収縮・伸張するので，前から後に向かってつぎつぎと収縮・伸張が起きることによる。ミミズを半分に切ると，前半分は前進運動を続けるが，後半分はデタラメな運動をする。ここで，切った部分を糸で結ぶと，前半分の運動が後半分に伝わるため，切る前と同じ全体の前進運動が回復する。また，ネコを逆さまにして落とすと頭を上にして立つ立ち直り反射は，内耳の重力受容器，自己受容器，中脳，小脳，脊髄の姿勢反射系の連鎖によるものである。

　かつて，動物の複雑な行動をこの連鎖反射によって説明しようとする試みがあったが，この試みはうまくいかなかった。つぎに述べる本能的行動は，連鎖反射ではうまく説明できない行動である。

3 本能的行動

　生得的行動様式のうちで最も複雑なものが本能的行動 (instinctive behavior) である。

　本能的行動の研究は，古くはダーウィン (C. Darwin) にまでさかのぼることができるが，20世紀半ばになって，これを自然観察と近縁種間の比較を通して，本能的行動の適応性と進化を理解しようとする学問体系 (これを比較行動学 [ethology] とよぶ) に築きあげたのがローレンツ (K. Lorenz) である。さらにローレンツとも共同研究をしたオランダのティンバーゲン (N. Tinbergen) は，自然観察に加えて実験的分析の方法を採用することによって，本能的行動の発現機構について，より実証的，かつ精緻な研究を展開した。また，アイブル・アイベスフェルト (I. Eibl-Eibesfeldt) によって，比較行動学を人間に適用して，人間行動の生得的側面にメスが入れられている。

(1) 本能的行動の特徴

本能的行動の発現は，しばしば錠前と鍵の関係にたとえられる。つまり（動物の内的動機づけの条件が整い）錠前の仕掛けが作動可能となったときに，鍵穴（種によってあらかじめ決められた刺激の受容器）に一致する鍵（刺激）が差し込まれると，錠前は自動的に開く（本能的行動が起こる）のである。ここで錠前の仕掛けは生得的解発機構（innate releasing mechanism, IRM）とよばれ，本能的行動を誘発する刺激は解発刺激（releaser, releasing stimulus）とよばれる。また解発刺激が有効となるためには，生活体がある内的状態に置かれていることが必要で，これを動因（drive）という。このような条件が整うと，その動物種に固有の恒常的動作パタン（fixed action pattern, FAP）が生ずる，あるいは組み込まれた運動プログラムが最後まで実行される。このような IRM はつぎのように要約できる。

$$\left.\begin{array}{c}\text{解発刺激}\\+\\\text{動　因}\end{array}\right\} \longrightarrow \text{恒常的動作パタン}$$

一例をあげると，ハイイロガンは，抱卵中に巣から少し離れた所に卵を認めると，じっと凝視し，立ち上がり，卵に近づき，首を伸ばしてくちばしの下に卵をあて，ころがしながら卵を巣までもってきて，抱卵をつづける。卵を抱えている親鳥としては，きわめて適切な行動である。

このように本能的行動というのは，本来，動物に生まれつき組み込まれた適応のための機構のあらわれであって，自然の状況ではこのような行動は，われわれの目には驚異とも見える合理的な姿を見せる。しかし自然を少し加工してやると，この本能的行動というものがいかに融通のきかないものが多いかがわかる。たとえば上のハイイロガンがくちばしで卵を巣へ運んでいる最中に卵を取りのぞくと，それでもハイイロガンはまるで卵がそこにあるかのように卵ころがし行動を最後までつづける。つまり一度解発されると運動プログラムは最後まで実行されざるを得ないようになっている。また巣の外に，卵でなく，ボールやビンを置いても同じ行動が解

図 3-1 抱卵中のミヤコドリの超正刺激に対する反応（Gould, 1982）

1 生得的な適応行動様式

発される。しかもバレー・ボールと，普通の卵を巣の外に並べておくと，ガンはバレー・ボールのほうに近づこうとする。図3-1は，ミヤコドリが，自分の卵ではなく，不自然なまでに大きな卵のほうを，無理をして自分の巣の方にころがそうとしているところである。このような場合は，超正刺激(supernormal stimulus)によって本能的行動が解発されているという。

(2) 解発刺激

解発刺激に関する興味深い数多くの実験的研究を行なったのはティンバーゲンであるが，中でもトゲウオの攻撃行動についての研究はよく知られている。オスのトゲウオは，なわばりを形成すると侵入してくる他のオスのトゲウオに対して攻撃行動を起こす。ティンバーゲンは，この侵入オスの刺激特徴のうちの何が攻撃行動を解発するのかを調べるため，図3-2に示す模型を使って実験を行なった。図のいちばん上のものはトゲウオの実物そっくりの模型であるが，腹部は赤く塗られていなかった。そのほかの模型は実物にまったく似ていないが，腹部は赤く塗られていた。これらの模型をオスのトゲウオに見せたところ，トゲウオとは似ても似つかない形であっても，腹部の赤い模型に対しては攻撃行動を起こしたが，実物そっくりだが腹部の赤くない模型に対しては，まったく攻撃行動を起こさなかった。このことから，オスのトゲウオに攻撃行動を引き起こす解発刺激は，トゲウオの形ではなく，赤い腹部であることがわかる。同様の分析は，セグロカモメの餌乞い反応やアヒルやガンのヒナの猛禽類に対する逃避反応についても行なわれ，解発刺激のユニークな性質が明らかにされている。

人が動物相手に行なう狩猟や釣や，人間の利益を守るために動物を相手に行なう

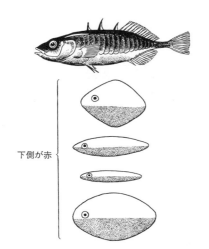

図 3-2 トゲウオに攻撃行動を起こさせる模型の共通した特徴は何か(Tinbergen, 1952 a)

工夫の中には，動物のもっている本能的行動や走性を，巧みに利用しているものが少なくない。

（3）本能的行動の系列

本能的行動は，ふつう一定の系列で起きる。本能的行動の系列では，行動が次の行動の解発刺激でもある。たとえば，トゲウオの配偶行動（図3-3）では，まず，婚姻の時期になるとオスの赤い腹部に引きつけられて，メスはオスのなわばりに近づく。オスはメスのふくらんだ腹部に刺激されて求愛のジグザグダンスをしながら背中のトゲでメスの腹をこする。すると，メスは頭を上げて求愛に応じる姿勢を示す（図の(A)）。つぎに，オスはメスを巣に誘導し口を巣の中につっこむ行動をしながら，横になって背中のトゲをメスに向ける（図の(B)）。そして，メスが巣の中に入るとオスは口でメスの尾のつけ根をつつき卵を生ませる（図の(C)）。生み終わるとメスは去り，オスは巣に入って精子を卵にかける。つぎに，オスは受精卵に，十分な酸素を与えるためヒレを使って水を巣に送り込む（図の(D)）。このあと，受精卵がかえるとオスは稚魚の養育をする。このように複雑ではあるが一定の系列を示す本能行動の例は，多くの下等動物の求愛や育児行動で見られる。

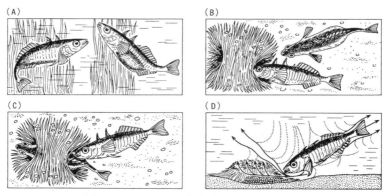

図 3-3 トゲウオの配偶行動(Tinbergen, 1952 b)

（4）"闘争あるいは逃走反応"

人でも動物でも危機に対してはとっさに身を守らなければならない。動物は天敵に襲われて初めて危険を知るわけではない。人も自動車に当たられて初めて自動車が危険であることを学習するのでもない。このような生命を脅かすものに対しては，生まれつきの反応が備わっていなければ生存はおぼつかない。それが"闘争あるいは逃走反応"(fight-or-flight reactions)とよばれる人を含む哺乳動物に備わっている

生得的防御反応である。生得的という意味で本能的といえるが，前節で述べた，より下等な動物の本能的行動のように定型的なものではない。ネコに直面したネズミは，とっさにネコから逃げるだろうが，追い詰められると「窮鼠猫を噛む」のたとえのように天敵にさえ立ち向かう(p.133も参照)。

　危険な場面に直面すると，この闘争あるいは逃走を可能にするために，自律神経系の交感神経系が活動状態に入り，平和時の機能(食べたり飲んだりする副交感神経系支配の機能)は抑えられる。全身は総力を挙げて働かなければならないので，血液は危急時に必要とされる器官に集中して最大量供給される。心臓はこれらの器官への血液供給を最大にするために速く鼓動する。酸素の供給を増すために呼吸は速くなり，肝臓は用意してある糖の貯えをエネルギーのために放出する。さらに赤血球が増加して代謝を高めるとともに，血液凝固時間が短縮して，不慮の出血に備える。また暗闇でも相手を見失わないために瞳孔は散大し，手のひらや足の裏にいわゆる精神性発汗が起こり，大事のときに滑らないように備える。このような身体の生理的状態が整うことによって，緊急場面に対する本能的行動ともいえる"闘争あるいは逃走反応"が可能になる。

2　初期経験

　個体の発達過程の初期(胎児期および乳幼児期)になされた経験は，その後の身体的，精神的発達に大きな影響を及ぼす。とくに，出生直後の子にとって親(とくに母親)は，発達に必要な環境を確保してくれる存在であると同時に，社会生活の基礎となる親子の絆を形成する対象でもある。そして，初期に正常な発達に必要な環境が与えられないと，その後の発達は阻害される。これは経験に関わる問題ではあるが，4，5章で取り上げる普通の学習とは異なる特徴をもつ。学習の場合には経験によって学習された行動が，その場に不適切なものになれば通常は変更される。しかし，初期経験によって生活体に生じた変化は，まるで"刻み込まれた"かのように，ほぼ生涯にわたって残り，不可逆な変化を残すといわれている。また学習は，環境条件が整えば，発達段階の時期を問わず生ずるが，初期学習は発達のある時期にしか起こらないという臨界期がある。初期経験の問題が学習とは別個に取り上げられる理由がこのようなところにある。この節では初期経験に関する実験的研究を問題にする。

1　刻印づけ(刷り込み)

　初夏の池で母ガモが子ガモたちを従えて泳いでいるのを見ると，母子の強い絆を

感じさせられるが，子ガモにとって母子の絆は初めから与えられたものではない。実は，子ガモが自分の母親をほかと区別し，追随するようになるには特殊な経験が必要なのである。

(1) 子の刻印づけ

ガンやカモのように，一般に成熟した状態で孵化する鳥類では，"最初に出会うものが親である"というプログラムが仕組まれているので，もし，最初に出会うものがほかの動物(たとえば人間)あるいは無生物(たとえばフットボール)の場合は，ヒナはこれらを親とみなして接近，追随し親子関係を成立する。これを子の刻印づけ(filial imprinting)，あるいは単に刻印づけ(imprinting)とよんでいる。

子の刻印づけは，19世紀末にスポルディング(D. A. Spalding)によって最初に発見され，一度の経験で"版を押される"という意味で刻印づけと名づけられた。そして，子の刻印づけを統制された条件下で実験的に分析をしたのがヘス(E. H. Hess)である。ヘスの刻印づけ実験は図3-4の(A)に示される装置で行なわれた。スピーカーを内蔵する木製の"オトリ"のカモは，中央部のアームでつり下げられ，手前の操作盤により円型走路を"ガーガー"と鳴きながら一定の速度で回る。生まれたばかりの子ガモは，動くオトリのうしろに置かれるとこれを追随する。このあと子ガモはオトリと本当の母親のどちらを選択するかがテストされたところ，子ガモはオトリに追随することが示された。つまり子ガモはオトリに刻印づけられたのである。

では最初に見る物体に刻印づけられるというのであれば，生後のどのような時期にでも刻印づけは起こるのであろうか。一般に刻印づけは出生後のある限定された

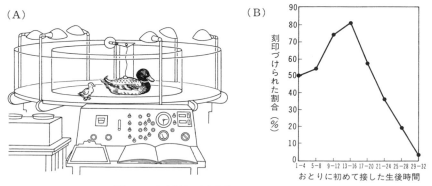

図3-4 (A)刻印づけ実験に用いられた装置
(B)刻印づけの臨界期(Hess, 1958)

2 初期経験

期間においてのみ生ずるといわれ，この期間を臨界期(critical period)という。図3-4(B)は出生後のさまざまな時間にはじめて動くオトリを子ガモに見せた場合に生じた追随反応の生起率である。子の刻印づけは生後約16時間で最大となり，それより早すぎても遅すぎても減少する。生後32時間までに刻印づけの機会がなければ，生涯刻印づけは生じない。

この他，たとえばハトのオスなどは，養育された親と同じ特徴をもつ個体を成長後に交配の対象として選ぶ傾向があるが，これも養育された親バトへの子バトの刻印づけによるものと考えられている。この現象はメスの子では見られないが，ハトの配偶行動ではオスが優勢であることを考えれば，この刻印づけが近縁種との交雑をさける自然界の仕組みであることがわかる。

（2） 子ザルの母ザルへの愛着形成

子ガモは最初に見た動くものとの間に"母子関係"を形成した。では哺乳類のサルの場合，子どものサルは母ザルのもっているどのような特徴に愛着を示すのだろうか。母ザルが授乳者であるためだろうか。このような疑問に対して実験によって答えたのがハーロー(H. F. Harlow)である[1]。彼は8頭の赤毛ザルの子を生後数時間で母ザルから隔離し，個別の檻に入れて2種類の代理母によって飼育した。代理母の一つは円筒型の針金で作られ，もう一つは針金の部分が柔らかいテリー織の布で

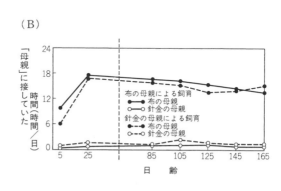

図3-5 (A)布製と針金製の代理母親
(B)布製の母親から授乳された子ザル(実線)および針金製の母親から授乳された子ザル(破線)が，布製(黒丸)および針金製(白丸)の母親に接してすごした1日の時間(Harlow, 1959)

覆われていた（図3-5(A)）。これらの代理母は哺乳ビンを着脱でき，8頭のうち4頭は針金製の代理母から，残りの4頭は布製の代理母からミルクを飲ませた。図3-5(B)は，これらの子ザルの行動観察の結果を示したものである。子ザルは代理母に登れるようになるとすぐに，布製の代理母に接触して一日の大半を過ごすことがわかる。これは，針金製の代理母からミルクをもらった場合でも同じである。このように，母親への愛着は単に飢えや渇きをいやすことを通して学習されるものではない。子ザルは母親の柔らかい肌ざわりを求めているのである。

また，太鼓をたたきながら動くクマのぬいぐるみを檻に入れると，子ザルは恐れて布製の代理母にしがみつく。しかし，しばらくすると代理母を基地にして安心してぬいぐるみに近づくようになった。別の実験では，子ザルは針金製の代理母だけで育てられたが，太鼓をたたいて行進するクマのぬいぐるみを檻に入れると，育ての"親"の代理母にはしがみつかず，檻のすみで体を折り曲げて泣き続けた[1]。このように見慣れないものに対する恐怖も，安心できる母親が側にいればなくなるが，そうでなければいつまでも消失しない。

2 社会的隔離と正常な知覚経験の欠如

自然界にあっては子ガモが最初に出会うのは母ガモであり，子どものハトも同じ種のハトの親に育てられ，子ザルも柔らかい肌ざわりをもつ母ザルに抱かれて育つ。このように自然界のことがらが文字通りごく自然に進行しているときには，自然が自然であることの重要さには気がつかない。そしてそれに気づくのは不自然なことが起こった場合の結果を見たときである。たとえば生まれてすぐに，母からも人間からも隔離されて，ある年齢まで生存し得た人がいるとすれば，その人はどういう状態にあるだろうか。事実，過去にいくつかのそのような不幸な例がある。1799年，フランスの森の中で見つかった，推定11〜12歳の『アヴェロンの野生児』[2]の例はとくに有名である。この事例は，人間が人間らしく育つためには，われわれが皆そのように育ってきたような，そしてそれに対してとくに感謝の念ももたないような，ごく普通の初期経験がいかに重要であるかを物語っている（〈コラム3-1〉も参照）。

野生児の事例は初期経験の大切さを示唆するものではあるが，野生児に見られる異常が，どれほど遺伝的な要因と無関係であるかを確かめる方法がない。そこで人間を対象としては不可能であるが，動物の初期経験を人為的に操作して，それの成長や，諸機能に与える影響を実験的に検証する試みがなされるようになった。それがこの節で論ずる，社会的隔離（social isolation）と，正常な知覚経験が欠如した場合に生ずる問題である。

2 初期経験

（1） 社会的隔離

ハーロー夫妻[3]は，赤毛ザルの子を種々な隔離条件（母親あるいは代理母がいるかどうか，仲間との接触の機会があるかどうかの条件）において観察したところ，仲間との接触の機会が与えられない条件のサルは，檻の中の一定のコースを回り続ける常同行動や人間が近づくと攻撃を人間に向けることができず自分の体を傷つけるといった異常行動を示し，のちに仲間と一緒にされても社会的毛づくろいは行なわず，性行動もうまく行なうことができなかった。そしてこのような異常は，社会的隔離を生後6ヵ月以内に解かないかぎり不可逆な異常を残すことが確かめられている。サルの生後6ヵ月は，ヒトでいえば生後2～3年に相当することをハーローは指摘し，ヒトの成長へこの事実のもつ意味を暗示している。ハーローの実験はまた，子ザルを母親あるいは代理母と一緒にしてやっても，他の仲間の子ザルが一緒でなけ

〈コラム3-1〉 野生児の物語は信じられるのか？

1920年にインドでオオカミの洞窟から這い出したところを捕らえられたという二人の女児（推定8歳と1.5歳）について書かれた，いわゆる『狼に育てられた子』[a]も野生児の話としては有名である。しかし，このアマラとカマラという二人の女児が実際に狼に育てられたという確かな証拠はない。単に遺棄された自閉症児ではないかと疑う人も多い。この他にも野生児については，全7巻からなる『野生児の記録』にいくつかの例が紹介されているが，その第6巻『野生児と自閉症児』[b]などを見ると，報告された話の信憑性については注意深くならざるを得ない。同書の中の一文に「心情に訴えるような話は，広く世間に流布される」（p.243）とあるように，話が感動的であればあるほど人はそれを否定しにくくなる。しかし次に紹介するように，1997年8月20日の朝日新聞（夕刊）に報告されているような事情で話が作られ，定着することもある。

> 1954年1月にインドの北部の狼の住んでいる森から，9歳前後と思われる少年が発見され，狼に育てられたということで話題をよんだ。しかしそのとき心理テストを担当したラクノウ大学の元教授(75)は，いま(1997年)になって，その少年の話が作られた話であることを明らかにした。真実は，小児麻痺と脳障害があった少年を密かに育てていた両親が，治る見込みがないのでラクノウ駅に停車中の客車の中に置き去りにしたのを警察が保護したのだという。汚れたシャツを着ていたことは明らかにされず，日光を嫌いウォーと叫ぶ狼的な面ばかりが誇張されて伝えられ，話が大きくなり過ぎて，本当のことを言う機会を逸してしまったというのである。

ものごとを批判的に見る姿勢と，その批判を裏づける事実と根拠を求める姿勢が大切である。

れば異常はさほど改善されないのに対して，母親がいなくても，仲間との接触の機会が与えられると，上のような発達障害はみられないことも示している。

社会的隔離の実験はスコッチテリアの子イヌを用いて，トンプソン（W. R. Thompson）とメルザック（R. Melzack）[4]）によっても示されている。彼らは離乳直後から7～10ヵ月齢になるまで子イヌを外部の見えない隔離条件で飼育した後，普通の条件に戻したところ，これらのイヌには通常の育ち方をしたイヌに比べてさまざまな面で異常が見られた。まずこのようなイヌは非常に多動的で，新しい環境内ではなかなか探索行動が止まらず，この傾向は数年後でも保たれていた。また目の前で突然傘を開くと，普通の子イヌはさほど興奮もせず傘のそばから逃げ出すが，隔離飼育のイヌは異常興奮を示し傘の周辺をただわけもなく跳びまわった。さらに触れると電気ショックが与えられるおもちゃの自動車で遠隔操作をしてイヌを追いかけると，普通のイヌは6回ショックを受けただけでうまく体をかわすことができるようになったが，隔離飼育のイヌは，むやみに動きまわり，ショックを避けることができるようになるまでに25回もショックを受けた。また避けられるようになってからでも自動車を見ると非常に興奮した。隔離飼育のイヌは痛みに対する反応でも特異であった。たとえばある部屋に1時間入れておいたところ，その部屋の壁から突出していた水道管に30回も頭をぶっつけ，痛みを感じているような動作すら示さなかった。その他，金網の向こう側に餌をおくと，まわり道をして餌にありつくという，普通ならば簡単にできる"洞察学習"（5章を参照）が成立しなかった。その他，記憶や社会的行動にも異常がみられた。

（2）"豊富な環境"と"貧弱な環境"

上に述べたようなサルやイヌの行動をみていると，社会的隔離は何か脳に発達障害を残したのではないかという疑問が起こる。ローゼンツワイク（M. R. Rosenzweig）ら[5]）はネズミを3種類の環境内で飼育し，飼育環境が脳の発達におよぼす影響を調べた。通常群のネズミは四方の壁と天井が金網の普通の飼育かごの中で3匹一緒に飼育し，"貧弱な環境"の群のネズミは三方の壁が不透明なかごの中で1匹ずつ個別に飼育した。"豊富な環境"群のネズミは大型の飼育かごの中で12匹ずつ，さまざまな遊び道具（はしご，ぶらんこなど）のある中で育てられた。数日～数ヵ月後，これらのネズミの脳の発達を調べたところ，豊富な環境群のネズミは通常群のネズミに比べて，また，通常群のネズミは貧弱な環境群のネズミに比べて大脳皮質が重い，厚い，活性的であることが認められ，より発達していることを示していた。ところが，ネズミを屋外の自然に近い状態で飼育すると，実験室の豊富な環境で飼育する場合よりも脳の発達がよかった。"豊富な環境"といえども人工的な環境は，自然環境に比べると"貧弱な環境"だったのである。

（3）正常な知覚経験の欠如

あなたの目の前に白い画用紙が10枚重ねてあるとしよう。その5枚には直径5cmの赤い円が，残る5枚には同じ大きさの緑の円が貼りつけてある。赤，緑の順序はでたらめである。そこでこの10枚を，同じように見えるもの同士を1カ所に集めるように求められると，あなたは即座に赤と緑の二つに分類するだろう。色覚に障害がなければ実に容易な作業である。

M.M.さんは1歳未満でハシカにかかり，角膜軟化症を併発して失明し，左右の眼とも明暗しかわからない状態になった。彼女が12歳になったとき，開眼手術を受け，片眼の視力を取り戻した。手術後1年2ヵ月たって，上と同じ分類課題を与えたところ，正しく分類するようになるまでに，1年3ヵ月を要した。図3-6はその弁別学習の過程を示している。Nとあるのは与えられた練習回数であるから，彼女は正しい分類を行なうようになるまでに，何と630回の練習を必要としていることになる。彼女はまた，水平線と垂直線を区別するのにも7ヵ月を要している。

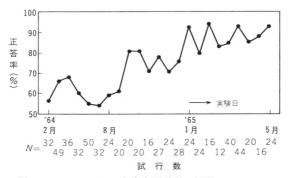

図3-6 M.M.による色彩弁別学習の経過（鳥居，1982）

この事実は，正常な知覚の成立には経験が必要であることを物語っている。われわれは小さいときから目でものをとらえ，自分で歩を運んでそれに近づき，自分の手で取り上げて確かめるという，ごく普通の経験を積み重ねている。このような普通の経験が，正しい視知覚の成立に必要なようである。

ヘルド（R. Held）とハイン（A. Hein）は，生後8～10週の子ネコを図3-7の縦じま模様の環境に1日3時間入れ，それ以外の時間は他の兄弟とともに暗闇の中の母親のもとに戻した。図に見られるように，対の一方は自分の脚で自由に歩いて環境内の探索をできるが，他方は頭だけ外に出した状態でカゴに入れられ，環境内の移動は相棒のネコまかせであった。これを10日間ほど続けたのちに調べてみると，自分自身で環境内を探索できなかったネコには，普通ならば見られる奥行知覚が成立し

図 3-7　能動的運動および受動的運動を伴う知覚経験の影響を調べるのに用いられた装置(Held & Hein, 1963)

ていなかった。このように正しい知覚の成立のためには，視覚が正常であるだけでは十分ではなく，乳幼児期に自ら運動を行なうことに伴う知覚的フィードバックが必要なのである。

　チンパンジーを，生後1ヵ月から2歳7ヵ月までの間，四肢に厚紙製の円筒をはめたまま育てると，想像を超えたようなつぎのような異常が生じる[6]。(1)左側から食物を与えるときには左手に，右側から食物を与えるときには右手に触刺激を与えても，このようなチンパンジーは触刺激を手がかりに正しい方向を向くことができず，正しい方向を向くのに2,000回もの訓練が必要であった。(2)眼かくしをしてつねられたとき，つねられた場所に的確に手をもっていくことができない。(3)対象の性質や位置を知るために手で触れて確かめるという試みをしない。感覚としての触覚は正常であっても，触覚に基づく的確な手の動きなどは，このような初期の感覚経験の制限によって障害をうける。

3　人間の生得的行動と初期経験

　折にふれて人間の行動にも言及してきたが，これまで主として，人間よりも低い進化の水準にある動物を中心に，生得的行動と，初期経験のもつ不可逆的な効果について見てきた。この節では人間が適応と生存のためにもっている生得的な仕組みと，初期経験の重要さについて考えてみよう。

1 生得的知覚様式

ものが何であるかがわかるためには、まずものが見え、聞こえなければならない。すなわち感覚は知覚に先行する。では人間の新生児の感覚能力はどのようなものだろうか。これは〈コラム 3-2〉にまとめられている。コラムにみられるように、人は出生後の早い時期から、人の声に関心をもち、母親と他人を区別しているようである。乳児がかなり早い時期から人の顔を凝視することは日常観察されることであるが、それは乳児が、他のものよりも人の顔をとくに凝視する傾向がもともと強いためであろうか。ファンツ(R. L. Fantz)は図3-8のような顔型の輪郭のピンクの地(図では白)の上に異なる黒模様が描かれた3種類の図形を用意し、2つずつを対にして生後4日から6ヵ月の乳児に見せて凝視時間を比較した。図のaは人の顔、bはaの構成部分を配置変えしたもの、cは黒の各部を一ヵ所にまとめたもので、黒の面積の合計はいずれも同じである。結果はグラフに見られるように、人の顔への関心の高さは既に生後4日に現れており、aとbの差はわずかではあるが、aへの関心は生後2ヵ月半までは確かなものであり、乳児の人の顔への関心が生得的であることを物語っている。

なお最近では、生後2～4日の新生児が、恐怖(fear)の顔よりも楽しい(happy)顔をより長く凝視する報告もあり[7]、新生児の生存にとっての人の顔の重要性が示唆されている。

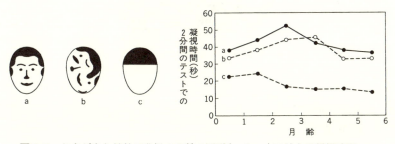

図 3-8 さまざまな月齢の乳児の3種の図形(a, b, c)に対する凝視時間
(Fantz, 1961)

ギブソン(E. J. Gibson)らは、ヒトを含む多くの哺乳動物においては、奥行知覚が生得的なものであることを、視覚的断崖(visual cliff)の実験で示している。この装置(図3-9)の表面は一面硬質ガラスで覆われていて、中央に子どもを置く中央板がわたしてある。この中央板の片側は、硬質ガラスのすぐ下に床があり(浅い側)、今一

方では，床はガラスを通してはるか下にあり，視覚的に断崖をなしていた（深い側）。床はチェック模様であった。ギブソンらは生後 6〜14 ヵ月の乳幼児を 1 人ずつ中央板に置いて，母親に深い側と浅い側に交互に立たせて子どもを呼ばせた。36 人の子どものうち，中央板を離れず，どちらの方向にも行かなかった子どもが 9 人いたが，残る 27 人中，中央板から浅い側にのみ降りたのが 24 人，残る 3 人は両側に降りた。しかし深い側にのみ降りた子どもは 1 人もいなかった。このように，高い所から落ちた経験がなくても正常な知覚の経験をしているものは奥行知覚の能力をもつことから，この能力は広い意味で，生得的と考えられる。しかし，前項のヘルドらの実験で示されたように，ヒトを含め哺乳類では，奥行知覚の能力は，初期に正常な知覚運動経験をした場合に発現されてくる。

図 3-9　視覚的断崖の装置 (Gibson & Walk, 1960)

2　生得的行動様式

(1)　情動表出

進化論をとなえたダーウィンは，1872 年に『人および動物における情動の表出について』[8] を著わし，動物から人間にいたるまでの情動表出を研究し，情動に伴う人間の表情は，かつてはその進化の過程で生存の役に立っていた運動習慣の名残りであると考えた。このような考えによれば，さまざまな情動に伴う多くの表情表出は生得的なものであるということになる。生まれつき目が見えないために他人の表情を模倣することができない子どもでも，健常児と同じ情動表出を行なうことも，情動に伴う表情の生得性を物語っている[9]。またわれわれは属する文化圏が違っても，

かなりの正確さで相手の情動を，その表情から正しく推しはかることができる[10] (p. 136も参照)。

（2） 新生児の反射

人間も，生まれたときには多くの反射を備えているが，新生児の反射には発達とともに新しい習慣に統合されたり消失したりするものがある。新生児は，自発的にあるいは頬に触れられると，乳房を求めて頭を左右に振るさがし反射（searching reflex）を示すが，その反射は2，3日で，触れられた側に頭を向けるという方向づけのできたものに変化する。口や頬に触れると乳を飲む運動すなわち吸啜反射（sucking reflex）を起こすが，最初はポンプのように口の中を部分的に真空にすることで乳を吸っていたものが，2，3週間たつと舌で乳首を上の口蓋に押しつけることによって吸うようになる。また，把握反射（grasping reflex）は新生児の手のひらに物をあてるとそれをつかむ運動であり，棒などをつかませると，数秒間それにぶらさがることができる。この反射は，生後まもなく消失する。同様に，生後2，3週の新生児を水につけると泳ぐような運動（swimming movement）がみられるが，これも3，4ヵ月で消失する。このほか突然大きな音のような強い刺激を与えると指を広げ腕をのばして抱きつくような動きをするモロー反射（Moro reflex）は生後3，4ヵ月で，足の裏をくすぐると指を外側に反らせるバビンスキー反射（Babinski reflex）は生後2年ぐらいで消失する。成人のもっている反射については，前章4節でみたとおりであるが，われわれの生命維持に欠かすことのできないものである。また反射は，人間がもっている生得的行動のなかで最も明確なものである。

（3） 本能的行動

人間には動物にみられるような生まれながらにしてもっている恒常的動作パタンとしての本能的行動はない。しかし広義の"本能"とそれに対する解発刺激といってもよいものがある。たとえば人間にも動物にも「親としての本能」があって，それの解発刺激には共通の特徴があるという。すなわち頭に比べて顔面部が小さく，額が広く，頬がふっくらしているのは人間，動物を問わず幼体の動物の特徴であって，それが解発刺激となって「親としての感情」が喚起されるという[11]。

またつぎのソーク（L. Salk）[12]の観察は興味深い。彼は分娩直後の4日間の母親の行動を観察し，右利の母親255名の83%が，乳児を抱くときに自分の左側に頭をもってくること，また左利の母親32名ではそれが78%であることを確かめた。そしてソークは，右利，左利に関わりなく母親が左の胸に乳児の頭をもってくるのは本能的行動ではないかとつぎのように考えた。すなわち動因にあたるのは"分娩直後の母親の状態"であり，解発刺激は"乳児との接触"であり，この二つの条件が整うと"乳児を左側に抱く反応"が喚起されると考えた。ソークはさらに，分娩後，

何らかの理由で母子が24時間以上はなれていた場合には、母親に左側で抱く傾向はみられない。しかしすでに普通に子どもを生んだ経験をもっている母親の場合には、分娩後24時間以内に子に接しなくても、すでに左側で抱く傾向はそれまでに固定しているようだとも述べている。このような事実は、刻印づけと臨界期を思わせる。さらになぜ左側で抱くように事前にプログラムされているのかに関しては、心

〈コラム 3-2〉 新生児の感覚

他の動物に比べれば人間の新生児はいかにも無力であり、ポルトマン（A. Portmann）が、人間はあと1年間母親の胎内に留まっていて、やっと他の動物なみになるという意味で、生理的早産ということばを用いたことがよくわかるように思う[c]。しかし最近の研究によると、人間の新生児でも以下のように、思いのほか環境に的確に応答できているようである[d]。

聴覚 赤ん坊は新奇な音がすると乳を飲む吸啜反応を一時止める。このことを利用して聴覚を調べると、新生児は他の音よりも、人の声に興味を示すようであり、特に母親の声には敏感である。生後3日の新生児が、他の子の母親の声よりも、自分の母親の声を聞くために、吸啜反応の仕方を変えることを学習した例も報告されている[e]。この母親の声を聞き分ける学習は、すでに胎内で始まっているようで、胎児は母親の話語に伴う特徴的な振動を胎内で感じているのではないかという。たとえば、出産前の数週間に母親が声を出して読んだ物語を、生まれてきた子どもは他の物語よりも好むという実験事実も報告されている[f]。

視覚 いくつかの感覚の中で、生まれたときに最も未発達なのは視覚であろう。新生児は焦点調節力が低く近視なので、その視覚像は成人のように鮮明ではない。視覚像が成人なみに鮮明になるのは、生後7〜8ヵ月頃といわれている。それでも新生児は周りをしきりに見回すが、成人のように視界全体を見るのではなく、動くもの、尖ったもの、複雑な対象などに特に目を向ける（図3-8も参照）。

味覚 生後1〜2日の新生児でも味を区別しているようである。新生児がミルクを飲むときは、通常乳首を何回かつづけて吸って休む。甘い液体を飲むときには、ただの水を飲むときに比べれば、1分間あたりの吸啜回数が多く、より強く吸い、休みが少ない。甘さを2倍にすると吸う強さも2倍になる[g]。しかし母乳と、それよりも甘い牛乳を比べると、新生児は母乳を好む[h]。

嗅覚 生後2日の新生児に、甘いにおいを含ませた綿棒を近づけると、頭をそちらに向け、心拍と呼吸の率は低下する。一方、酸っぱいにおいに対しては、顔をそむけ、心拍と呼吸の率は上昇する。数日間母乳を飲むと、他の母親の母乳を含ませた綿よりも、自分の母親の母乳を含んだ綿に頭を向けるようになる[h]。

子どもでも成人でも、環境にうまく適応するためには、まずもって環境を正しく把握することは必須条件である。そして新生児に備わっている上のような感覚能力は、そのような適応を可能にさせるための必要条件なのである。しかしそれが十分条件でないことはすでに挙げた初期経験の異常の例の中に見ることができる。

拍音が乳児の成長を促進するためだろうとされている。事実ソークはスピーカーを通して心拍音を聞かせて育てた群と，楽音を聞かせて育てた群では，前者において体重の増加が著しいと述べている。

実は次の学習の章の〈コラム 4-1〉および 78 頁で，学習における"準備性"の考えを紹介しているが，この考えは人を含む動物は，さまざまな学習を白紙の状態で始めるのではなく，生まれながらにして各動物種がもっている生物的枠組み(biological constraints)の中で学習するという考えである。そしてこの生物的枠組みは，各動物種の適応を容易にするよう生まれつき準備されている本能的仕組みに他ならない。

(4) 成　熟

人にかぎらず動物の発達の中で，成熟(maturation)という生得的性質が自然に展開することによって起こる発達の部分がある。たとえば子どもの歩行などは，寝返り，はいはい，つかまり立ち，つかまり歩行，独り立ちなどと，その順序は経験に無関係に決まっているし，それぞれの発現時期も同じである。たとえばデニス(W. Dennis)らの古典的研究では[13]，板にくくりつけて育てられたアメリカ原住民ホピ族の子どもも，拘束なしに自由に育てられたアメリカの子どもも，歩き始める時期はそれぞれ 14.9 ヵ月，15.1 ヵ月とほぼ同じであることを示している。しかし近年の研究は，歩行の時期に経験は無関係でないことを示している。たとえば早くから座り，立ち，歩くことを子どもに積極的に教えるケニヤのある部族の子どもは，アメリカ人の子どもよりも 3〜5 週間早く歩くようになるし，逆に歩行が制限されて育てられる東パラグアイの子どもの歩行は，欧米の標準よりもほぼ 1 年遅いという[14]。しかしこれらは歩行にいたる時期の早さの違いであって，その歩行にいたる行動の段階的変化や最終的な歩行水準には違いはないので，これらの事実は，成熟に経験がまったく関係がないわけではないことを示していると見るべきであろう。

3　初 期 経 験

ほかの動物以上に，人間の個体発生の初期（胎児期，乳幼児期）はその後の発達，成長を決定する重要な意味をもつ。

(1) 胎　児　期

子宮内の胎児は母体という環境を通してさまざまな影響を受ける。妊婦の受ける心理的ストレスが大きいと流産という不幸な結果になりかねない。妊婦の栄養不良は胎児の脳細胞数の減少をもたらし流産の率を高める。胎児は母体ほどウイルスや薬物に対して耐性をもっていないので，とくに妊娠初期にはこれらの影響を受けやすい。妊婦が妊娠初期に風疹にかかると，耳の聞こえない子や心臓などに障害を

もった子が生まれる率が高くなる。妊婦が梅毒にかかると胎児の 25% はこれに感染し，生まれても知的障害となる可能性が大である。妊婦が精神安定剤サリドマイドを服用したことによって生じた身体的障害をもつサリドマイド児は，社会問題にまで発展した。また，最近注目されているのが，妊婦がアルコールを常飲することによって身体的異常や知的障害の子が生まれるという"胎児性アルコール症候群"である。これはアルコールの飲用によって胎児の運動や組織の成長が麻痺させられるために起こる。さらに，異常出産による酸素欠乏や身体への過度の圧力はその後の発達に不可逆的な影響をおよぼすことがある。

（2） 出生後

〈コラム 3-2〉でもみたように，人間は他の動物に比べて，1年間生理的早産をしているとポルトマンは述べている。本来母親の胎内で保護されているはずの時期に外界にさらされるということは，この時期は外的環境の影響をことのほか受けやすい時期ではないかと想像させる。事実，出生後の早い時期のさまざまな要因の発達に与える重大な影響について述べる学者は多い。11章3節でも述べるように，フロイト (S. Freud) は，乳児期の親の子への接し方によって成人になってからのパーソナリティは決まってしまうという考えの持主である。しかし初期経験のどのような側面が，人間の行動にどのような影響を与えるのかを明確にすることは，人間で実験ができないだけにきわめてむずかしい。さきにふれた野生児の研究もこのような観点からすれば不十分である。それでも，示唆に富む研究がないわけではない。

幼児期の刺激豊かな環境が，のちの知的発達を促すことはスキールズ (H. M. Skeels) とダイ (H. B. Dye) の古典的研究によって報告されている[15]。2 歳のときの知能が非常に低いと判断された 1 群の孤児が，孤児院から精神遅滞者のための施設に移された。この施設は，孤児院の場合とちがって，軽い知的障害をもつ少女が 1

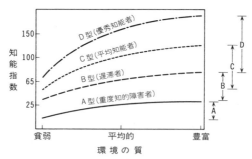

図 3-10　良い環境によって生ずる知能指数の上昇は，素質としての知能の水準によって異なることを示す仮説的曲線 (Gottesman, 1963)

3 人間の生得的行動と初期経験

人1人の孤児の面倒をよく見，母親代りをするようになっていた。施設は広く，玩具もたくさんあった。歩けるようになると保育所にも行ったし，刺激が実に多い生活をおくった。4年後，このような生活を経験した子どもの知能を調べてみると，平均してIQで32点の上昇がみとめられた。一方，孤児院に留まった，2歳時の知能がほぼ上の集団と同じ水準であった子どもの群の知能をみると，平均してIQで21点低下していた。この研究は1939年に報告されたものであるが，興味深いことは，スキールズは同じ子どもを20年後に再度調べていることである[16]。"豊富な環境"で育った子どもの大部分は高校を卒業し，そのうちの3分の1は大学を卒業した。彼らは自立し，結婚し，正常な知能の子どもをもうけていた。これに対して"貧弱な環境"で育った者の大部分は，小学校3年以上にすすむことはできず，施設に留まるが，自立するには十分の収入を得ることはできなかった。

今日，文明社会においては，かつてのような劣悪な初期環境は少なくなってきているであろうが，同時に働く主婦が多くなることに伴う問題は，ここで論じている問題と無関係ではない。1965年，当時のアメリカの大統領ジョンソンの時代に，恵まれない家庭の2～5歳の子どもに，教師による家庭訪問の形式で，恵まれた家庭の子どもが受けるような知的な刺激を与える試みがなされた。このHead startといわれたプログラムの成果は良好で，小学校に入学するときまでに，知能が平均IQで10点上昇したという（しかし，幼少時の知能指数のもつ信頼性については，問題がある）。

それでは，"豊富な"初期環境によって，子どもの知能はどれほど上がるのであろうか。一般に知能は遺伝的に決定される部分の多い機能である。したがって環境はその可能性，あるいは潜在力を開花させるのに役立つとみるべきであろう。図3-10は，知的潜在力が大きな子どもほど，良い環境からより多くの良い影響をうけ，その結果，知能指数が高くなることを仮説的に表現したものである。しかし別の研究では，劣悪な環境によって最も大きな悪影響を受けるのは平均より上の知能の子どもであることも示されている。

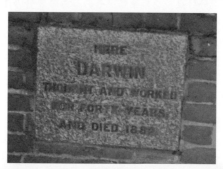

ダウン・ハウス(ロンドンの南,ケント州 Downe)
　チャールズ・ダーウィンが1842年から1882年に亡くなるまで40年間にわたって住み,『種の起源』の構想を練り,執筆し,研究生活を送った家。現在は記念館として公開されている。手前に広大に芝生の庭が広がっている。
　上は建物の壁にはめ込まれた説明板。"Here Darwin thought and worked for forty years and died 1882."とある。　　　　　　　　　　（写真提供：今田　寛）

4 学 習 (1)

ハンプトン宮殿にある生け垣でつくった迷路。中央の樹木の所が目標点。入口はその右側にある。上の図はハンプトン宮殿の迷路を方形にして，同じパタンをネズミ用の迷路に直したもの(Boakes, 1984)

前章で述べたように，動物は生きるために必要ないくつかの生得的なしくみをもっている。下等な動物の場合には，大抵はそれだけで環境にうまく適応できるが，高等な動物になるほど住む環境は複雑・多様化し，発達した脳に支えられた高い学習能力によって自らの行動を環境に合わせて柔軟に変化させるようになる。生後間もない赤ちゃんですら，経験によって行動を変化させる能力，つまり学習能力をもっており，泣けば母親が授乳してくれることを覚えて泣くし，母親の声を聞けば授乳が近いことを知って泣くのを止める。ヒトの場合には，いくつかの反射，防御反応，生得的な外界認識の仕方以外は，ほとんどすべて学習によって環境に適応している。

4章と5章では学習（learning）の問題を，ヒトを含む哺乳動物を使った基礎的な学習実験の成果を中心に取り上げる。

1 学習とは

1 学習の定義

学習は"経験による比較的永続的な行動の変化，あるいはその成立過程"と定義される。この場合の行動は広義に解釈されるべきで，その中には脳波の変化から，知識，態度，価値観の変化まで含むものとする。他方，行動の変化といっても，身体の発達，成熟にともなう行動の変化や，薬物，疲労の結果として生ずる行動の一時的変化は除かれる。また学習というと，学校での学習を想像する人も多いだろうが，こう考えると，経験によって生じる"良い"行動変容のみを学習と考えがちになる。しかしそれでは学習の定義としては狭すぎる。一般心理学では，悪い習慣（たとえば神経症の症状）であっても，それらが経験の結果として生じた比較的永続的な変化であれば学習なのである。そして，それらすべての学習現象の基本法則を明らかにすることが，学習に関する心理学の大きな課題の一つである。

2 学習の種類

特殊な種類の学習としての初期学習については前章で述べたので，ここではそれ以外の学習を，非連合学習，連合学習，その他のより複雑な学習に分類して述べる。

非連合学習（non-associative learning）とは単一の刺激についての学習で，その典型例はコラム2-2でも述べた"慣れ"（habituation）である。われわれ動物は新奇な刺激に対しては注意を向けるが，何度も提示されるとそれに慣れてしまって反応を起こさなくなる。この"慣れ"は，その他の学習に比べると短命ではあるが，もしわれわれが新奇な刺激に対していつまでも敏感に反応し続けるような場合を考えると，これは単純ではあるが，われわれの適応にとって大切な学習であることがわか

る。

　連合学習(associative learning)は，出来事の間の関係に関する学習のことで，この章で扱う古典的条件づけと道具的条件づけが典型例である。梅干しを見ればよだれが出るのも，酸っぱい梅干しを食べた経験によって生じた連合学習の例であるし，イヌが DOG であることを学習するのも連合学習の例である。自動販売機にお金を入れればジュースが出てくることも，われわれは経験を通して学習するわけだが，これも連合学習である。ただ連合学習の問題を考える時に，それを何と何の間の連合と考えるか，またその連合の形成にとって必要な条件は何かということについては，専門的には難しい問題がある。したがってここでは，刺激(stimulus)と反応(response)の間の連合(S—R 連合)を強調する立場と，刺激と刺激の間の連合(S—S 連合)を強調する立場があることを述べるに留めておく。この問題については1章2節2項(5)-(7)や，5章1, 2節も参照してほしいが，表 1-1 を見てもわかるように，連合学習のルーツは 17 世紀のイギリス，さらには紀元前のギリシャに遡ることができる。

　学習には連合学習よりも複雑な，洞察(insight)による学習や，比較的最近研究されるようになった観察学習(observational learning)などの認知学習，さらには練習によって運動技能が上達する運動技能学習があるが，これらについては5章で取り上げる。

2 古典的条件づけ

1 パブロフの条件反射

　古典的条件づけ(classical conditioning)は，ロシアの生理学者パブロフが行なった条件反射(conditioned reflex)の研究から明らかにされた学習のしくみである[1]。図 4-1 にパブロフのイヌの実験装置を示した。パブロフは食物消化の研究でノーベル生理学医学賞を受けたが，消化活動の中心である唾液腺や胃液腺の分泌活動をイヌを対象に調べていたとき，食物が口に入る前から唾液や胃液が分泌されることに気づいた。たとえば，餌皿を見たり，給餌係の足音を聞いただけで，イヌは唾液や胃液を分泌した。

　パブロフは，この分泌を心理的分泌(psychic secretion)とよび，その分泌が生じる原因は，餌皿や足音が餌と結びついた結果，イヌがそれらの刺激を餌の"信号"(signal)として受け取ったためだと考えた。パブロフは後に，この心理的分泌を，"ある特定条件下で獲得された後天的な反射，すなわち，条件反射"と位置づけ，条件反射の研究を通じて学習をつかさどる脳の機能を明らかにしようとした。その

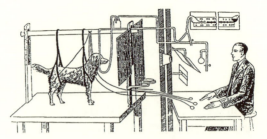

図 4-1 パブロフの条件反射実験 (Pavlov, 1928)

後,このような学習は反射以外の行動においても見られることが明らかにされたため,現在では,それらを含めて古典的条件づけとよばれている。刺激に対する応答という意味で,レスポンデント条件づけ(respondent conditioning)ともいう。

なお条件づけとは,条件反応をつける(形成する)こと,あるいはその過程のことである。

古典的条件づけでは,信号となる刺激を条件刺激(conditioned stimulus, CS),それによって誘発される反応を条件反応(conditioned response, CR)という。生得的な行動,つまり無条件反応(unconditioned response, UR)を誘発する無条件刺激(unconditioned stimulus, US)がCSと対提示されることで学習が生じる。

(1) 条件反射の形成

条件唾液反射を形成するためには,たとえばCSとしてメトロノームの音,USとして食餌を対提示する。これを強化(reinforcement)という。図4-2(A)のように,イヌにはじめてメトロノームを提示すると,その方を向き,耳をそばだてるような定位反射(OR)(〈コラム 2-2〉を参照)が生じる。その後,USとして食餌が与えられると,それを食べ,唾液分泌が生じる。しかし,強化を反復すると,メトロノームに対する定位反射は消失し,新しくメトロノームと唾液反射の間に結合ができる。その結果,餌がなくてもメトロノームだけで唾液反射が生じる。これが条件反射で,食餌に対する予期的反応(anticipatory response)ともよばれている。

この条件反射は強化を反復すると図4-2(B)に示すように,分泌量が漸増し,分泌が生じるまでの時間,すなわち潜時(latency)がしだいに短縮する。

条件反射研究に用いられた反射や反応のうち,ヒトの条件反射研究では,瞬目(まばたき)反射(blink reflex)や皮膚電気反射(electrodermal reflex)(p. 133 も参照)がよく用いられる。条件反射は日常生活の中でも数多く生じている。

(2) CS・USの時間的組合せ

条件づけはCSとUSの時間的な関係の種類によって,図4-3に示すように,a)同

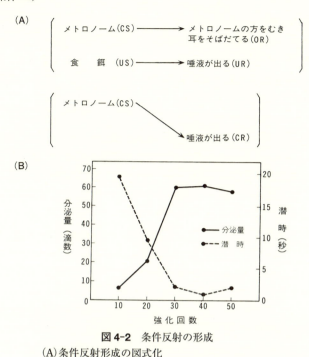

図4-2 条件反射の形成
(A)条件反射形成の図式化
(B)強化回数と分泌量・潜時との関係(Anrep, 1920)

時もしくは継次条件づけ (simultaneous or successive conditioning)，b)延滞条件づけ (delayed conditioning)，c)痕跡条件づけ (trace-conditioning)，d)逆行条件づけ (backward conditioning)に分類される。条件反射の形成は，同時あるいは継次条件づけのようにCSとUSが時間的に接近して提示される場合が最も容易である。延滞条件づけではイヌの場合，CS提示後，USの提示を約3分まで遅延しても条件反射の形成が可能であった。逆行条件づけでは，条件反射の形成は非常に困難である。

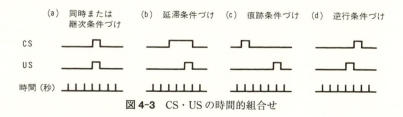

図4-3 CS・USの時間的組合せ

(3) 接近の法則

上の同時あるいは継時的条件づけの場合のように，条件づけはCSとUS（あるいはUR）が時間的に接近しているほど速やかに起こる。このような事実から，古典的条件づけから導き出される学習の基本法則の一つとして"接近の法則"（law of contiguity）が唱えられるようになった。

2 ワトソンとアルバート坊や――恐怖条件づけ――

われわれはいろいろなものを恐れ，いろいろなものに対して怒りや喜びを感じる。しかし，赤ん坊では恐れ，怒り，愛情はごく限られた対象によってしか喚起されない。ワトソンは成長に伴って情動を引き起こす対象の数が増えるのは，古典的条件づけによるものだと考えた。つぎにワトソンとレイナ（R. Rayner）が，生後9ヵ月のアルバート坊やに対して行なった恐怖条件づけ（fear conditioning）の実験について述べよう[2]。この実験は今日では倫理的に許されるものではないが，100年近く昔に行なわれた心理学史上有名な実験であり，また条件づけの証明としてわかりやすいので紹介する。

アルバートにまず白ネズミ，ウサギ，イヌ，サル，毛のついていないお面，毛のついているお面，脱脂綿，燃えている新聞紙などを見せたところ，まったくそれらの物に対して恐怖を示さなかった。それから2ヵ月後に図4-4に示すような一連の検査を行なった。ワトソンらの実験記録から要旨をたどってみよう。

a) 11ヵ月3日――突然，バスケットから白ネズミを取りだして，アルバートにみせる。彼は左手をネズミの方に伸ばそうとする。彼がネズミに触れたとたん，背後で鋼鉄棒を激しくたたく。アルバートは飛び上がり前向きに倒れ，マットレスに顔をうずめた。しかし，泣かなかった。
b) 右手がネズミに触れた瞬間，再び鋼鉄棒をたたく。アルバートは激しく飛び上がり，前向きに倒れ，すすり泣きを始める。アルバートにあまり激しい衝撃を与えないように検査を1週間休む。
c) 11ヵ月10日――音なしで突然ネズミをみせる。アルバートはじっとネズミを凝視しているが，手を出そうとはしない。ネズミを近づけて置いてみる。右手を伸ばそうとする。そこで，ネズミの鼻をアルバートの左手にくっつけると，彼はすぐ手をひっこめる。自分で左手人差指をネズミの頭へ近づけようとするが，指が届く前に手を急に引っ込める。したがって，先週の2回のネズミと強音の結合結果が無効でなかったことがわかる。
d) このあとネズミと音の結合を5回繰り返した後，ネズミだけを見せる。ネズミを見せた瞬間に泣き出す。体を鋭く左へねじろうとして倒れ，四つん這いで大急ぎで逃げだす。

このようにしてネズミに対して観察されるアルバートの恐怖は，ネズミをCS，鋼鉄棒の強音をUSとして条件づけられたものである。そして，ネズミに類似した他

1) 条件づけ以前には，子どもは白ネズミに対して積極的に行動する。

2) 子どもが白ネズミを見ているときに大きな音を鳴らす。

3) 白ネズミを恐れて，逃げる。

4) 恐怖反応は，白いもの，毛のあるものに広く般化する。

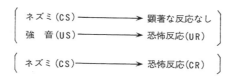

図 4-4　白ネズミに対する恐怖条件づけ(Watson & Rayner, 1920)

の毛のある刺激，たとえば，ウサギ（図4-4を参照），イヌ，あざらしの毛皮，脱脂綿，頭髪，サンタクロースの面に対しても，白ネズミに対するほどではないが恐怖が生じるようになった。これは後で述べる刺激般化という現象である。このようなことは，われわれの日常生活の中でもしばしば観察される。たとえば，一度，イヌに噛まれれば，イヌどころか他の動物にまで恐怖を感じることがある。生まれて初めて小児歯科の治療台に座った坊やは，やさしそうな看護師さんや象の縫いぐるみを手にして，ニコニコしている。しかし一度，歯の治療中に痛い目にあうと，次の日からは，"歯医者さん"と聞いただけで，白い上衣を着た人をみただけで，尻込みをする。

　恐怖の条件づけに関する動物による実験的研究（〈コラム 4-3〉参照）やこのワトソンの研究は，恐怖症（phobia）とよばれているさまざまな病的恐怖が条件づけによる可能性を示唆し，神経症患者の行動の原因にも，このような恐怖を仮定できること

を示している(〈コラム 4-1〉も参照)。

パブロフのイヌとワトソンのアルバート坊やの条件づけを比較すると，興味深い相違がある。イヌはメトロノームの音を聞くとしっぽを振り，前足をこまかく動かし，ときにはクンクンとなき，食餌の出るのを待っている。アルバート坊やは，ネズミをみると，ネズミから遠ざかろうとし，泣き出す。前者では，CS（メトロノーム）によって，その後に提示される US（食餌）に対して"快"の状態が生じるのに対して，後者では，CS（ネズミ）によって，その後の強い音（US）に対する"不快—恐怖"の状態が学習されている。したがって，古典的条件づけの多くは本質的には，情動条件づけ（emotional conditioning）であると考える立場もある。

3 道具的条件づけ

1 道具的条件づけとは

欲求あるいは動因（drive）を低減・解消させるのに必要な道具もしくは手段となる反応の学習を，道具的条件づけ（instrumental conditioning）という。これには試行錯誤学習，オペラント条件づけ，回避学習などが含まれる。たとえば，つぎに述べる仕掛け箱の実験では，ネコは箱の中の輪を引っ張ることによって餌を獲得し，飢えを低減させることができる。この場合，輪を引く反応はネコにとって飢えを低減させるための唯一の道具（instrument）となっている。したがって，道具的条件づけでは，ある場面（S）でどのような反応（R）をすればよいのかが学習される。恐れを解消するための手段あるいは道具となる反応の学習については，〈コラム 4-4〉を読んでほしい。

前節の古典的条件づけでは，学習者は何もしないで，ただ CS と US が与えられるのを待っているだけで，条件づけは成立した。しかし，道具的条件づけでは，学習者はまず自分で反応を起こさなければ学習は決して成立しない。

2 ソーンダイクの試行錯誤学習
(1) ソーンダイクの実験

19世紀の終わりにソーンダイクは，ネコ，イヌ，ヒヨコ，サル，などの"動物の知能"に関する一連の研究を行なった[3]。たとえば，ネコの実験では図 4-5 のような仕掛け箱（puzzle box）あるいは問題箱（problem box）を 15 種類作った。図 4-5 の Box A の場合には，箱の中の輪をネコが引っ張れば，紐が引っ張られてボルトが上がり，扉が外に向かって開くようになっている。空腹なネコを箱の中に入れ，箱の外側に餌を置いておく。ネコは餌を取ろうとして，箱の柵をひっかいたり，柵から

3 道具的条件づけ

手を伸ばしたりするが，餌を取ることはできない。そのうちに偶然，箱の中の輪に手がかかって，紐が引かれ，扉が開く。ネコは外に出て，餌を食べることができる。

このようにして，ネコが扉を開けて外の餌を獲得するまでを一つの試行 (trial) とし，この試行を反復すると，図 4-6 (A) のように試行の反復につれて，仕掛け箱から出て餌を獲得するまでの所要時間が短くなっていく。また，ネコの仕掛け箱の中

■■■■ 〈コラム 4-1〉 学習における"準備性"の考え ■■■■

　　ワトソンのアルバート坊やの実験では，白ネズミと強い音を対にして 7 回与えただけで白ネズミ恐怖症が形成された。そこで，日常よく見られる恐怖症もこのような古典的条件づけによるものだと考えられるようになった。この考え方がよいとしても，つぎのような疑問がまた別に起こってくる。すなわち，われわれの住む世界の事物は，それらを強い音やその他の不快刺激と対提示することによって，何でも恐怖の対象にすることができるのだろうか。もしワトソンが，白ネズミのかわりに"鉛筆"や"はさみ"や"本"を用いていれば，アルバートに，鉛筆恐怖症，はさみ恐怖症，本恐怖症が形成されたであろうか。常識的に考えて，何かありそうでない話のように思われる。

　　セリグマン (M. E. P. Seligman)[a] はこのような疑問から，学習における準備性 (preparedness) の考えを唱えた。古典的条件づけの研究では伝統的に，刺激の等価性 (equipotentiality) の前提というのがある。これはすべて感受できる刺激であるならば，等しく条件刺激として用い，条件反応を引き起こすことができるという考えである。これに対してセリグマンは，「生活体は，その進化の歴史を通して，ある刺激をある別の刺激ととくに結びつけやすいように，多少とも準備されてこの世の中に生まれてきている」という意味の準備性の次元というものの存在を提案した。すなわち，学習には高度に準備された (highly prepared) もの，多少準備された (somewhat prepared) もの，準備されていない (unprepared) もの，反対に準備された (contraprepared) ものなどがあって，恐怖症は，高度に準備された学習の例だという。すなわち，ごく少数回数の不快経験との対提示によって恐怖の条件づけが成立する刺激があること自体が高度に準備されていることの証拠であって，このような刺激がとくに恐れの対象になりやすいことには，生物的，生存上の意味が存在しているというのである。逆の表現をすれば，自然界には不快刺激と何度対提示をしても恐怖の対象になり得ない刺激も存在するということで，このような場合を"反対に準備されている"といって，それにはそれなりの生物的意味があるという。その中間に，ほどほどの回数，二つの刺激を対提示すると，条件づけが成立するような刺激の組合せがあるわけで，多くの古典的条件づけの実験で用いられている刺激というのは，そのようなものであるから，その結果きれいな，なだらかな学習曲線が見られるのだという。いくら対提示をしても条件づけが成立しないときには，"失敗実験"として報告されなかった例も多くあったにちがいない。

図 4-5 ソーンダイクの仕掛け箱 Box A (Thorndike, 1898)

での行動を観察してみると，図 4-6 (B)のように，行動に大きな変化が認められる。最初のうちは，箱の床をひっかいたり，柵から手をだして餌を取ろうとする。すなわち，目標である餌を獲得するには効果のない反応(誤反応)が生じ，その後，偶然に輪に手がかかり，輪を引っ張るという反応(正反応)が起こり，餌を獲得する。し

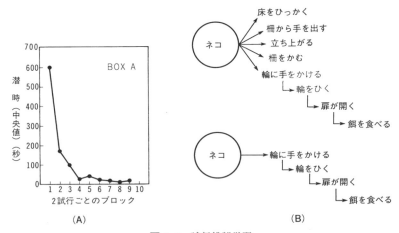

図 4-6 試行錯誤学習

(A)脱出に要した時間の変化(Thorndike, 1898)

学習曲線は 5 匹のネコの潜時の中央値による。ソーンダイクは個体ごとの学習曲線を示しているが，いずれにおいても学習は徐々に進行した。この図はソーンダイクの個体データをもとに作図 (Imada & Imada, 1983)

(B)試行錯誤学習の図式化

かし，試行を反復すると図4-6 (B) 下のように無駄な誤反応はなくなり，餌を獲得するのに必要な正反応のみが生じる。このような学習は試行錯誤 (trial-and-error) 学習とよばれ，ソーンダイク以後，迷路 (maze)（中扉を参照）などを用いて，ヒトおよび動物で幅広く研究された。

（2）効果の法則

ソーンダイクはこの学習の成立過程をつぎのように考えた。ある刺激状況 (S) である反応 (R) を行ない，それがもし満足あるいは快によって伴われれば，その (S) と (R) の間の結合 (connection) あるいは絆 (bond) は強くなり，その結果，(S) のもとで (R) が起こる傾向が強くなる。一方，同じことが不満足あるいは不快によって伴われれば，S—R結合は弱められ，その結果，(S) のもとで (R) は起こらなくなる。これは"効果の法則"(law of effect) とよばれ，接近の法則とならぶ学習の基本法則の一つと考えられるようになった。後にこの効果の法則は"動因低減"(drive reduction) の法則とよばれるようになった。すなわち，満足とは何かといえば，空腹のネコが餌を食べることによって，飢えという動因が低下，減少されることにほかならないという考えである。

3 スキナーのオペラント条件づけ

スキナーは，図4-7のような装置を用いて学習に関する多くの実験を行ない，行動変容についての考え方の体系を打ち立てた[4]。この装置はスキナー箱 (Skinner box) とよばれている。箱の中には，レバーがついていて空腹なネズミがそれを押すと，下の皿に餌が出てくるようになっている。ここでもネズミは最初のうち，箱の隅で立ち上がってみたり，ときには外に逃げ出そうとする。しかし，偶然にレバーに手が触れ，レバーを押して，餌を食べることができる。このような経験を繰り返

図4-7　スキナー箱(写真：関西学院大学心理学研究室)

すと，ネズミは装置内で効果のない反応をすることを止め，レバーを押す反応が多発するようになる。このような学習を，スキナーはオペラント条件づけ（operant conditioning）とよんだ。オペラントとは，環境にはたらきかける自発的な反応のことである。ネズミがレバーを押せば，ただちに餌（報酬，reward；強化子，reinforcer）を提示することを直後強化（immediate reinforcement）とよび，この強化によって，レバー押しというオペラント反応の生起率が高まっていく。

一般にオペラント条件づけの実験では，反応は累積記録器上に記録される。これによる記録の例は図4-8に示されている。ゆっくりと一定の速さで進んでいく記録用紙の上にペンが接していて，反応するとこのペンがごくわずか上方へずれるようになっている。したがって反応率が高いほどカーブは図4-8の左の2本のように急勾配になる。反応をしなければ，カーブは横軸と平行のままである。

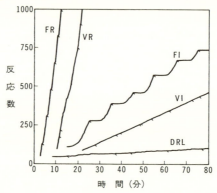

図4-8 強化スケジュール（FR, VR, FI, VI, DRL）と反応との関係——ハトのキーつつきオペラントの場合——（Skinner, 1960）
強化のスケジュールについてはpp. 78-80参照。

スキナーの用いた実験事態はこのように先のソーンダイクのものと似てはいるが，スキナーのオペラント条件づけの考えはソーンダイクのS—R主義の考えとは，かなり異なっている。ソーンダイクは，このような（S）を与えれば，生活体はどのような（R）を行なうようになるかという，行動の"予測"（prediction）に関心をもった。スキナーは，生活体をこのように行動させるためには，環境，あるいは行動と環境の出会い方（随伴性，contingency）をどのように操作すればよいかという，行動の"統制"（control）に関心をもった。そしてスキナーは，環境の整え方しだいで，生活体にどのようなことでも行なわせることができると考えている。

しかし，愛犬ポチに"3べん回ってワン"というオペラント反応を学習させよう

3 道具的条件づけ

と思っても，その行動が自発するまで待つわけにはいかない。一般に，目ざしているオペラント（標的オペラント，target operant）が決まると，そのオペラントの部分であって，それに至る反応から徐々に行動を形成していく方法がとられる。これを漸次的接近法（method of successive approximation）あるいはシェーピング（shaping）の方法という。たとえば，"3べん回ってワン"が標的オペラントであれば，最初はイヌが少しでもある方向に回るオペラント反応を起こせば，それを間髪入れずに強化する。するとこの反応の生起傾向が高くなる。つぎに少し基準をきつくして，

■■■ 〈コラム 4-2〉 不随意反応を随意的にコントロールする ■■■
　　　　　　　　方法——バイオフィードバック——

　肩がこり頭が痛い。そのうえ，血圧が高く，夜，眠れない。手足が冷える。医師によれば，それらの原因となるような身体の故障はなく，心理的ストレスによって生じている心身症（psychosomatic disease）との診断がおりた。ストレスによる精神的緊張が原因となって，筋緊張が生じる。筋緊張の程度を調べるために，筋電図をとってみると，頸，側頭，前頭にかけて筋緊張が高まっている。だから肩がこり，頭痛に悩まされる。血管も緊張して細くなるので，血圧が上がり，体温の源である血液も少なくなり皮膚温が下がる。眠ろうとしても，筋緊張から生じる興奮が脳に送られるので，脳は休めない。2章5節の睡眠で説明した入眠に必要な α 波や θ 波が生じない。
　それではこれらの症状の原因である心理的ストレスを取り除けばよい。しかし，一般にこのような場合，何がストレスであるのか突きとめることがむずかしい。では緊張している筋を弛緩させればいいではないか。しかし，頭痛（筋収縮性頭痛）に悩む患者は，前額や前頭の筋を緩めようとしても緩めることができない。すなわち，これらの筋を意志でコントロールすることはむずかしい。
　バイオフィードバック（biofeedback, BF）とは"生体"を意味する"bio"と"帰還"を意味する"feedback"の合成語で，ある人の"不随意的な神経生理的活動を理解できる情報（信号）に変換して，その人に伝達する操作"と定義できる。たとえば，上の頭痛に悩む患者から前額部の筋電活動を記録し，その活動の程度を音の高さに変換して，患者に聞かしてみる。その音は，筋緊張が強くなれば高く，弱くなれば低くなるようにしてある。したがって，患者には音を低くするように努力させる。患者は音を聞きながら，深呼吸をして，肩から前腕にかけての力を抜いてみる。目を閉じて静かな光景を想像してみる。つまり試行錯誤をしてみる。音が低くなれば，前額筋の弛緩に成功していることになり，患者にとっては強化となる。こうして，患者はどうすればすこしでも前額筋が弛緩するのかを学習する。毎日，この訓練を続けると，自分の意志でコントロールできなかった前額筋の弛緩が可能になり，頭痛が治っていく。
　要するにこのようなバイオフィードバックの方法によると，内的反応を外顕化できるので，まるでオペラント行動をコントロールするように，外的条件を操作することによって，本来不随意の反応までもコントロールできるようになる。

もう少し多量に回らなければ強化しない，つぎには3回回らなければ強化しないというように，徐々に標的オペラントに向けて行動を形成していき，最終的に"ワン"と吠えれば強化するところまで漸進する。サーカスの動物たちの芸は，このようにして訓練されたものである。

なお，〈コラム4-1〉に学習における準備性の考えを紹介したが，実はオペラント条件づけにも"準備されてない"場合がある。つまりどのような行動でも，それと環境との出会いの仕方をうまく操作しさえすれば，オペラント条件づけできるわけではなく，学習には生物的枠組み(biological constraints)があるのである[5)6)]。これは生物的制約と訳されることも多いが，自然の場面では，むしろ各動物種の生存する環境への適応を円滑にする場合が多いので，ここでは枠組みと訳している。

4 古典的および道具的条件づけの基本性質

1 強 化

古典的条件づけでは，CSとUSを一対提示することを強化といい，道具的条件づけでは，学習させたい反応の自発的生起に対して報酬を与えることを強化という。いずれの場合も毎回あるいは毎試行，強化を与える場合を全強化，部分的にしか強化を与えないことを部分強化という。

古典的条件づけや，典型的な道具的条件づけの場合のように，学習の過程が"試行"に区切られている場合に比べて，いつでも反応が可能なスキナー箱の場合のようなフリー・オペラントといわれる場面では，強化の与え方にもっと多様な可能性が考えられる。たとえば，1度レバーを押すと，次の5分間はいくらレバーを押しても餌がもらえないような条件設定は，フリー・オペラントの場面でなければ考えられないことである。われわれも月給を手にすると，続く30日はいくら働いてもそのつど給料が与えられるわけではない。オペラント条件づけにおいて，反応と強化の出会い方(随伴性)のとりきめのことを強化のスケジュールといい，上の全強化にあたるものを連続強化(continuous reinforcement)，部分強化にあたるものを間欠強化(intermittent reinforcement)という。間欠強化は，さらに上の月給の例のように，反応後の経過時間を基準として強化する間隔スケジュールと，反応の回数を基準として強化する比率スケジュールがあり，それらはさらにそれぞれつぎの二つに分類されて，基本的な四つの間欠スケジュールをなしている。定間隔(fixed interval, FI)スケジュールは，上の月給の例のように，反応生起後，一定時間の間いくら反応しても強化されないスケジュールである。このスケジュールのもとでは図4-8のFIのグラフのように強化のあとは，しばらくは反応しても無駄なので，反応すること

4 古典的および道具的条件づけの基本性質　　　　　　　　　　　　　　79

を止め，次の強化予定時間が近づくと反応を多発するようになる。このような現象を，そのカーブの形状からスキャロップ（scallop，帆立貝）の現象という。変動間隔

〈コラム 4-3〉　報酬と罰

　子どもが良いことをすれば褒めたり報酬（reward）を与え，悪いことをすれば叱ったり罰（punishment）を与えることは，日常の生活でよくみられることである。それでは，オペラント条件づけで用いられる強化という言葉と，日常的に用いる報酬と罰の関係はどのようなものか。オペラント条件づけの言葉で，「強化」という場合，それは「反応の自発頻度を上昇させる操作・手続き」のことであるから，その際にもちいられる刺激は報酬ということになる。一方「罰」という場合，それは「反応の自発頻度を低下させる操作・手続き」のことであって，その際にもちいられる刺激のことを罰子（punisher）とよばれることがある。加えて，「正」と「負」の操作があり，「正」は文字通りプラスする，加えること，「負」はマイナスすること，取り除くことを意味している。この2種類の操作を組み合わせると，次のような2×2，4通りの操作が考えられる。

	正 プラスする操作，加える操作	負 マイナスする操作，取り除く操作
強化 反応頻度を上昇させる操作	**正の強化** ・レバーを押す→餌を与える 　結果：レバーを押すようになる ・勉強する→褒められる 　結果：ますます勉強するようになる	**負の強化** ・レバーを押す→ショックが除かれる 　（レバーを押さない→ショックが与えられる） 　結果：レバーを押すようになる ・勉強する→叱られない 　（勉強しない→叱られる） 　結果：ますます勉強するようになる
罰 反応頻度を低下させる操作	**正の罰** ・レバーを押す→ショックを与える 　結果：レバーを押さなくなる ・いたずらをする→叱られる 　結果：いたずらをしなくなる	**負の罰** ・レバーを押す→餌が与えられない 　（レバーを押さない→餌が与えられる） 　結果：レバーを押さなくなる ・いたずらをする→ほめられない 　（いたずらをしない→ほめられる） 　結果：いたずらをしなくなる

　上の表に加えて，いくつかの「強化」と「罰」の日常例をあげてみよう。
　「正の強化」：川砂をふるいにかけると砂金が見つかったので，一生懸命川砂を
　　　　　　　ふるいにかけるようになる。
　「負の強化」：肌をかくとかゆみがとまったので，ますます強くかくようになる。
　「正の罰」：茨道に踏み込んでとげがささったので，茨道を避けるようになる。
　「負の罰」：飴を口にしながらおしゃべりすると，飴が落ちてしまうので，飴が
　　　　　　口の中にある間はしゃべらなくなる。

(variable interval, VI) スケジュールは, たとえば, 平均して5分に1回の割合で起こった反応が強化されるような場合で, VI-5分のスケジュールという。このスケジュールのもとでは, いつ強化されるかわからないので, 生活体は, ほどほどの率で常にさぐりを入れるように反応しつづけるようになる。魚釣り行動などは VI スケジュール下の行動の典型といえる。

定率 (fixed ratio, FR) スケジュールは, 一定回数ごとの反応が強化を受ける場合で, 出来高払いの仕事などがその日常例である。変動比率 (variable ratio, VR) スケジュールは, 平均して何回かに1回の割りで強化されるもので, パチンコなどはその例であろう。比率スケジュールの場合は FR でも VR でも反応を多発するほど強化を受ける回数は多くなるので, 図4-8の左の2本の曲線のように勾配がきつくなる。なお, 図のいちばん下の曲線は DRL (低比率分化強化) スケジュールというもので, この条件では, 強化を得るためには一定時間反応をしないでがまんしなければならない。

以上, 古典的条件づけでは CS と US の対提示という刺激間の関係が大切なのに対して, オペラント条件づけでは, まず反応が自発 (emit) されなければならないとして, 反応の重要性を強調した。しかしオペラント条件づけにおいても反応の自発は必ず刺激環境のもとで起こるので, ある刺激のもとでどのような反応をすれば強化子が与えられるかを知ることはきわめて大切である。このような, 刺激 (弁別刺激, S^D という), 反応, 強化子の三項目の関係のことを三項強化随伴性 (three-term contingency of reinforcement) あるいは単に三項随伴性といい, オペラント条件づけの基本概念の一つである。つまり三項強化随伴性は次のような系列で表わすことができる。

弁別刺激　　→　　オペラント反応　　→　　強化子
(discriminative stimulus)　(operant response)　(reinforcer)

2 消去と自発的回復

古典的条件づけでは条件反射の形成後, CS を単独で提示し続けると, 条件反射はやがて消失する。これを条件反射の消去 (extinction) という。しかし, 時間をおいて CS を再び提示してみると, 条件反射が回復している。これを自発的回復 (spontaneous recovery) という。道具的条件づけにおいても学習された反応に対して報酬による強化を中止すると, 反応はやがて生起しなくなるし, 自発的回復の現象もみられる。なお心理療法によって一旦治った (消去された) 症状が "ぶり返す" 現象も自発的回復とみることができる。

3 般　化

古典的条件づけでは，CS に類似する他の刺激に対しても条件反射が生じる。図 4-9 はメトロノーム（M）112 拍節音を CS にしてヒトに条件唾液反射を形成した後に，M 112 よりも多い，あるいは少ないさまざまな拍節数に対して生じた唾液反射の量を示している。M 112 との類似度が低下するにつれて，反射量は減少するが，唾液反射は生じている。このように CS と類似の刺激に対しても条件反射のみられる現象を刺激般化（stimulus generalization）という。また，M 112 から他の拍節音に対する反射量にみられる勾配を般化勾配（generalization gradient）という。前に述べたアルバート坊やが，白ネズミだけでなく毛のあるものに対して恐怖反応を示したのは，この刺激般化の結果である。

道具的条件づけでも，訓練を受けたのと類似した刺激や場面で条件反応が生じる。

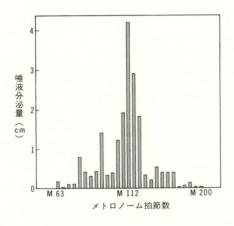

図 4-9　条件唾液反射の般化
（古武，1943）

4　分化と弁別

M 112 に対して条件反射を形成した後に，M 80 を提示すると上に述べたように般化が生じる。しかし，M 112 に対しては US による強化を与え，M 80 に対しては強化を行なわない分化強化（differential reinforcement）手続きを反復すると，やがて M 80 に対する般化性条件反射は消失し，条件反射は M 112 に対してのみ生じるようになる。これを分化（differentiation）という。

道具的条件づけでは，異なる刺激に対して異なる反応をすることを，弁別（discrimination）という。すでに 4 節 1 項の末尾でも述べたように，たとえばスキナー箱

のレバーの上に小さなランプを設け,それが点灯しているとき(弁別刺激)にレバーを押した時だけ強化子が出るようにすると,ネズミはランプの点灯しているときには反応し,弁別刺激がないときには反応しなくなる。

5 高次条件づけと2次強化

活発な条件反射を引き起こすCSに先行して,新しい別のCSの提示を繰り返すと,この新しいCSに対して条件反射が生じる。これを高次条件づけ(higher-order conditioning)という。たとえば,メトロノームに対して活発な条件唾液反射が形成されているとき,光を新しいCSとしてメトロノームに先だって提示し,この手続きを反復すると光に対して条件唾液反射が生じる。このように高次条件づけではメトロノームがUS(餌)のはたらきをして,光に対する条件唾液反射が形成される。さらにこの光をUSとして,新しいCS(皮膚刺激)と一対提示すると,皮膚刺激に対しても条件唾液反射が生じることがある。この場合,メトロノームに対する条件反射を1次,光に対するものを2次,皮膚刺激に対するものを3次条件反射という。

道具的条件づけについては,再び,スキナー箱を用いた実験を例にあげて説明しよう。ネズミがレバーを押すと,給餌装置(図4-7右端)が作動するときに"ガチャン"という機械音が聞こえる。そして,その音に引き続いて餌が出る。訓練を続けていると,機械音が餌の代理としてのはたらきをもつようになる。たとえば,機械音の入るスキナー箱でレバー押しを学習したネズミを2群にわける。そして,さきに述べた消去を,A群は"音あり"の箱で,B群は"音なし"の箱で行なってみる。消去であるから,レバー押しをしても餌は出ない。このとき,A群は餌が出ないにもかかわらずレバー押しを続け,B群では速やかにレバー押しの消去が生じる。この事実は機械音が,餌の代理のはたらきをしていたためと説明できる。この機械音のはたらきを2次強化(secondary reinforcement)という。

なおスキナー箱でレバー押しの訓練をする場合に,機械音に2次強化の機能をもたせておくことは,シェイピングの段階でも大切である。たとえば"レバーの方を向いたとき"強化したり,"レバーに向かって歩いたとき"強化しようとしても,1次強化子(primary reinforcer)である餌では直後強化できない。その点,2次強化子(secondary reinforcer)としての音であれば,間髪を入れず強化を与えることができる。子どもがお利口なことをした場合に,お菓子の箱のふたを開けて,ゆっくりお菓子を与えるよりは,まず大げさに言葉によってほめておいてから,お菓子を与えるほうが効果的である。

4 古典的および道具的条件づけの基本性質

6 古典的条件づけと道具的条件づけの関係

これまでは古典的条件づけと道具的オペラント条件づけを別個に取り上げてきたが，実際の学習場面では一つの学習の中でこれら2種類の条件づけが含まれていることが多い。たとえば，白ネズミに対して古典的条件づけによって恐怖を抱くよう

〈コラム 4-4〉 恐怖の動機づけ機能

1948年にミラー（N. E. Miller）は図(A)のような，電気格子床をもつ白い部屋と，木の床をもつ黒い部屋からなる装置を用いて実験を行なった[b]。まず白部屋にネズミを入れ，電気ショックを与えて2部屋の間を区切っている扉を実験者が開くと，ネズミは黒部屋へ走りこむ。これは痛み刺激に対する逃避反応である。これを10回行なった後，以後ショックは一切与えられなかった。次に扉を閉ざしてネズミを白部屋に入れ，扉の上の回転輪をネズミが回すと扉が自動的に開くようにしておくと，ネズミはこのときまでに白部屋に条件づけられていた恐怖のために，白部屋から黒部屋の方向に行こうとしてさまざまな行動を行なう。そのうちに偶然に輪に手がかかり輪が回ると扉が開き，このことが何回か起こるうちに，ネズミはますます速く輪を回すようになった（図(B)実線）。すなわちこのことは，恐怖が輪を回す行動を動機づけていること，恐怖を喚起させる白部屋から逃れ出ることが恐怖の低減を伴うため，それが輪を回す行動を強化していることを物語っている（6章2節4項参照）。また次の段階で，輪を回しても扉が開かないで，左の壁から出ているレバーを押せば扉が開くようにすると，輪を回す反応は急速に消失し，かわってレバーを押す行動が見事に学習された（図(B)破線）。

このミラーの実験は恐怖が動機であることを示しているとともに，元来恐怖を引き起こしていなかった白部屋が，古典的条件づけによって恐怖の対象になったことをも示しており，これはアルバート坊やの実験の場合と同じである。6章で，情緒的動機を派生的動機に分類しているのは，もともと数少ない恐怖の対象が，個体ごとの経験によって増加していく事実に基づいている。

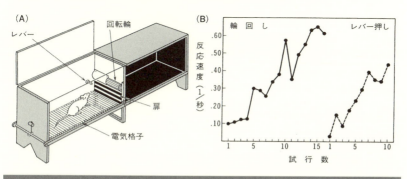

になったアルバートは，ただ恐ろしがって泣いているだけだろうか。きっと恐怖の対象である白ネズミから逃げ出そうとするにちがいない。この恐怖を低減させるために逃げる行動は，ちょうど飢えを低減させるために輪をひっぱったソーンダイクのネコと同じように道具的行動である。ある対象を恐れるようになるのは古典的条件づけによるが，その恐れを動機にして恐れを低減させる行動を学習するのは道具的条件づけである。これに関する具体的実験例については〈コラム 4-4〉を参考にしてほしい。

　また，スキナー箱の中でレバー押しオペラントを行なっているネズミに，別の所で古典的条件づけの手続きによって電気ショックと対にされた音を与えると，ネズミは音によって喚起された恐怖のためにレバーを押すことを止める。これは古典的条件づけが道具的条件づけに影響をおよぼしている一例である。たとえば真っ暗な夜道を，恐怖に脅えながら足早に歩いている(オペラント行動)とき，その恐怖を倍加させるような音でもすると，後ろも見ずに走り出すであろうが(オペラント行動の促進)，父親の声などを聞くと，安心で恐怖が軽減されて，急に歩く速度が遅くなるであろう(オペラント行動の抑制)。

5 学 習 (2)

箱を積んで宙づりのバナナを取るケーラーのチンパンジーの1匹グランデ。見守るのはサルタン。
(Boakes, R. "*From Darwin to behaviourism*", Cambridge U. Press, 1984 より)

この章では，前章で扱った条件づけによる学習以外の学習と，学習に関する基礎研究の成果を教育や臨床の場面に応用する試みについて述べる。

1 認知学習

1 洞察による学習

1917年に，ゲシタルト心理学者の1人，ドイツのケーラー(W. Köhler)は，『類人猿の知恵試験』と題する書物をあらわし，チンパンジーの問題解決の様子について，興味深い観察を行なった。たとえば彼のサルタンというチンパンジーは，檻の外にある果物を手に入れるために，まず短い棒で長い棒を引きよせて，その長い棒を使って果物を引きよせることに成功した。また中扉の写真のような場面で，サルタンやグランデというチンパンジーは宙にぶら下がっているバナナをとるために，箱を積み重ねることに成功した。ケーラーの観察によると，はじめのうちは試行錯誤を行なうけれども，「このようなテストの過程には，常に何もしない期間(pauses)があって，その間に動物は全視界をくわしく調べる」。そして突然，まるでひらめいたかのように正しい解に到達するというのである。これは人間でいえば"ハハア経験"というものにあたる[1]。

このような観察は，前章で述べたソーンダイク(E. L. Thorndike)の試行錯誤学習についての考え方といくつかの点で相容れない。ソーンダイクは学習を，試行錯誤の中からまったく偶然に正しい反応が見つかり，その反応が報酬を何度か受けているうちに，しだいに強く起こるようになると考えた。これに対してケーラーは，学習者はその洞察(insight)力によって，問題場面を構成している要素間の関係を理解し，その関係が把握されると即座に解に至るというのである。たとえば最初は短い棒，長い棒，果物は，ただばらばらな存在であったのが，それらを相互に関係づけて，短い棒を長い棒をとるための道具として，さらに長い棒を果物を引きよせる道具として知覚するようになり，知覚の再体制化が生ずると，今まで行なったことのない正しい行動を即座に行なうようになると考えた。

このような洞察と推理を伴う学習が動物でみられるためには，問題場面全体が把握できるような条件であることが必要であり，さらに動物がかなり高等でなければならない。ヒトの場合には，洞察，推理による学習はかなり多いが，このことはもちろん，われわれには古典的条件づけや試行錯誤による学習がないことを意味しているものではない。われわれの学習には，一方の端には単純な古典的条件づけのように，自動的，機械的に進行するものがあり，他方の端には洞察力，推理力を必要とするものがあるのである。

2 何が学習されるのか

　経験によって変化するのはいったい何なのか。いったい何が学習されるのかという問題は，学習理論にとって中心的な問題の一つであった。ソーンダイク以来のアメリカの多くの心理学者は，経験によって変化するのは刺激Sと反応Rの間の連合の強さだと考えた。すなわち学習は基本的に反応学習だと考えた。これに対してケーラーにとっては，学習は，場面の知覚の仕方の変化（知覚学習），認識の仕方の変化（認知学習）であると考えた。このような考え方はアメリカではトールマン（E. C. Tolman）[2]によって受け継がれた。彼は，たとえば複雑な迷路を学習するネズミは，その経験を通して認知地図（cognitive map）というものをつくりあげ，ネズミは迷路の中を，その地図を"読みながら"正しく走るのだと行動を説明している。

　学習はS―R連合の変化なのか，知覚の仕方の変化なのかという問題は，心理学において長く論じられてきた問題であるが，近年，後者のような認知論的傾向が強くなってきている。たとえばパブロフ（I. P. Pavlov）の条件反射の場合に，ベル（S）と食物（S）を対にして与えていると，ベルに対してヨダレ（R）が出るようになる事実は，反応学習の立場からすれば，ベルとヨダレの間にS―R連合ができ上がったと理解される。それに対して認知学習の立場からすれば，動物はベルと食物の間に関係があることを学習したのであって，その結果，ベルが鳴れば食物を予期するようになり，ヨダレはその予期が形成されたことの現われだと考える。このようなことから，学習における認知論の立場をS―S説ということがある。

　道具的条件づけの場合も同じである。郵便局の角を右折し，次にコンビニの角を左折したら目ざす目標点があるような場合，S―R説では，郵便局（S）―右折（R）―その前に開ける光景（S）―直進（R）―コンビニ（S）―左折（R）というようにS―Rの系列で考える。しかしS―S説では郵便局（S）―コンビニ（S）―目標（S）の間の相互の関係が全体的に把握されて，その結果，"この刺激にこのように反応すればこうなるだろう"という予期をもつようになると考える。今日，学習によって脳内で生じている変化を直接確認し，それが行動の原因になっていることを確かめた人はいないが，S―R説では説明し切れない事実が数多く出てきている。

3 観察学習

（1） 観察学習の実験

　このような事情を背景に1960年代にはバンデューラ（A. Bandura）が，認知論的な観察学習（observational learning）という研究領域に新たな関心を喚起し，社会的学習理論を提唱した。従来の，伝統的な学習に関する考え方では，学習は学習者自身

の実際の経験を通してのみ成立するという"なすことによって学習するという見解"(learning-by-doing view)をとっていたのに対して，社会的学習理論では，学習は他者が何かを行なうのを観察し，それを模倣するだけでも成立すると考える。

このような模倣，あるいは観察のみによる学習は，攻撃的行動，性役割行動，道徳的行動などの社会的行動の獲得と深い関わりをもつため，バンデューラ以後，広く関心がもたれるようになった。さらに子どもがテレビを通して観察学習する可能性もあるだけに，この種の学習は非常に実際的な社会問題とも関わりが深い。図5-1はアメリカでの研究例であるが，暴力テレビ番組に対する少年の好みを，彼らが8, 9歳時に暴力番組を見た時間の長さで低，中，高の3グループに分類し，それを横軸にとり，その同じ少年が10年後，18, 19歳になったときに，仲間からどれほど攻撃的な青年と評価されているかを縦軸にとって，その関係をあらわしたものである。青年の攻撃性と，子どもの頃に暴力番組を好んで見た時間との間には非常に強い関係がみられる。興味深いことに，少女に関しては図5-1のような結果は得られていない。

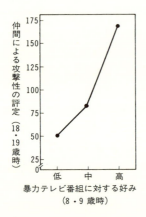

図 5-1 幼児期の暴力テレビ番組に対する好みと，青年期に達してからのその少年の攻撃性の関係(Eron *et al.*, 1972)

攻撃行動の観察学習に関しては，よりくわしい実験的研究がある。まず男女保育園児(平均4歳3ヵ月)に5分間テレビ形式で映画を見せた。その内容は，おとなのモデルが子どもと等身大の人形に対してあらんかぎりの攻撃行動を行なっているものである。映画はその結末においてのみ異なる3種類のものが用意された。一つはモデルの攻撃行動を別のおとなが賞める報酬を与えるもの，もう一つは，モデルの攻撃行動が別のおとなによってきびしく罰せられるもの，最後は別のおとなが出て来ず，モデルの攻撃行動が評価されなかったものである。このような映画を見せら

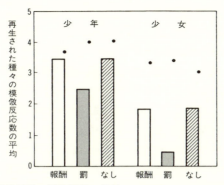

図 5-2 攻撃行動の観察学習の結果（Bandura, 1965 に基づき部分修正）
点の意味については本文参照。

れた後に，被験児はモデルが攻撃行動を加えていた人形のある別室につれてゆかれ，10 分間自由に遊ばせた。実験者はその間の子どもにみられた攻撃行動の数を秘かに観察した。図 5-2 は男女別，条件別の模倣された攻撃反応の数である。

　まず，男女ともに「なし」条件にみられるように単にモデルの攻撃行動を見るだけでも攻撃行動は模倣されている。ちなみに映画を見る前に行なわれたテストでは，子どもたちには人形に対する攻撃行動はまったくみられていない。ではモデルが攻撃行動に対して報酬を得ていたのを観察した場合はどうなったろうか。「報酬」の条件にみられるように，この条件では攻撃反応は男女ともに「なし」に比べて増えてはいない。これはおそらく「なし」条件でも模倣が十分に顕著であることによるのであろう。一方，攻撃行動に対してモデルが罰せられる映画を見た子どもには，攻撃行動の顕著な減少がみとめられている。

　一般に，学習者が観察しているモデルに与えられる強化のことを代理強化（vicarious reinforcement）という。これに対して学習者自身が受ける強化を直接強化という。上の実験では，子どもの行動に対する映画の効果をテストしたのちに，実験者が子どもの遊んでいる部屋に入って行き，子どもに映画で見たとおりの攻撃行動を人形に行なうよう求め，そのとおりすれば報酬を与えるという，攻撃行動の直接強化をも行なった。その結果は図 5-2 の各柱の右上の点で示されている。罰群において，この点と柱の差が大きいことは，攻撃行動は抑制されていたことを示している。なぜなら子どもは攻撃行動を直接強化した場合にはよく学習しているからである。少女の場合にはすべての条件で攻撃行動の表出が抑制されている。

　このようにわれわれは単に観察によって学習するのみでなく，他者の行なう行動の結果（代理強化）を見て，もし自分も同じ行動をすれば同じ結果が生じるだろうと

いう予想，認識をもつようになり，その認知学習の結果，行動を行なったり，抑えたりするようになるのである。

（2） 観察学習と自己有効感

上では観察学習の例として攻撃行動という反社会的行動をあげたが，多くの社会的に有用な行動も観察によって学習される。たとえば先輩選手のフォームを見てテニスの技能を学ぶ新人の場合や，大活躍の先輩女性の生き方から学ぶ女子学生のロール・モデルの場合などがある。このような社会学習でバンデューラが強調するのが自己有効感（sense of self-efficacy）である。自己有効感というのは，"その課題をうまくやれるであろうという成功への確信"，つまり文字通り自己の有効性を信ずることで，この確信がないと観察学習はうまくいかない。たとえば自分の能力とモデルの能力があまりにも乖離していれば，とても自己有効感は生まれないので真似る気さえ起こらないだろう。このように，自己有効感という認知が観察学習を動機づけているとバンデューラは考える[3]。

このようなバンデューラの考え方の背後には，前章で述べたような比較的単純な学習に比べて，人の複雑な行動の理解のためには，人間を環境の産物として単なる"経験の受容者"（undergoer of experiences），経験の受け皿・運び手として見るのでなく，能動的な"経験の発動者"（agent of experiences），経験の生産者と考えなければならないとする強い主張がある。そのような能動性をもつ人間は，上の自己有効感のように，学習に白紙で臨むのではなく，常に信念・構え，あるいは先入観で"色づけ"されている。4章で生物的枠組み（biological constraints）について述べたが，これが人間の学習における一種の生物的枠組みといえるだろう。このように，人間の学習は，8章の知覚の場合と同様，単なる反応の積み重ねによるボトムアップ的なものだけでなく，トップダウン的なものが多い。そしてこの"色づけ"のために学習が効率よく行なわれる場合が多い。

2 学習原理の応用

学習の心理学が行動の変容についての基本法則を追求するものであるならば，それは当然，教育とか臨床というような，人間行動の効果的な変容が問題となっている領域に，深い関わりをもっている。

1 ティーチング・マシン

前の章でも述べたように，スキナー（B. F. Skinner）は生活体が自発できる反応であるならば，直後強化とシェーピング（行動形成）の方法をうまく用いれば，かなり

複雑な行動でも形成できると考えた。ティーチング・マシンというのはスキナー[4]によって知られるようになった教授用の機器である。まずある教科を教える場合，その内容を小さな段階に区切って，基礎的なもの，簡単なものから高次な複雑なものに至るまで組織的に配列する。つまり教示，情報が注意深くプログラムされているわけで(programmed instruction)，この部分はシェーピングの手続きに対応する。つぎに，たとえば「大阪の人口は＿＿である」「水は水素と＿＿が結合してできる」というような質問が，目前の機械の窓にあらわれると，それに対する答を隣の窓に自ら書きこむか，選択肢の中から選ぶ。そしてただちに自らダイアルを回してその答の正誤を確認する。この直後の情報のフィードバックが直後強化にあたる。答の確認がすむと次の段階の問題が窓にあらわれ，このようにしてつぎつぎと自分のペースで機械を相手に学習してゆくのがティーチング・マシンである。

近年はコンピュータの進歩によって，同様の原理のことをより複雑な形で行なうことができるようになった。たとえば問に対する答の仕方によって，コンピュータが学習者の現在の知識の水準を判定し，それに見合った水準の問題に逆戻りしたり，先に進んだりすることもできる。このようなコンピュータを使用しての教授，あるいは学習を，それぞれ CAI (computer-assisted instruction)，CAL (computer-assisted learning)という。そして CAL には普通の教場での学習を補ういくつかの利点がある。たとえば答に対する情報のフィードバックが常に即座であること，自分のペースで自分の能力にあわせて学習できること，受身に教わるのでなく，自らで積極的に答えることによって，文字通り learning by doing の利点があることなどである。コンピュータのディスプレーの画像を色彩豊かなものにするなどして，学習者の動機づけの水準を常に高く保つこともできる。

2 行動療法

1960 年代になって，学習に関する基礎研究から導き出された理論を，不適応行動の修正に適用する試みが盛んになり，さまざまな技法が考案され，そのような技法を総称して行動療法 (behavior therapy) とよぶ。われわれが周囲の環境にうまく適応するためには，それがあると困るような行動は除去しなければならない。また，それがなければ困る行動は補わなければならない。これらをそれぞれ過剰型，欠損型の不適応とよぶならば，行動療法では不要な行動を除き，必要な行動を補うために学習の原理を適用しようとするのである。

(1) 古典的条件づけの方法によるもの

〈例1〉 夜尿症の治療　ある年齢をすぎてからのオネショは不適応行動であるが，行動療法家はこれを欠損型の不適応とみなす。普通の場合には尿が膀胱にた

まって膀胱圧が高まると目がさめる。夜尿症の人にはこのような適切な覚醒反応が欠損しているといえる。そこで，条件づけの方法によって膀胱圧を条件刺激(CS)として，覚醒反応が条件反応(CR)として起こるようにする方法が考えられた。図 5-3 (A)には，その条件づけのための手続きと過程が示されている。図 5-3(B)は治療器であるが，オネショをするとパンツにとりつけられた水分を感知するセンサーが反応して，パジャマのポケットに入れられたブザーが鳴る。このブザー音は無条件刺激(US)であって，それに対する無条件反応(UR)として覚醒反応が起こる。このようにして，オネショをするたびに図 5-3 (A)のように古典的条件づけのための条件が満たされ，最終的に膀胱圧に対する条件反応(CR)として，覚醒反応が起こるよう

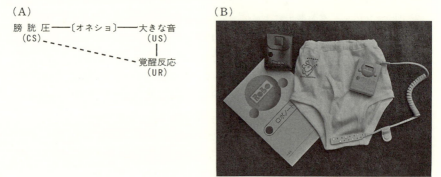

図 5-3　(A)夜尿症の治療への条件づけの原理の応用
　　　　(B)治療器(写真提供：関西心理センター)

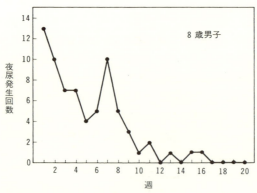

図 5-4　条件づけの方法による夜尿の治療過程の一例(山添・久野，1977)
　　　　2 年間の追跡調査の結果，再発なし。

になる。治療成果の一例が図5-4に示されている。

　なお治療器を実際に使用する場合には，ブザーで目覚めた患者は自分でブザーのスウィッチを切る。すると切るまでの時間が写真の器具の窓に表示され，患者はそれを記録する。ブザーが鳴ってから切るまでの時間が，治療の進行に伴って短縮していく事実も，患者へのフィードバックとして，治療への動機づけを高めることなどに役立っている。

　〈例2〉　系統的脱感作法による恐怖症の治療　世の中には実際には危険を伴わない対象や状況に過度な恐怖を示す人がいる。各種の不合理な恐怖を恐怖症という。閉所恐怖，高所恐怖，広場恐怖，さまざまな動物恐怖などいろいろな種類の恐怖症があるが，これらは過剰型の異常である。そしてその除去の方法として幅広く用いられている行動療法の技法が，系統的脱感作(systematic desensitization)法である。
　この方法では，不安(恐怖と同じ意味で用いる)の対象に対して，それと両立しない拮抗反応を条件づけることによって，この拮抗反応を不安よりも優位にすることで不安を克服しようとする。たとえば弛緩は不安の拮抗反応である。そこでまず患者に弛緩する技術を習得させる。人はいきなり「弛緩しなさい」といわれても弛緩できるものではないし，弛緩とはどのような感じかわからない。しかしその感じをつかむ方法はある。たとえば両手の拳をできるだけ強くにぎり，同時に上腕で身体をできるだけ強く両側からしめつけるようにして，しばらくがまんしてその状態をつづけ，その後，ゆっくりと力を抜いていくと，弛緩の感じが本書の読者でも経験できるはずである。そして実際の筋弛緩の技術習得にも，これと似た方法が用いられている。この筋弛緩訓練と平行して行動療法家は"不安の階層"(anxiety hierarchy)というものをつくる。たとえば新幹線に乗るのに病的恐怖をもっている人がいるとすると，その人にとっては"新幹線に乗っている"状況は最も強い不安を引き起こす。しかし他のそれに関わりのある経験も，さまざまな程度の不安を引き起こす。たとえば"普通電車に乗っている"とか"新幹線に乗るために駅に向かっている"状況なども，多少の不安を引き起こす。治療家はこれらの状況を記述したものを，それが不安を引き起こす程度によって階層状にならべたリスト(不安階層)をつくる。つぎに十分弛緩状態にある患者に，不安階層の最も低い状況(最もわずかな不安しか引き起こさない状況)をイメージで想像させる。不安と弛緩は両立しないので，もしここで弛緩が不安よりも優位であれば，その第一の状況には弛緩が条件づけられて不安は克服される。このようにしてイメージによって(現実の場面を用いることもある)，不安の階層を徐々に昇っていって，最終的に"新幹線に乗っている"場面に対しても弛緩が条件づけられるように，系統的に過敏な状態をはずす(脱感作)方法が系統的脱感作法である。日常でもこれと同じようなことを行なってい

る場合がよくある。たとえば海に入るのを怖がる子どもを海に入れるようにするために，よく親は，子どもをしっかり抱いて安心させながら，徐々に足から胸へ，胸から首へと水の中に一緒に入って行くようなことをする。

系統的脱感作法は行動療法の中でも歴史は古く，神経症の治療によく用いられている。

(2) オペラント条件づけの方法によるもの

〈例〉 幼稚園児の孤立行動の修正　幼稚園などで仲間と一緒に集団遊びをしないで，いつも独りで遊んでいる子どもがいると，保育士は「○○ちゃん，どうしたの。みんなと遊びましょうよ」と声をかけるのが常だろう。しかし，これによって子どもが保育士の注意をひきつけているならば，この子どもの独り遊びはますます強化されることになる。図5-5は1人の男の幼稚園児が仲間と一緒に遊んだ時間の割合が，保育士の接し方によっていかに変化するかを示している。「独り―注目」のところでは，保育士は子どもが独りで遊んでいると近づいて声をかけ，仲間と一緒に遊んでいる場合にはそのままにしておいた場合である。「集団―注目」と書かれている日には，まったく逆に，保育士は子どもが集団遊びに加わったときには注意と関心を示し，独りのときには放っておいた。図にみられるように子どもの集団遊びは，それに保育士が関心を示すことによって多く起こるようになっている。これがしばらく続くと，子どもは集団遊びそのものがもっている面白さによって強化されるようになり，保育士からの強化は不要となる。

「うちの子は，やかましくてしょうがない」と嘆く母親は，実は子どもが静かに話

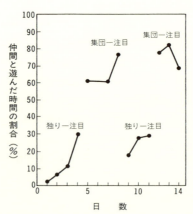

図5-5　保育士の子どもへの接し方と子どもが集団遊びに費やした時間の関係(Bandura, 1967)

しかけているときには知らん顔をして強化せず，大声を張り上げたときにだけ応えてやっていたのではないだろうか。

オペラント法による行動療法（行動修正［behavior modification］法ともよばれる）は近年，スポーツのコーチングの場面などにも幅広く用いられている[5]。

（3） 観察学習の方法によるもの

〈例〉 モデリングによる蛇恐怖の除去　バンデューラらは，蛇恐怖症の治療に対するいくつかの方法の効果を比較する実験を行なった。被験者はかなりひどい蛇恐怖の持主で，そのために庭仕事やハイキングができないような人たちであった。「映像モデル」条件の被験者は，弛緩した状態で映画を見る。その映画はおとなと子どものモデルが蛇と楽しげに遊んでいるもので，映画がすすむにつれて，画像は普通の人ならば恐ろしいと思われるような遊び方の情景へとすすんでいく。被験者は情景に不安を覚えたならば，映画を止めて巻き戻しをし，ふたたび弛緩した状態で映画を見るように指示された。「モデル／模倣」条件の被験者は，モデルが蛇と恐ろしげな遊び方をする方向へ徐々にとすすんでいくのを実際に観察し，次第に被験者自身も手袋で蛇をさわったり次には素手でさわったり，さらには蛇を腕に巻きつかせたりなどして，モデルの行動を実際に模倣することが求められた群である。「統制群」には何の処置も施されなかった。図 5-6 は，処置を受ける前と後の各群の蛇への接近の程度を示している。統制群を除く 2 群には蛇への接近度が処置後に高まっているが，これはとくに「モデル／模倣」群に顕著である。事実この群のほとんどすべての被験者は，蛇恐怖症を完全に克服し，さらに面白いことに，さまざまな場面に対する恐れも低下した。

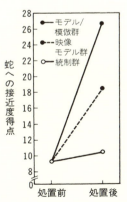

図 5-6　蛇恐怖症に対する各種の実験的治療法の効果（Bandura *et al.*, 1969 より一部修正）

（4） 自己制御による方法

患者は治療者と常に一緒にいるわけではないので，治療場面の外でも，もし患者が自分の行動を自ら強化したり，罰したりすることができれば，治療過程はかなり促進されることになる。自己制御（self-regulation）というのは，自分の行動を自分でモニターし，観察し，不適応行動を変えるためにさまざまな技法（自己強化，自己罰，刺激条件の統制，拮抗反応の形成）を用いることである。たとえば緊張するとお酒を飲んで困る人は，緊張したときにはジョギングをするように習慣づけるのも一つの方法である。これは治療者の指導のもとに，患者の改善への強い動機づけがある場合に効果が期待できる。肥満の治療などに効果をあげている[6]。

3 運動技能学習

1 運動技能学習とは

キャッチボールをしたり，テニスをしたり，ワープロを打ったりする運動動作は，練習を重ねてゆくと上達する。これも学習であり，この種の学習は日常生活の中に数限りなくある。一般にこのような運動技能学習（motor skill learning）では，学習者に与えられる感覚的情報に運動動作を協応させることが必要な場合が多いので知覚運動学習ともよばれる。たとえばキャッチボールをする場合，学習者は飛んでくるボールを目でとらえ，それに調和・協応させてグローブをスムーズに出さなければならない。運動学習の課題でも，連続的な刺激に対する連続的反応が要求されるキャッチボールやテニスのような連続型の課題と，ワープロを打つとかピアノを弾くというように，1個の刺激に1個の運動反応が起こることが単位になっている非連続型の課題もある。しかしいずれの場合も，どのような練習をすれば上達が速く，またその効果が持続するかという実際的な問題を，この学習は含んでいる。

2 運動技能学習に影響を与える諸要因

練習とは単なる動作の反復ではない。練習とは目標到達を目ざしての反復であって，行なった動作が目標に対してどれほど逸脱していたかに関する情報，あるいは「結果の知識」がなければ動作の改善は期待できない。

（1） 結果の知識

たとえば目隠しをして，紙の上に10 cmの線分を正確に描くという運動課題が課せられたとすると，被験者は毎回，自分の描いた線分が目標の10 cmからどの方向にどれほど逸脱していたかについての情報，つまり結果の知識（knowledge of results, KR）が実験者から与えられることによって，自分の動作を修正し，次第に正

しく 10 cm が描けるようになる。ここで当然問題になるのは，KR の詳細度，頻度，与える時期の効果である。常識的に考えると，KR はできるだけ詳細に，しばしば，動作の直後に与えるのが効果的だと思われるが，必ずしも常識が正しいわけではない。この種の学習において最終的に重要なことは，自らが行う動作に伴う内的感覚（筋肉や腱，関節からの内的フィードバック）を正しく利用することであり，「このような感じの動作をすれば正しい長さの線分が引ける」という内的フィードバックを自ら発見し，活用できるようになることである。したがって，外的フィードバック（KR）が過度にありすぎると，学習者はそれに頼りすぎて，それによって正しい内的フィードバックを自ら発見し活用する機会を失ってしまうことになりかねない。シュミット（R. A. Schmidt）らは，過度なガイダンスはそれへの依存を促進するために，長期的には正しい運動動作の遂行によい結果をもたらさないと仮定し，それをガイダンス仮説とよんだ[7]。したがって KR が与えられない試行があると，被験者は自分の内的フィードバックに注意深くあろうとするかもしれないし，同じように，KR が遅れて与えられると遅延期間中に学習者は自分の運動感覚に注目し，それを後で与えられる KR と照合することができ，それが学習を促進することになる。またそれだけでなく KR がなくなった後（たとえば指導者がいなくなり，自立しなければならなくなったとき），長期的には望ましい効果が期待できる。

（2） 遂行の知識

投球動作やゴルフのスウィングなどは，多くの要素からなる一連の動作であって，遠くへ投げる，あるいは飛ばすという目標とのギャップを知らされても（つまり KR のみ），それだけでは有効な動作はなかなか習得されない。KR に加えて，自分の投球あるいはスウィング動作のどの部分が理想のフォームに比べてどのように違っているかの知識，つまりパフォーマンス（遂行，実行）に関する知識（knowledge of performance, KP）が与えられることによって，当該動作は著しく改善される[8]。モデルのパフォーマンスをまねる観察学習が大切になる。

3 熟達した技能とそれへの過程

プロといわれる人たちの技，熟練の技とはどのようなものだろうか。またそれへの過程はどのようなものだろうか。器楽の演奏でも，スポーツ技能でも，熟練した人の技には目を見張るものがある。シンガー（R. N. Singer）は[9]，技能を次の四つの要素を掛け合わせたものだと公式化した。

$$技能 = 速さ \times 正確さ \times フォーム \times 適応性$$

ここで説明が必要なのは適応性ということばのみであろう。ここでいう適応性というのは，どのような条件にも柔軟にうまく合わすことができる能力である。ある場

面である技能を修得しても，それが場所や状況が変わり，少しでも求められる行動が異なると対応できなくなるようであれば適応性があるとはいえない。一般にある特定の条件のもとでの学習や練習が，他の条件での学習や行動に影響を与えことを学習あるいは練習の転移(transfer of learning/training)といい，良い影響を与える転移のことを「正の転移」という。テニスの経験がゴルフの上達に役立ったというような場合である。

「正の転移」が適応性を高めることはいうまでもない。しかし転移の説明の仕方に関しては，これまでは複数の課題間の共通要素が多いほど転移が大きいというように要素論的に考えられてきたが，最近は次に見るように，より認知的な考えが強くなってきた。1975年にシュミットは次のようなスキーマ理論を提唱した[10]。たとえばゴルフでのパッティング技能で大切なことは，どの程度の力で打てばボールはどの程度転がるかという，打つ強さと転がる距離の関係に関する一般的な法則，あるいはルール(これをスキーマという)であって，これはさまざまな距離からボールをパットする経験を通して習得される。もちろん実際にはさまざまな条件(グリーンの勾配,芝の濡れ具合等々)を取り込んだ複雑なスキーマが習得されなければならない。われわれは対処しなければならないあらゆる事態を経験することはできないため，過去の類似の経験を通して獲得した「このような状況で，このように運動すれば，結果はこのようになる」という一般法則，スキーマを用いて柔軟に新奇な場面に対処する。それができるのが熟練者である。このようにシュミットのスキーマ理論を見ると，運動技能学習も10章3節で述べる問題解決の一種であるといえる。また本章の観察学習のところでも述べた，トップダウン的な学習ともいえる。

なおフィッツ(P. M. Fitts)とポズナー(M. I. Posner)は熟達した技能にいたる過程を次の3段階に分けている。(1)認知的段階：課題の性質を理解し，解説書などからの知識を言語化しながら動作を遂行する段階。(2) 連合的段階：さまざまな刺激に適切な動作を連合させる段階で，KRやKPを利用して正しい知覚—運動連合が形成される。この段階では言語化せずとも動作が実行できるようになる。(3) 自動的段階：意識的努力なしに動作を自動的に遂行できる完成段階であり，言語化はかえって動作を不正確にする[11]。

６ 動機づけ

(写真提供：西宮神社)

西宮神社の「福男」をめざして走っていく人たち。1月10日午前6時の開門とともに，230m先の本殿に向けて，数千人の若者がその年の「福男」をめざして勢いよく走り出す。

前の二つの章では，人や動物が経験によって行動をどのようにして(how)変容させていくかを問題にしたが，この章では行動に関するなぜ(why)の問題を取り上げる。なぜ人間は戦争をするのか。なぜ人は山に登るのか。なぜ母は子を可愛がるのか。行動の原因となって行動を始動させ，目標に生活体を向かわせる生活体の内部に仮定される力を，一般に動機(motive)とよぶ。外部からの直接の物理的な力をまたずに行動を自発することができる点は，人や動物が機械と異なる大きな特徴である。この章では人や動物を行動に駆り立てたり，その行動を誘発する力について論ずる(フロイトの無意識的動機については1章2節2項(4)を参照)。

1 動機と行動

1 動機づけの諸概念

(1) 本　　能

なぜ人間は戦争をするのかという問に答えて，なぜなら人間には闘争本能があるからだとか，なぜ母は子を可愛がるのかとの疑問に対して，母性本能のためだと答えたとしよう。このようなことは一般にはよく行なわれることであるが，これでは説明とはいえない。闘争している事実に対して闘争本能といったところで，これは事実に対して別の名前を与えているにすぎない。今日の心理学ではこのような"命名による説明"は戒められているが，20世紀のはじめころには人間の行動を"説明"するために多くの本能を羅列した時代があった。3章1節でも述べたように，現在心理学で本能ということばを用いる場合には，本能的行動として，特定の刺激によって解発される種に固有の生得的かつ定型的行動として，限定的に用いられる場合が多い。

(2) 動機―行動―目標

人でも動物でも空腹であれば食物を食べる。のどが渇けば水を飲む。つまり動機にはそれを満たす対象がある。このような対象は目標といわれる。しかし空腹はじっとしていて満たされるものではない。そこで動機と目標の橋わたしをするのが行動である。この動機―行動―目標という動機づけの系列は連綿とつづく行動を分析する上で都合の良い単位となる。つまり人は空腹に動機づけられて行動を起こし，食物に到達しそれを摂取することでその行動の系列がひとまず終結する。この系列はこのように短いものもあれば，学生時代に志を立てて50歳でそれを成就するというように長いものもある。しかしこのような長い系列はいくつかの短い系列に分割できる場合が多い。

動機にはさまざまな種類のものがあるが，その根底には生活体が生命を維持し，

1 動機と行動

種を保存させるために満たさなければならない生得的,原始的ないくつかの基本的な動機があり,それらは生物的動機とよばれ,身体の生理的状態がその基礎にある。飢,渇,性,睡眠(休息),呼吸,排泄,苦痛の除去,適温維持の動機がその例であるが,心理学では生物的動機のことを動因(drive)とよぶことが多い。また動因という語を用いた場合には目標のことを誘因(incentive)とよぶ場合が多い。4章で述べたスキナー箱の中の空腹なネズミは,飢を動因とし,食物を誘因としてレバーを押すことを学習した。この場合レバーを押す行動は食物を得るための手段,道具の役目を果たすので道具的行動とよばれる。そして最終的な食物摂取行動,すなわち動因を充足させる行動そのもののことを完了的行動(consummatory behavior)という。空腹な人が食堂に向かい食物に到達するまでの行動は道具的行動であり,実際に食物を食べる行動は完了的行動なのである。また必要(need)という語もよく用いられるが,これは生物的動機の源と考えられる生理的な不均衡状態をさす。したがって通常は必要と動因の間には密接な対応がみられるが,極度の絶食で必要が強くなりすぎると衰弱のためにかえって動因の強さは低下することもあるので,両者の対応は完全なものではない。

また通常必要は,生活体が目標としているものが長時間取り上げられることによって生じていることを考えれば,必要―動因に先だつ環境条件として,絶食のような剥奪(deprivation)の条件を考えることができる。そこでこれまでに述べてきた諸概念を用いて動機づけの系列を要約すると,つぎのようになる。

　　　　剥奪―必要―動因―道具的行動―誘因―完了的行動

このようにみれば,動因は絶食という環境操作と,食べるという行動の間に介在する媒介変数(intervening variable)であり,仮説的な概念であることがわかる。

2 動機の分類

動機は人間の心理状態としては何かを欲している気持ちである。食物を食べたい。水を飲みたい。異性と交わりたい。映画に行きたい。美しく見られたい。認められたい。金持ちになりたい。暗闇から逃げ出したい。だれかを殴りつけたい。また食物を食べたい場合でも,ある特定の店のうなぎ丼が食べたいとか,キャビアを食べたいというような動機もある。また異性に対しても好みがある。それではこれらをどのように整理分類することができるであろうか。これは必ずしも容易な作業ではないが,ここでは動機を基本的動機(basic motive)と派生的動機(derived motive)の二つのグループに大別したい。前者は人間や動物が正常に生きていくためには充足されなければならない動機で生得的と考えられ,個体差がない。一方後者は基本的動機を土台にして,その上に経験を通して獲得されるものであるから,

経験の違いにより個人差があり多様である。20世紀の初期には，人間の闘争心は本能として基本的動機の一つのように考えられていたが，ニューギニアのアラペッシュ族のように闘争心と自己主張欲のない種族も存在することが明らかになり，様子が変わってきた。また基本的動機はすべて生理的，身体的基礎があると考えられていたが，好奇心や刺激を求める動機は，今日では，人や多くの動物に普遍的であることがわかり，内発的動機として，身体的基礎をもたない基本的動機とみなされている。

ここでは基本的動機を生物的動機と内発的動機に，また派生的動機を社会的動機と情緒的動機に分けて論をすすめていくことにする。ただし情緒的動機に関しては，〈コラム4-4〉を参照されたい。

2 生物的動機

1 ホメオスタシス

われわれの身体は実によくできていて，かなり大きく変動する環境の中にあっても，身体の内部環境の生理的バランスはほぼ恒常に保たれている。たとえば外気温がかなり上がっても，発汗や末梢血管の拡大によって体温をほぼ恒常に保てるような自動的調節機構が身体には備わっている。このような安定状態に対して生理学者のキャノン（W. B. Cannon）は1932年『身体の知恵』という書物で，ホメオスタシス（homeostasis）という語を用いたが，一般にホメオスタシス（恒常性維持）といえば，生活体が内部環境の均衡を維持する傾向ないし過程を意味している。そしてこの言葉は生物的動機に備わっている行動駆動の特性をよく説明してくれる。

すでに述べたように，生物的動機は生活体が生命を維持し，種を保存させるために満たさなければならない生得的な動機であって身体的基礎をもっている。そしてその例として，飢，渇，性，睡眠（休息），呼吸，排泄，苦痛の除去，適温維持などがあげられた。これらをよく見るといずれも不均衡状態であって，その不均衡は絶食や絶水によって，身体が必要としているものが不足した結果生じている不均衡と，排泄，苦痛刺激のように，不要なものの過剰によって生じている不均衡に分けられる。そしてこのような不均衡が生じると生活体の行動は均衡を取り戻す方向に駆り立てられ，それぞれ，摂食行動，摂水行動，排泄行動，逃避行動の生起によって不均衡が解消される。ここに行動的な意味でのホメオスタシスがみられる。体温の調節も，体内に組み込まれた自動調節機構のみでは不十分なときには，熱いと服を脱ぐとかうちわを使い，寒いと防寒服を着たりする。さらに避暑地や避寒地に出かけたりする。

生物的動機の多くはその基礎に生理的な過不足状態を伴うところから、ホメオスタシス性動機ともよばれる。動機づけの研究はキャノンのホメオスタシスの概念によって一歩前進した。ホメオスタシスという観点から見て興味深い現象の一つは特殊飢餓 (specific hunger) とよばれる現象である。たとえば女の人は妊娠すると今までと違った食物への嗜好を示すようになるといわれる。ネズミでも妊娠中には通常時の約3倍の塩分を摂取するという。このように特定の食物や栄養分に対する渇望を特殊飢餓といい、これも体内に欠如している特殊な代謝物質を補充しようとすることのあらわれである場合が少なくない。カフェテリア式の食堂のように多種の食物の中から自由に好きな食物を選んで食べることができる場面で、離乳後数年間にわたって幼児の摂食行動を観察したところ、子どもたちは長期的にみれば栄養の偏りのない食物の選び方をし、立派に成長した[1]。ある子どもなどは肝油を多量に摂り、クル病を自分でなおしさえした。しかしこの「カフェテリア給食」として知られている実験で子どもたちに提示された食物は、単純で純粋なもので、アイスクリームやチョコレート・パフェのような魅力的なものは含まれてはいなかった。一般には味の嗜好と習慣がしばしば身体の生理的必要よりも重きをなしている。

2 摂食行動の基礎

人でも動物でも空腹になると食物を摂り、満腹になると食べるのを止める。ではこの摂食を開始させたり中止させたりする身体内部の刺激は何で、どこに作用するのだろうか。

この点に関して先駆的な興味深い実験を行なったのはキャノンとウォッシュバーン (A. L. Washburn)[2]である。彼らは胃の収縮が起こるとそれが自動的に記録される図6-1のような方法を考案し、同時に飢餓感固有の一種の痛み (hunger pang) を被験者が感じたときにキーを押させたところ、この飢の主観的報告と胃の収縮の間にきれいな対応のあることを明らかにした。しかし胃を切除された人にも飢餓感はあるし、胃から脳へ至る神経連絡路を切断しても飢は生ずることなどにより、胃の収縮に端を発する刺激のみが飢の源であるとは考えられなくなった。

時代がすすんで、実験動物の脳内のさまざまな部位に損傷を与えたり、刺激を与える技術が進歩するに伴って、脳内に飢と摂食の中枢を求める試みがなされるようになった。その結果、視床下部 (2章4節4項、図2-7 (B) を参照) という脳の底部の小部位が摂食行動の開始と停止に重要な役割を果たしていることが1940年ごろから明らかにされるようになった[3],[4]。たとえばネズミの視床下部の外側野 (LH: lateral hypothalamus) を電気的に刺激してその部位の活動を活性化させると摂食行動が開始し、その部位に損傷を与えてその機能を果たせないようにすると、摂食や

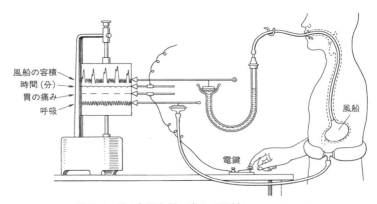

図 6-1 胃の収縮と胃の痛みの関係(Cannon, 1934)
胃の収縮によって風船からおし出された空気によって第1の針が上方に動く。この動きと，飢えの痛みに関する主観的報告(第3針)が対応している。

摂水行動は起こらなくなり，放っておくと死に至る。一方，ネズミの脳の場合 LH からわずか 1.5〜2.0 mm しかはなれていない視床下部の腹内側核（VMH：ventromedial hypothalamus）という部位を電気刺激すると摂食行動は停止し，そこに損傷を与えたり破壊したりすると摂食行動が起こりつづけ，肥満が起こる。人間でも VMH に腫瘍や傷があると過食と肥満が起こる。図 6-2 は VMH を破壊した結果食べすぎて肥満になったネズミである。このようなことから LH は摂食（あるいは空腹）中枢，VMH は飽食中枢とよばれるようになった。

図 6-2 脳の飽食中枢の破壊によって生じた体重 1080 グラムの肥満ネズミ（Miller, 1957）

では，普通の状態では LH や VMH は何によって刺激され，活性化されるのだろうか。第1に考えられるのは血液中の糖の水準である。視床下部には血中の糖の水準を検知する受容器のあることが知られており，血中にブドウ糖を注射するとVMH の活動が活発になり，LH の活動が低下し，摂食が停止する。インシュリンを注射して血糖値を下げると，これと逆のことが起こり，摂食が促される。また空腹のネズミの血液を満腹のネズミに注射すると，満腹であるのにネズミは食べはじめる。これらのことから血糖値の低下は飢餓感と摂食の開始に密接に関係しているようである。しかし満腹による摂食の停止が血糖値の上昇によって生じているとは考えにくい。なぜなら消化はゆるやかな過程であって，摂取された栄養分によって血糖値が上昇するよりはるか前に，摂食行動は停止するからである。しかし LH や VMH の活動は胃の充満度や体温によっても影響をうけることが知られており，飽食中枢(VMH)は胃の充満によって活性化され，その結果摂食は抑制される。

摂食は人や動物の生命維持にとって，最も基本的な営みであるために，多くの基礎研究がなされてきた。しかし摂食の開始や停止に関わる問題は上に述べたほど簡単ではなく，最近では脳の視床下部のニューロンから産出される化学物質(複数のペプチド)の作用が強調されている。なお，より長期にわたる摂食行動をつかさどるしくみは，上記のものとは別のようである(〈コラム 6-1〉参照)。

3 誘因の役割

動因—行動—誘因という動機づけの系列図式をみる場合，ホメオスタシスによる考え方は動因に重きをおき，生活体を内側から駆り立てる(drive)圧力，あるいは生活体を押す(push)力を重要視している。ところが1950年代に入って，行動を外側から誘う，あるいは引く(pull)要因の面から動機づけの問題を見直そうとする誘因理論を支持する事実が多くあらわれるようになった。たとえば性動機の場合，人間を含む高等動物においては下等動物のように性ホルモンに強く支配されることはまれで，成人の男子では魅惑的な女性の姿のような外的対象(誘因)によって性的興奮が喚起される。そういうことから高等動物における性動機は誘発性の生物的動機ということができる。

誘因が重要な役割を演じるのは性動機に限らない。たとえば，われわれはいくら満腹でも好物が目の前に出てくると，まるで別の胃袋をもっているかのように，つい食欲をそそられて食べてしまう。ヒヨコの実験例でも，大きな山の穀物を目の前にしたときほど多くの穀物を食べる(図 6-3)。子イヌも集団で食べると，独りで食べるときの1.36倍多く食べる報告がある[5]。また子イヌをそれぞれ単独で，まったく食べなくなるところまで飽食させたのち，飢えたイヌと一緒に再度食物にさらす

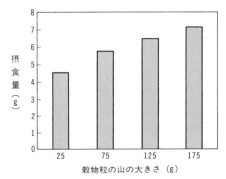

図 6-3 穀物粒の山の大きさと摂食量との関係
(Ross, Goldstein, & Kappel, 1962)

ニワトリは4週齢のヒナで，4時間の絶食ののちに，30分間摂食がゆるされた。

と，満腹であるはずなのに，さらに，先に食べた量の91%を食べたという[6]。このような仲間の存在によって行動が促される現象を社会的促進という。さらにわれわれが目標に近づこうとする傾向は，動因が一定であっても，目標に近くなるほど強くなる事実（目標勾配）も，行動が内的な動因のみによって決定されるものではないことを物語っている。

図6-4 (A) のネズミは，レバーを押すと胃の中に直接，栄養分のある液体が流れこむような手術が施されている。したがって食物を見ることも，味わうことも，嗅ぐこともできないにもかかわらず，このネズミはうまくレバーを押して，(B) 図に

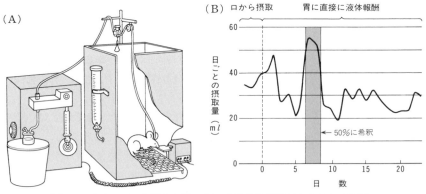

図 6-4 (A)レバーを押すと胃の中に直接液体報酬が与えられる装置
(B)その条件での液体摂取量 (Epstein & Teitelbaum, 1962)

みられるように，長期にわたってかなり安定した量の液体を摂取している。図の影の部分では，2日間にわたって液体の濃度を普段の半分に下げた。そうするとネズミはより頻繁にレバーを押して，より多くの量の液を摂取し，摂取カロリー量をほぼ一定にしようとしている。このような結果はホメオスタシスの考えの妥当性を示すものであるが，同時に注目すべきことは，このような状態では，普通に口から液体を摂取した場合（(B)の左端）にくらべてネズミの摂取液量は減少しており，体重が普段の25%減少したことである。つまり味覚，嗅覚という外的な刺激によっても食欲は大いに喚起されることを示唆している。

〈コラム 6-1〉 肥　満

　地球上のある所では飢のために多くの人命が失われているのに，他の所では肥満が社会問題になっている。肥満者は心臓疾患，高血圧，糖尿病にかかりやすい。病的肥満を避けようとすれば，身体のエネルギー消費量以上にカロリーを摂りこまないようにすればよいはずである。このことが，どうしてそれほどむずかしいのだろうか。

　この問題との関係で，まだ多くの不明の点はあるものの，つぎに述べるような設定値理論（set-point theory）が近年唱えられ注目されている。まず身体の脂肪はアディポサイト（adipocyte）という脂肪細胞に貯えられるが，この細胞の数と大きさには個人差があり，肥満体の人はこの両方で普通体の人を上まわっている。データによると脂肪細胞の大きさは過食によって普通の大きさの5倍にもなるという。また肥満者は普通体の人の3倍の数の脂肪細胞をもっているという報告もある。そしてこの細胞の数は遺伝的に決定されるという意見もあるが，生後間もない時期の栄養の摂りすぎによって増加すると主張する研究者もいる。しかしいずれにしても脂肪細胞の数はいったん決定されると一生減少せず，その決定はほぼ2歳までにはなされているという。

　このように脂肪組織のベースラインの設定が人生の早い時期になされてしまうと，視床下部は身体内の脂肪の貯えを常にその設定値に合致させるように指令を出し，摂食を促すという。実は肥満者ではこの設定値が非常に高いために，普通者よりも常に多くの脂肪の貯えを身体が必要としていると設定値理論では考えている。このような考えが出てきた背後には，すでに本文で述べた肥満ネズミ（図6-2）の例がある。飽食中枢を破壊されたネズミは，身体がパンクするまで無限に食べるわけではなく，体重があるところに達すると食べるのをおさえるようになり，ほぼそのときの体重に落ち着く。すなわち，このようなネズミには手術後，新たな設定値ができたとみるのが妥当だと考えられた。

　どのような人でも，長期の摂食量と体重の安定は設定値に照らしてなされているとすれば，肥満者はある意味ではごく正常な（その人なりの高い設定値に見合った）摂食量と体重を保っていることになる。困難なのは，肥満者の設定値が高すぎること，設定値を変えることがきわめてむずかしいこと，そして設定値を下まわると飢餓感におそわれることである。

おそらくビンドラ (D. Bindra) が述べているように，動因 (生理的必要に呼応する内的条件) と誘因 (外的刺激条件) とは相互に作用し合い，中枢的動機状態 (central motive state) という喚起，あるいは覚醒 (arouse) された状態が作り出されて，それが道具的行動や完了的行動の基礎にあると考えるのが妥当であろう。一般には，原始的な生物的動機の場合ほど行動は生活体の内的状態によって強く規定され，高次の動機になると，外的目標や対象の規制を受けやすくなる。

4 動因の3機能

飢，渇，性衝動などの生物的動機が高まると，生活体にはどういうことが起こるであろうか。第1に一般活動性が高くなる。これは生活体の適応という観点からすれば道理にかなっており，活動すればするほど動機を満たす対象に行き当たる可能性は高くなる。メスのネズミ（ラット）を図6-5 (A) のような回転籠つき飼育箱で長期にわたって飼育すると，(B) 図にみられるように，ほぼ4日目ごとの発情期に同期して回転籠の回転数が著しく増加する。回転数から換算すると，発情期のメスのネズミは，1日に多いときで30 km近くも走行していることになる。なおこのような活動量の周期は，メスのネズミが性的に成熟するほぼ70日齢以前には見られないし，成熟したメスの場合も，卵巣を除去すると，回転数は約2,000で横ばいになる。

動因のもつ第2の機能は方向づけ機能であって，生活体は空腹なときには食物に，渇のときには水に向かって接近する。第3は強化機能である。学習の章でみた

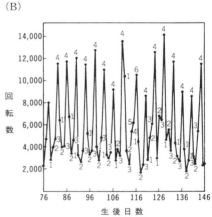

図6-5 雌のネズミの性周期と活動量の関係 (Richter, 1927)
(A) は活動量測定のための回転籠で，円形のドラムはネズミが中に入って走ると回転する

ように，動物でも人でも，何かを行なって報酬を受けるとその行動を繰り返すようになる。つまり報酬が行動を強化したのである。食物を食べれば何が起こっているかといえば，空腹（動因）が多少とも癒やされ（低減され）ているのである。このような動因低減は直前の行動を強化するはたらきをもっている。

しかし動因に備わっているとされたこれらの行動賦活機能，方向づけ機能，強化機能については，最近それを疑問視する研究者もいる。たとえば空腹のみでは活動性は高くはならず，それに環境刺激の変化が加わって食物が予告されるとはじめて，生活体は賦活化され，一般活動性が高くなるという事実もあり，動因と誘因の相互作用の重要さを示している。

3　内発的動機

1　感覚遮断の実験

1951 年にカナダのマギル大学でヘッブ（D. O. Hebb）を中心にはじめられた感覚遮断（sensory deprivation）の実験は，それまでのホメオスタシスの考えを中心とした動機づけ理論に大きな疑問をなげかけることになった。被験者の大学生は図 6-6 のように，目には半透明のゴッグルを，手には触刺激を制限するための厚紙の筒をつけ，柔らかな寝台に何もしないでじっと横になっていることが求められた。空調機の音で外部雑音の影響を少なくしたうえに，耳はフォーム・ラバー製のU字型まくらでおおい，音も遮断された。このような極度に感覚的刺激が制限された状態で，動くことが許されたのは用便時と食事のときのみで，それ以外はまさに何もしないことに対して，当時としては高額の日当20ドルが支払われた。しかしこのような高額の謝礼にもかかわらず，このような状況に3日以上耐えることのできた学生はおらず，彼らは報酬は少なくても刺激の多い仕事のほうを望んだ。またこのような状況に長く置かれると，注意の集中が困難になり課題解決能力が低下し，いらいらす

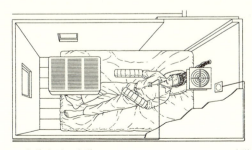

図 6-6　感覚遮断の実験（Bexton, Heron, & Scott, 1954 の実験状況）

るようになり，視・聴覚の幻覚や脳波の異常が現われた。このように，人は他の生物的動機がすべて満たされていても，感覚的刺激の極端に欠如した状況では正常な状態を維持することすら困難になり，刺激享受に対する強力な動機をもつようになる。そしてこのことはホメオスタシスの考えとは矛盾する。なぜならば，もしホメオスタシスの考え方が正しいとすれば，生物的動機が満たされていて身体内の生理的不均衡がほとんどないことは望ましい状態であって，このような状態では生活体は何に対しても動機づけられることなく，したがって何も行動を起こさないはずだからである。

2 内発的動機のいろいろ

感覚遮断の実験で示されたような感覚的刺激やその変化を求める動機は感性動機とよばれ，つぎに述べる好奇動機，操作動機，認知動機と共に一括して内発的動機（intrinsic motive）とよばれるようになった。これらの動機は，より基本的な別の動機から派生したものとは考えられず，生得的なものと考えられるため，身体内の代謝的または内分泌的基礎をもたない基本的動機とみなされるようになった。

好奇動機というのは新奇な刺激を求める動機のことで，たとえばサルを何もない単調な外の見えない箱に入れ，その外側で玩具の汽車を，音が聞こえるようにして走らせると，サルは汽車をのぞくために箱の壁にある窓を開ける仕掛けを解く学習をする。この場合，窓から外が見えることのみが報酬なのである。またネズミは照明の変化を求めてレバーを押すことを学習するし，生後3～9ヵ月のヒトの乳児も，簡単な図形よりも複雑な図形に興味を示し，より長く凝視する傾向を示す。操作動機あるいは活動性動機というのは，何かを操作しようとしたり，動こうとする動機のことである。小さな子どもは，走ったり，跳んだり，つかんだり，落としたり，飽きることなく，ただ何かを"する"ことに動機づけられているようである。図6-7(A)のような6個の仕掛けのある機械的なパズルをサルの檻の中におくと，サルはこのパズルを根気よく解くことを学習し，(B)図にみられるように12日間を通して正しい反応の割合は増加し，遂にはほとんど誤りなしに解くことができるようになった。繰り返しによって新奇性は失われるし，パズルを解いても何も与えられるわけでもないので，この場合，学習を支えていたのは操作動機というべきであろう。赤ん坊がよくガラガラで遊ぶのは感性，操作，そしてはじめのうちは好奇などの諸動機が関わっているのだろう。認知動機とは簡単にいえば，"頭を使おうとする"動機のことで，人の子はなぞなぞやゴロ合わせを好み，おとなも頭を使うゲームや学問上の問題解決を楽しむことが少なくない。

このように感性，好奇，操作あるいは活動性，認知の諸動機には，飢に対する食

3 内発的動機

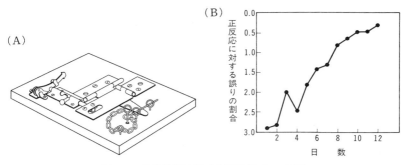

図 6-7 操作動機に基づく学習(Harlow, 1950)

物のような具体的報酬はない。むしろ見たり，聞いたり，動いたり，頭を使ったりすること自体が報酬になっている。あるいは知覚器官や筋肉器官や思考器官を用いることに報酬が内在している。"内発的"動機の"intrinsic"という英語の意味は，"内在性の"，"本来備わった"，"固有の"という意味であることを考えると，なぜこれらの動機が intrinsic motive とよばれるのかが理解できるだろう。

先に動因と誘因について述べたときに，"押す力"，"引く力"という表現を用いたが，これにならった表現をすれば，内発的動機は，何かを"なそうとする力"といえるかもしれない。

3 覚醒と最適覚醒水準

ホメオスタシスの考えによると，生活体は身体内部の生理的不均衡によって生じた緊張を除去し，平静と興奮のない状態を達成し，維持するように行動することになる。しかし前項でみたように，われわれの行動は時としてはむしろ緊張と興奮の増加を求める方向に向かうことがある。このような事情を背景に覚醒(arousal)という言葉が重要視されるようになった(図 2-6 を参照)。覚醒(喚起)とは感覚刺激によって生じる大脳の一般的な興奮状態であって，一方の極を睡眠とし，他方の極を極度の興奮とする連続的な変数あるいは状態である。この言葉を用いて前項で述べたことを表現すると，生活体は常に何がしかの覚醒の水準を維持することを欲しているということになる。つまり生活体にとっては最適の覚醒水準というものがあって，刺激不足によってこの水準を下まわるようになっても，刺激過剰によってこの水準を上まわるようになっても，われわれは最適覚醒水準を取り戻そうとする。われわれは単調で静かすぎる環境にも，騒々しすぎる環境にも耐えられない。このような考えは普通，最適覚醒水準理論とよばれ，動因と誘因を中心にした動機づけの理論を補うものと考えられている。

容易に想像できるように,この最適覚醒水準は個人によって異なる。静かな所で生活している人と,騒々しい町中で生活している人では,最適と思える覚醒水準は異なるであろう。また活発に動きまわる仕事に携わっている人と,そうでない人でも最適覚醒水準は違うであろう(〈コラム 6-2〉参照)。

なお個々人にとって気持ちがよいという意味での最適覚醒水準と,行動の遂行における最適覚醒水準とは区別しなければならない。"あがった"ときのように,過度な緊張がわれわれの課題遂行を妨害する事実はよく知られている。1908 年にヤーキーズ(R. M. Yerkes)とダッドソン(J. D. Dodson)は[7],課題遂行は覚醒水準の上昇とともにある水準までは促進されるが,覚醒水準がある水準を超えるとそれは妨害されるようになり,課題遂行にとっての最適覚醒水準は,課題が困難なほど低く,容易だと高くなるとするヤーキーズ・ダッドソンの法則を提唱した。

〈コラム 6-2〉 刺激希求性尺度(SSS)

つぎにあげるリストは,あなたがどれほど刺激と興奮を求めているかを調べるための sensation seeking scale (SSS) の短縮版の邦訳です。各項目は A, B 二つの短文からなっていますが,あなたの好みや気持ちに,より良く一致するほうを選んでマークし,14 問すべてに答えて下さい。

1　A　私は退屈な人と一緒に居るのは耐えられない。
　　B　私はだれと話をしてもほとんどだれにでも興味深いものを発見する。
2　A　良い絵画というものは,感覚に衝撃とゆさぶりを与えるべきである。
　　B　良い絵画というものは,平和とやすらぎの感情を与えるべきである。
3　A　バイクに乗る人は,自分を傷つけたいと願う,ある種の無意識の欲求をもっているに違いない。
　　B　私はバイクを乗りまわしたい。
4　A　私はだれもが安全で,保護されている幸せな社会に住みたい。
　　B　私は昔の,まだ世の中が安定していない時代に生きたかった。
5　A　私はときどき,少しおそろしいことをしてみたい。
　　B　良識のある人というのは危険な活動を避けるものである。
6　A　私は催眠をかけられたくない。
　　B　私は催眠をかけられたい。
7　A　人生の最も大切な目標は,できるだけ多くのことを経験し,最大限に生きることである。
　　B　人生の最も大切な目標は,平和な幸せを見つけることである。
8　A　私はパラシュートで空から跳んでみたい。
　　B　私はパラシュートを着けていようと,着けていなかろうと,飛行機から跳びおりるなど決してしたくない。

4 社会的動機

1 社会的動機とは

　2017年度のわが国の大学生の数は，短大生約12万4千人，大学学部生約289万人である。いったいこれだけ多くの人を大学に行かせる動機は何であろうか。それは明らかに飢えや渇きや性のような生物的動機ではない。また勉強すること自体が好きで内発的に動機づけられて大学に進む人もいるであろうが，これによってすべてが説明されるわけでもない。おそらく多くの学生は，良い職や地位を得るため，社会的みえのため，親の期待に添うためなど，さまざまな社会的要因のからんだ動機によって大学生活を始めるのであろう。このような社会生活を通して獲得（学習）される動機のことを社会的動機という。人間の社会的動機にはさまざまなものがあ

　9　A　私は冷たい水に入るとき，時間をかけてゆっくり体を馴らしながら入っていく。
　　　B　私は海やプールにいきなり跳びこみたい。
　10　A　休暇旅行をするとき，私は良い部屋とベッドのある，安らぎの得られる所を好む。
　　　B　休暇旅行をするとき，私はキャンプなどして普段と変わった生活をしてみたい。
　11　A　私は少々不安定な人であろうが，感情を表にあらわす人を好む。
　　　B　私は穏やかで気性の安定した人を好む。
　12　A　私は一ヵ所でじっとしている職を好む。
　　　B　私は方々旅する職を好む。
　13　A　寒い日には屋内に入りたくてしようがない。
　　　B　ぴりっとした寒い日には活が入る。
　14　A　私は同じ顔を見ていると退屈する。
　　　B　私は毎日出会う友人の心地よい気安さが好きである。

〈採点の手引き〉
　つぎのものにマークをした場合に各1点を与えて下さい。1A, 2A, 3B, 4B, 5A, 6B, 7A, 8A, 9B, 10B, 11A, 12B, 13B, 14A。得点を合計し，得点が高いほどあなたの刺激希求性は強いことになります。参考までにアメリカの規準を掲げておきます。
　0—3　非常に低い　　4—5　低い　　6—9　平均的　　10—11　高い
　12—14　非常に高い
（この尺度は，ツカーマン（M. Zuckerman）によるものの簡易版の邦訳である〔引用文献(a), p.312〕）。

るが，その数と種類は社会によっても，個人によっても異なるし，それらは満たされないからといって，生物的動機の場合のように生死に関わるものでもない。

1938年にマレイ(H. A. Murray)は，普通の人間において一般的な社会的動機の研究を行ない，それらを六つの範疇に大別できる28個の動機にまとめている。その中には，たとえば，獲得動機(所有物，財産を求める動機)，優越動機(優位に立とうとする動機)，達成動機(障害に打ち克ち力を発揮し，物事を成し遂げ，成功しようとする動機)，支配動機(他人にはたらきかけ支配しようとする動機)，謙虚動機(罰を承服甘受し，自己を卑下する動機)，親和動機(友情と交友を作る動機)などが含まれている。これらの動機のうち，達成動機と親和動機については，のちに比較的多くの研究がなされるようになった。

2 達成動機と親和動機

達成動機(achievement motive)とは，成功しようとか，困難を乗り越えて仕事を成しとげようとする動機であり，親和動機(affiliation motive)とは，愛情のこもった友好的な関係を保って人に接しようとする動機のことである。各個人におけるこれらの動機の強さを測定するためには，通常はTAT(Thematic Apperception Test；主題統覚テスト) (11章参照)の図版が用いられ，意味の不明瞭な絵を見て被検者が作る物語の中に，達成あるいは親和性に関わりのある主題がどの程度含まれているかによって，各動機の強さが測られる。一般に，達成動機の強い人は自分の努力次第で成功すると信じ，自分で責任をもつことを好み，自分の仕事の結果を知りたがる。仕事の場面では積極的で成績が比較的良く，仲間と一緒に仕事をする場合には温かい人間関係で仲間を選ぶよりはその有能さで相手を選ぶ。これからわかるように，達成動機は親和動機と比べて，ある点ではまったく逆のところもある。達成動機の高い人は有能で社会への貢献度も高いかもしれないが，生活を共にする相手にとっては理想的な人間とはいえない面がある。他方，親和動機の強い人は仕事の能率の面では多少不利になることがわかっていても，気心の知れた仲間と温かい友人の関係を保って仕事をすることのほうを好む。このように，何を最も重要とするかについて，達成動機の高い人は親和動機の高い人と明らかに異なっているが，両動機がまったく両立しないというわけではない。たとえば，アメリカの例では，第1子(あるいは独りっ子)は2番目以後に生まれた子どもよりも達成動機，親和動機の両方において高いことが示されており，著名人には第1子が比較的多いといわれている。

上の例が示唆するように，達成，親和の両動機は共に獲得され，学習された動機と考えられており，子どものころにどのように育てられるかによって，これらの動機の強さは大いに異なってくる。たとえば，子どものときに自分独りでいろいろや

4 社会的動機

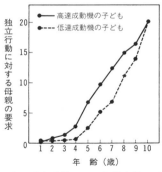

図 6-8 子どもの達成動機の強さと独立性の訓練の関係
(Winterbottom, 1958)

るように早くから訓練された人や，うまく物事を成就したときに周囲の温かい賞賛を受けてきた人は達成動機が高くなると考えられる。図 6-8 は，達成動機が高いと判定された少年のグループと，低いと判定された少年のグループについて，それぞれの母親に面接し，20 項目の生活面について，そのうちの何項目を各年齢段階において子どもに独りで行なうことを要求していたかを尋ねた結果を示している。その 20 項目の中には，「独りで留守番をする」「独りで友人をつくる」などが含まれている。達成動機の高い少年では，早い時期から独立性の訓練がなされていたことがわかる。親和動機についても，小さな時から良いことや楽しいことが他人によってもたらされるという経験を数多くもてば，その水準は高くなると推定される。

今までは動機づけを，「押す力」「引く力」という表現にもみられるように，生活体の内外にあって生活体をコントロールする力と，それによって動かされる行動を中心に考えてきた。このような傾向は，動機づけ研究が動物実験を中心に発展してきたことを考えれば理解できるだろう。しかし近年，人間をより能動的・意識的な存在とみる傾向が強くなるにつれて，人間の動機づけ研究にも変化が生じてきた。たとえばこれまでは，目標を達成すれば成功，達成できなければ失敗と行動中心に考えてきたが，人は行動だけでは終わらない。通常は行動が「なぜ」失敗したかその原因を自問し，それに対する答え（原因帰属＝何かのせいにする）が次の行動を動機づける。つまり人間は自分の行動を評価し，その意味について辻褄をあわせたり，説明しようとする。一般に，行動の原因を推測するのに人が用いる規則を問題にする理論を帰属理論（attribution theory）という。帰属理論は元来社会心理学における理論であったが，行動に関する"なぜ"（why）の問題を扱うので，動機づけに関する新しい理論の一つともいえる。この点に関しては，次章の欲求不満の節で述べる認知的不協和理論や，〈コラム 7-5〉も参考にしてほしい。

5 動機間の関係

「背に腹はかえられぬ」というように、飢えのために生きるか死ぬかの瀬戸際にある人にとっては、多くの場合、名誉とか見栄のような社会的動機はどうでもよくなるであろう。しかし「武士は食わねど高楊子」というように、名誉と誇りが飢えに優先することもある。これまでは動機を個別に取り上げてきたが、この最後の節では動機相互間の関係や、相対的な強さなどを問題にする。

1 基本的動機の強度比較

人は食物を食べないでも何週間も生きられるが、水を飲まないと数日も生きられない。これは渇きが飢えよりも強い動機であることを示唆している。いくつかの基本的動機の相対的強度を測定する試みは、1931年にワーデン(C. J. Warden)によってなされ、障害箱(obstruction box)実験としてよく知られている。

常識的に考えても、動機の強さはその動機を満たすために支払う代償の大きさによって測ることができる。欲しくてしようがないものには大金を支払うこともいとわないだろうし、愛する人のためには"たとえ火の中、水の中"ということもある。ワーデンの用いた障害法は正にこのような考え方に立ったものであって、図6-9の目標箱(C, D)の誘因に到達するためには、出発箱(A)から、電流の流れている通路(B)を通り抜けなければならない。表6-1には、さまざまな動因—誘因の関係で、ネズミが20分間に通路をわたった回数が示されている。子ネズミから離された母ネズミの横断回数が最も多く22.4回で、つづいて渇きの動機が強い。注目すべきことは96時間絶食後の飢えよりも、24時間絶水後の渇きの方が強いことである。興味深いのは、目標箱に何があるわけでもないのに、雄のネズミは3.5回も通電された通路をわたっていることである（探索・好奇性動機）。

この障害法と原理的には同様の方法を、われわれも日常生活で、人の"やる気"

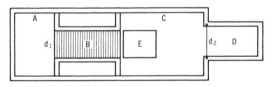

図 6-9 障害箱(Warden, 1931)

A：出発箱，B：通電された通路，C, D：目標箱，d_1, d_2：扉，E：この部分にネズミが乗るとd_2が開く。Dは誘因が動くものである場合に用いられた。

5 動機間の関係

表6-1 基本的動機の相対的強度(Warden, 1931)

動因	被験動物性別(匹数)	目標箱の中の誘因	誘因を奪り上げていた時間	20分間の平均横断回数
母性	雌(10)	子ネズミ	0	22.4
渇	雄(10), 雌(10)	水	24	20.4
飢	雄(10), 雌(10)	食物	96	18.2
性	雄(20)	雌	24	13.8
	雌(21)	雄	発情期**	13.8
探索	雄(20)	なし*	0	3.5

* おがくず，木片，コルク，ゴムのマット，金網などが入れられた。
** 図6-5参照

を調べるのによく用いている。

2 機能的自律性

さきにも述べたように，人は誇りと名誉のために，あるいは主義主張のために生命を捨てる場合がある。ポンペイの遺跡からは，金を手にしっかりと握った人が瓦礫の下から見つかっている。名誉欲，金銭欲はいずれも社会的に獲得された動機であるのに，どうしてこのようなことが起こるのであろうか。

人のさまざまな動機について考えるときに，それらは少数の生物的動機から派生したものであり，したがって，すべての行動は最終的には生物的動機に還元することができるとする還元主義(reductionism)という立場がある。フロイトの考え方はそれに近く，すべての行動を性と攻撃の"本能"に還元して理解しようとする。しかしこの考えによると，派生した動機を満たすことのほうが，生物的動機を満たして生命を維持することよりも大切であるような上記の現象を理解することはできない。金銭は生活，あるいは生命維持の手段であるにもかかわらず，ここでは手段が目的のようになっている。また，もともと生命を保つために働いていたのに，その必要がなくなっても仕事をすること自体が目的になってしまう場合もある。このような現象を理解するために，オルポート（G. W. Allport）は，動機の機能的自律性(functional autonomy)ということを唱えた。人間の多くの動機は，元来は生物的動機から派生しているが，ひとたびそれが独立してしまうと生物的動機とのつながりは単に歴史的なものとなり，機能の面ではそれ自体が自律性を備えてくるという考え方である。

3 動機の階層

マズロー（A. H. Maslow）はちょうど植物の種子が成長とともに多くの潜在力を展開させていくように，人間も自己実現（self-actualization）に向かって絶えず成長し

ていく生きものであるという人間観に立って、人間の動機は図6-10のように、ピラミッド型の階層をなすものと考えた。いちばん底辺には生物的動機があり、第3層以上は社会的動機で、頂点には自己実現が位置づけられているが、上位の動機は、下位の動機がたとえ部分的であっても満たされて、初めて追求することができると考えられている。生まれたばかりの赤ん坊にとっては、食べ、飲み、眠るのが生活のほとんどすべてであろう。そして子どもの成長にとって、周囲の環境が秩序をもち、予測可能であることが大切で、それによって安心と安全が保証されて初めて、愛情に満ちた人間関係を形成することが可能になるであろう。つぎにそのような人間関係の中から自信と自尊心が生まれ、承認への願望と成就への意欲が生まれる。また成人の場合でも、もし独りで孤島にたどりつき、裸で食べる物もないとすれば、おそらくまず食物と飲み水を探し、つぎに衣服や住居を整えて身の安全を確保し、それが満たされて余裕ができると、仲間を求めて島をさまよう、という順で階層を登っていくだろう。一般に最上層の動機を達成する人はごく限られているが、表6-2は、いわゆる自己実現者の特徴を示している。

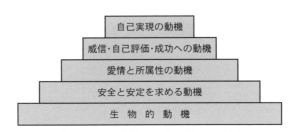

図 6-10 マズローによる人間の動機のピラミッド (Maslow, 1943)

表 6-2 自己実現者の特徴 (Maslow, 1967)

1. 現実を的確にとらえ、不確かさに耐えることができる。
2. 自分や他人をあるがままに受け入れる。
3. 考えや行動が自然で自由である。
4. 自己中心的であるよりは問題中心的である。
5. ユーモアがある。
6. 非常に創造的である。
7. 無理に型を破ろうとしているわけではないが文化的になることに逆らう。
8. 人類の幸福に関心をもつ。
9. 人生における根本的な諸経験について深い理解をもつことができる。
10. 多くの人とではなく、少数の人と深い満足的な人間関係を形成する。
11. 人生を客観的な見地から見ることができる。

7 欲求不満・ストレス・情動

ゴッホ，"悲しみ"
(Vincent van Gogh, *Sorrow* (1882). National Museum Vincent van Gogh, Amsterdam.)

空腹だと食堂に行って食事を摂る。暑くなると扇子で風を送る。好きな人には限りなく接近しようとする。このような行動は前の章で述べた，動機―行動―目標という単位でうまくとらえることができる。しかしわれわれの行動はそれほどいつも円滑に流れるわけではない。食堂に入ってもお金のないこともある。暑くても扇子を持っていないこともある。好きな人に近づけないこともしばしばあるだろう。そうした場合に，われわれの心には多少とも動揺が起こる。そして達成できない目標を前にして新たな対応の仕方を考える。この章では，このように物事が思い通りにすすまない場合や，適応がむずかしいような環境の下での生活体の行動をまず問題にし，つづいて喜怒哀楽といわれるような，感情，情動の問題を取り上げる。情動経験のゆえにわれわれの生活は明るくなったり，暗くなったりする。

1 欲求不満

1 動機の葛藤と欲求阻止

円滑な行動の流れがさえぎられる場合として，まず動機の葛藤を取り上げてみよう。これまでは記述の便宜上，空腹だから食物に接近するというような接近行動に関する動機づけの系列図式のみを考えてきた（図7-1(a)）。しかし世の中には好ましい，正の誘意性をもつものばかりでなく，嫌悪的な負の誘意性をもつものも数多くあるわけで，われわれがうまく環境に適応するためには，正の誘因に対して接近するように動機づけられるのと同様，負の誘因を避けるようにも動機づけられなければならない（図7-1(b)）。現実の場面では，これらの接近・回避の傾向が複雑に絡み合って，行動は必ずしも水が高から低に流れるように円滑には遂行されない。一

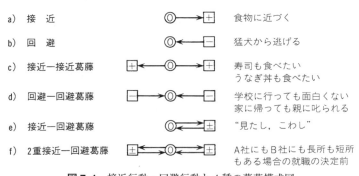

図 7-1 接近行動・回避行動と4種の葛藤模式図
○は生活体，□は目標，＋，－は目標の誘意性，矢印は動機づけられた方向。

1 欲求不満

般に試験は嫌なものである。しかしそれを避けていては単位はとれないし，卒業もできない。両立しにくい動機が同時に喚起された状態は，動機の葛藤（conflict of motives）とよばれ，その代表的な型は図 7-1 (c), (d), (e), (f)に示されている。このような状況では行動の流れは，少なくとも一時は停滞する。(c)の場合など比較的簡単に解決されるが，それでも一方のプラスを得ることが，他のプラスを永久に失うことになるような場合には，行動の停滞は著しい。

つぎに，単一の動機づけ系列について考えてみても，われわれの日常生活ではいつも簡単に目標が達成されるわけではなく，目標達成の過程でさまざまな障害にぶつかって行動の進行が停滞する。今日の登校の途中のことを考えてみても，目の前で電車の扉が閉められたこと，電車の中で座ろうとしても座席がすべてふさがっていたことなどを経験しなかっただろうか。車の渋滞でイライラしなかっただろうか。例は数限りなくある。一般に目標に方向づけられた行動を阻む条件のことを障害という。そして目標行動が阻止された状況を欲求阻止の状況といい，それに伴う動機の不充足によって生じる不快な心的状態を欲求不満という。フラストレーション（frustration）という語は欲求不満とほぼ同義で，心的状態をあらわす言葉とみるべきであるが，フラストレーション状況といえば欲求阻止の状況をさしている。

障害にはさまざまなものがある。目の前で閉じられた扉は物的障害であり，黙ってお菓子を取ろうとしたときに叱る親は子どもにとって人的障害である。また自分の中にある社会的規範のために，したいこともできないとなれば，障害となっているのは社会的障害である。さらに個人の心身の能力不足も障害になりうるし，さきに述べた動機の葛藤も円滑な目標行動の遂行を阻止するのであるから，一種の障害といえる。太るのを気にしながらおいしそうなケーキを目の前にしている若い女性は，おそらく接近—回避の葛藤下で欲求不満を経験しているのであろう。

2 欲求不満に対する反応

授業が終わって教室から出て食堂に向かう。これは図 7-2 (a)に示されたような円滑な目標行動である。ところが教室から出ようとすると，扉が開かない。明らかに欲求阻止の場面である（図 7-2 (b)）。そこで冷静に後方の扉に向かい外に出たとすれば，これは欲求阻止の場面に合理的に対処したことになり，典型的な迂回反応である（図 7-2 (c)）。欲求不満を，欲求阻止の結果生じた高まった不快な緊張感であるとすれば，(c)の場合は欲求阻止に対する反応といえても，欲求不満に対する反応とはいえない。ではこの教室に出口が一つしかなかったとすればどうだろう。イライラとした欲求不満を経験するにちがいない。図 7-2 (d) では，この大きくなった緊張感をあらわすために，生活体 O をあらわす円を大円であらわしている。

われわれは日常よくストレスという言葉を使うが，欲求不満はストレスには違いない。しかし，ストレスは欲求阻止の結果生ずる欲求不満をも含むより幅の広い概念であり，後の2節で取り上げる。

（1） 積極的反応・消極的反応

ではこの欲求不満に対してわれわれはどのような反応をするだろうか。まず，生活体があくまで目標を積極的に追求するか，目標に背を向けるかによって，反応を積極的反応と消極的反応に分けることができる。積極的反応の一つは，欲求不満を経験しながらも，何とか(c)と同じような合理的方法で目標達成をはかることである。窓から出ても外へ出るという目標は達成できる。しかしこれも合理的反応であるという理由で，欲求不満に対する反応に含めないという意見もある。欲求不満に対する反応として非常によく見られる反応は，攻撃的反応（図7-2(e)）である。物であれ，人であれ，障害となっているものを打破して目標達成しようとすることは十

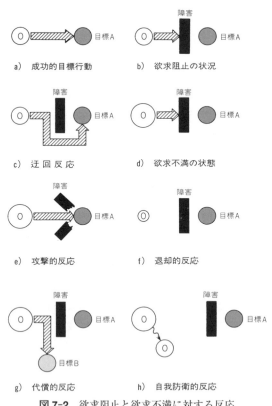

図7-2　欲求阻止と欲求不満に対する反応

1 欲求不満

分考えられる。扉をガチャガチャ激しく動かしてみたり，扉に体あたりすることはありそうなことである。しかしながら日常の場面では，しばしば攻撃反応は禁止されている。したがってそれがさらに欲求不満を高める結果になる場合が多い(表7-1「置き換え」をみよ)。社会で容認される範囲での攻撃は学習されることもある。より激しく力をかけたり，より激しい口調で話しかけることによって目標達成がなされれば，そのような行動傾向は強化され，反復されるだろう。

欲求不満に対する消極的反応では，目標追求を止めてしまったり，目標追求に消極的になったりする。欲求不満はそもそも欲求があるから起こることを考えれば，欲求をなくしたり，欲求を小さくすることは，ある意味では道理にかなっている。このことを図7-2 (f)では，生活体をあらわす円を小さくすることによって表わしている。試験で最低でも80点はとろうと欲していたところが60点をとって欲求不満を経験した人が，次のときには60点とれば良いと思うようになったとすれば，これは欲求不満に対して消極的な反応をとっていることになる。われわれは日常生活のさまざまな面で，物事の達成の度合に対して期待(要求水準)をもっているが，それを引き下げることは，退却的ではあるが欲求不満を避けるための賢い方法の一つである。欲求不満に対する消極的反応として，近年，セリグマン(M. E. P. Seligman)らによって提唱されている，学習性の無力感(learned helplessness)という現象がある(〈コラム7-1〉参照)。これは解決不可能な課題を動物や人に課すと，解決へのあらゆる努力が功を奏さないので，「何をしても駄目だ」という無力感が学習され，一種の抑うつ(depression)状態に陥り，いま直面している課題に対してばかりでなく，後に容易に解決できる課題が与えられても，それを解決しようとしない現象である(〈コラム7-5〉も参照)。退却的反応にはこのほかに，その場に適さない行動を盲目的に繰り返す固着や，図7-1 (d)の場面から想像できるような逃避などがあるが，のちに述べる自我防衛的反応(表7-1)の中のいくつかと区別しにくい場合もある。

(2) 代償的反応

このように目標達成への動機づけられ方からすれば，攻撃的反応と退却的反応は反対であるが，この両者の中間にあると思えるものに，図7-2 (g)の代償的反応(substitute response)がある。これは障害を克服することができない場合に，本来の目標達成はあきらめるが，その代わりとなる目標を達成して，それによって部分的であっても，もとの欲求を充足させる場合である。たとえば雨が降って外で遊べないときには，代わりに家の中でゲームをするとか，Aさんに求婚して断わられたのでBさんと結婚するような場合である。この行動は要求水準の低下と結びついている場合も多い。

（3） 自我防衛的反応

欲求不満に対する反応の最後のものは自我防衛的反応という一群の反応の仕方である。欲求不満は不快な緊張状態であるため，このストレス状態に長い期間おかれると，精神的苦痛が大きく，最後には自己の内的破局を来たして異常行動へと発展しかねない。また，緊張あるいは不安の長い持続は，胃潰瘍のような身体的疾病を引き起こすことも知られている（次節参照）。そのような不安を緩和させ，自我を破局から救うための無意識的な適応のしくみ，すなわち自我防衛機制というものが人の内部には備わっていると主張したのがフロイト（S. Freud）である。欲求不満に対する自我防衛的反応にはいろいろなものがあるが（表7-1），それらに共通して少な

表7-1　自我防衛的反応

現実否認 (denial)	現実であると認めるには，あまりにも不快な外的事実を認めようとしないこと。 （例）　不治の病におかされている事実を，本人あるいは周囲の人が認めようとしない。
抑　　圧 (repression)	不快や不都合をもたらす願望や考えを意識の外に締め出すこと。 （例）　非常に不愉快な過去の出来ごとや，自分にとって不利なことは覚えていない。
合　理　化 (rationalization)	本来の欲求が満たされないで，他のことを行なったことを正当化するために，都合の良い理由づけをすること。 （例）　イソップ物語の中で，とどかぬほど高い所にあるブドウを見たキツネが，「どうせすっぱいブドウさ」といって通りすぎていったところから，「すっぱいブドウ反応」ともいう。
反動形成 (reaction formation)	自分の願望と裏腹の態度や行動をとること。 （例）　心ひかれている人やものにかえって無関心をよそおう。
投　　射 (projection)	自分のもっている不都合な願望や考えを他人に転嫁すること。 （例）　ケチな人間が，他人もケチだと考えたり，カンニングをしようとする人が，周囲の人もみなカンニングをしていると考えたりする。
置き換え (displacement)	ある対象に向けられていた感情が，本来のものから他の対象に移されること。 （例）　欲求不満の原因になっている上役に向けられるべき攻撃が，それがより向けやすい家族に向かう八つあたり。反社会的な願望が社会的に価値の高いものに置き換えられる場合は昇華（sublimation）という。
補　　償 (compensation)	自分の欠点，劣等感を補償するような態度や行動をとること。 （例）　劣等感をもつ人が妙に空威張りをする。これとは逆に，「私はどうせ馬鹿だから」というような自己卑下も，相手がそれを否定することを期待しているのであるから，類似のはたらきをしている。
退　　行 (regression)	発達のより初期の段階にもどったり，より未熟な行動様式にもどること。 （例）　第2子が生まれて，今までおむつが要らなかった長子に，再びおむつが必要になる。怒りで粗暴な行動を示す紳士。
白　昼　夢 (daydream)	現実には満たされぬ願望を想像で満たすこと。 （例）　宝くじにあたって，大金持ちになった自分を想像する。

1　欲求不満　　　　　　　　　　　　　　　　　　　　　　　　125

くとも二つの特徴がある。一つは，本来の目標を達成することよりも，むしろ現在の緊張を緩和させることのほうが主目的になることである。図 7-2 (h) では，これを生活体の緊張をあらわす大円からの矢印が，普段のときの大きさの円に向かうこ

──── 〈コラム 7-1〉　学習された無力感──あきらめの学習── ────

〔被験動物〕イヌ
〔装置〕イヌ用ハンモック（図参照），および中間にイヌの背の高さの障壁で 2 部屋に仕切られたシャトル箱。イヌは 2 部屋間を跳躍によって往き来する。
〔手続〕逃避可能群：図のように，わずかな頭の動き以外は動くことができないように，ハンモックに固定され，後肢から 6 ミリアンペアのショックが 64 回，平均 90 秒間隔で与えられる。ショックが与えられたとき，イヌが頭を動かしてパネルを押すとショックは切れる。
　逃避不可能群：同じようにハンモックに固定されるが受けるショックの長さは，すべて逃避群のイヌに依存しており，自らでショックを止めることはまったく不可能である。
　上のような処置を受けた 24 時間後，シャトル箱で 10 回のショック回避学習課題が与えられる。10 秒間の信号後，床からショックを受け，反応しないかぎり最高 50 秒間のショックを受けつづける。信号開始後 10 秒以内に隣室に行けばショックは回避できる。"ショック経験なし群"はハンモックでの経験を受けないでシャトル箱での学習を行なう。

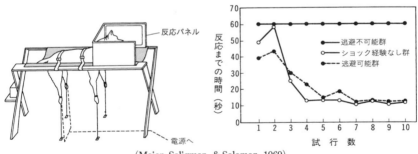

(Maier, Seligman, & Solomon, 1969)

〔結果〕ショックを自らで停止させることのできなかった逃避不可能群のイヌは，グラフにみられるようにショック室から隣室へ逃避しようとさえしなくなり，50 秒間のショックを受けつづけた（反応時間 60 秒となっているが，実際には反応していない）。ハンモックでこれと同じ長さのショックを受けた逃避可能群は，ショック経験なし群と同じように，ショックから逃避することを学習した[a]。

　セリグマンは，この現象にもとづいて，人間のうつ病発症のモデルを展開した（〈コラム 7-5〉参照）。

とによってあらわされている。また目標や障害を遠方に遠のけた。自我防衛的反応の第2の特徴は，表7-1に見られるように，すべてに共通して何らかの現実否定，

■■■■ 〈コラム7-2〉 ストレスの概念 ■■■■■■■■■■■■■■■■■■■■■■

　ストレスは曖昧な概念であるが，一般的に，生体にとって脅威となる刺激としてのストレッサー（stressor），ストレッサーによって生じる情動，認知，行動，身体的反応としてのストレス反応（stress response）のいずれか，あるいは両者に対して用いられている。ストレス反応は，時としてストレス関連性疾患とよばれる身体疾患としてあらわれる場合もある。本来物理学において「歪み」を意味するストレスという概念を生体の研究に導入したのはキャノン（W. B. Cannon）であり，その概念を広めたのはセリエ（H. Selye）である。キャノンは，危機的状況下におかれた動物において，交感神経系の興奮，副腎髄質によるアドレナリン分泌などの身体反応を緊急反応（emergency reaction）とよんだ（p.49も参照）。キャノンの研究はセリエに継承され，セリエは，このような緊急反応がストレッサーの種類にかかわらず共通して生じる非特異的反応であり，ストレッサーから身体を守るための反応であることに注目し，このような身体のしくみを汎適応症候群（general adaptation syndrome）と名づけた。このように，キャノンとセリエは，反応としてのストレスに関心を寄せていた。

　ストレスの概念が広まると，ヒトが経験する心理社会的ストレッサーに焦点を当てた研究が数多く行われるようになった。その代表的人物がラザルス（R. S. Lazarus）である。ラザルスらは，日常生活において頻繁に経験する些細な出来事（daily hassles）に注目し，そのような出来事（ストレッサー）は，めったに遭遇しない強烈なストレッサーよりも，その後のストレス関連性疾患の発症と強く関係していることを明らかにした。また，ラザルスらは，同じようなストレッサーに遭遇しても，個人によってストレス反応のあらわれ方が異なる現象にも注目した。このようなストレッサーに対する反応の個人差として，多くのストレス研究者たちの関心を集めている概念が対処（coping）である。

　対処は，ストレッサーに対して何とか対応しようとする生活体の反応プロセスを意味する。対処にはさまざまな方略が存在する。たとえば，遭遇したストレッサーによる苦痛に対して，憂さを晴らすために八つ当たりをしたり，読書や日光浴などを行ったりすることがある。このように，ストレスフルな状況を変えることなく，喚起された情動を緩和するような対処の方略は，情動焦点型対処とよばれている。一方，ストレッサーの原因を探り，問題を解決するためにさまざまな努力を払う場合もある。このような方略は問題焦点型対処とよばれている。個人が選択する対処の方略は，個人が遭遇したストレッサーや個人の置かれている状況など，さまざまな要因によって決定される。また，選択した対処の方略の結果（ストレス反応のあらわれ方）もまた，ストレッサーの性質や状況などによって異なる。現在では，特定の方略ではなく，ストレッサーの性質や状況に応じて，臨機応変に対処の方略を変える能力，すなわち対処の柔軟性（coping flexibility）に研究者たちの注目が集まっている。　　　　　　　　　　　　　　　　（加藤　司）

現実歪曲，自己欺瞞があることである。現実を偽ったとしても不安を緩和させるのであるから，自我防衛的反応は一時の救いとしては役に立つが，これによって本来の目標が達成されるわけではない。したがって，問題解決法としては非現実的なものであり，この傾向が過度になれば正常とはいえなくなる。またある種の自我防衛機制が習慣化するとある種のパーソナリティの特性が出来上がる（表11-8を参照）。異常に陥ることなく欲求不満に耐える個人の能力のことを欲求不満耐性（frustration tolerance）というが，これには個人差がある。「温室育ちの人」とか「雑草のようにたくましく育った人」という表現が日常よく用いられている所以である（ストレスの対処法の個人差については〈コラム 7-2, 7-5〉も参照）。

3 認知的不協和の解消

ところで自我防衛的反応が共通に緊張緩和の機能をもっているならば，それは前章で述べたホメオスタシスの考えを拡大解釈したものと矛盾はしない。すなわち欲求阻止によって生じた心理的不均衡としての緊張を，心理的に均衡のとれた平静状態に戻そうとするのが自我防衛的反応といえる。またフェスティンガー（L. Festinger）によって唱えられた認知的不協和（cognitive dissonance）理論も，この拡大解釈したホメオスタシスの考えに矛盾しない[1]。人は自分の考え（欲求，意見，態度）が現実と一致しないと一種の不快な緊張を覚える。たとえば欲しているものが手に入らないのは欲求と現実の間の矛盾である。またタバコは有害であると認めながら喫煙行動をつづけるのも矛盾である。このような矛盾を認めると，すなわち認知的不協和が生ずると，人は何とかしてその不協和あるいはそれによって生じた不快を解消する方向に行動を変えたり，考え方を変えたりするというのが認知的不協和理論である。たとえば先の表 7-1 にみられる"すっぱいブドウ反応"（合理化）はその例で，ブドウがとどかぬ高い所にある現実と，自分がそれを食べたいという願望の間に認識された不協和は，「どうせあのブドウはすっぱい」というように考え方を変えることによって解消されるのである。またタバコは有害だという意見をもちながらタバコをすいつづけている人は，タバコの別の面の利点をいろいろ並べたてるなどして，自分の意見と行動の間の矛盾を解消するように努めるであろう。

2 ストレス

1 心身症

生活体の適応に脅威を与えるような場面で生ずる心理・生理的緊張で，生活体のエネルギーをその終結に向けなくてはならないような状態のことをストレス

(stress)という。前節で述べた欲求不満は，したがってストレスにほかならない。この節では典型的な欲求阻止以外のストレス喚起の条件と，それが身体に与える影響について考える。次にも述べるように（2項），ストレスと情動の喚起は自律神経系の興奮と強い関係があり，ストレスが長期に持続すると，潰瘍，高血圧，心臓疾患などにつながりうるといわれている。たとえば，心臓の冠状動脈の異常と心臓発作が起こりやすいA型行動（Type A behavior）ということがよく話題になる[2]。A型行動を示す人は，競争心，達成動機，敵愾心が強く，いつも時間においたてられているような人である。またストレスが胃潰瘍などの原因になることは一般によく知られている。心理的なことが原因になって起こる身体的疾患のことを心身症といい（〈コラム4-2〉も参照），そのようなことを研究する学問領域のことを心身医学（psychosomatic medicine）という。

なお，ストレスという概念については〈コラム7-2〉の解説を参考にしてほしい。

2 ストレスと潰瘍

高いストレスのもとでは胃の塩酸の分泌が過剰になり，それによって胃壁を保護している粘膜が侵食されて胃に損傷ができる。ではどのような心理的な事柄がストレス性潰瘍の原因になるのだろうか。いくつかの実験をみてみよう。

1) **対処不可能性**　図7-3のように3匹のネズミを1組にして同じつくりの箱に入れ，それぞれの尻尾に電極をとりつける。右端のネズミは電極はとりつけられているだけでショックは決して受けないが，左の2匹の電極は直列につないであるの

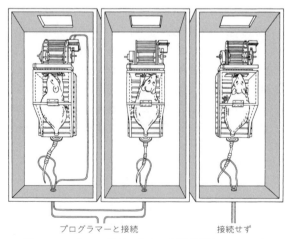

図7-3　ストレス喚起のための実験装置（Weiss, 1972）

2 ストレス

でショックの経験に関しては運命を共にする。この2匹の違いはショックに対して有効な対処反応をもっているかいないかの違いのみである。左端のネズミは，ショックが与えられたときには，目の前の輪を回すことによって自分でショックを停止させることができる。またショックの前に与えられる信号中に輪を回せば，危険信号を停止させ，ショックを事前に防ぐこともできる。いずれの場合も反応をすると次のショックを200秒先に延期させることができた。これに対して真中のネズミは，受けるショックの時期や長さはまったく左端のネズミまかせで，自分では何をしようとショックの停止や回避とは無関係という一種の絶望状況におかれている。3匹が受ける信号の長さやショックはすべて左端のネズミに依存していた。

図7-4の左端の3本の柱は，このような条件の3群のネズミに発生した胃潰瘍の程度をあらわしている。ショックを受けなかった群にはほとんど潰瘍がみられないが，ゼロでないということは，48時間狭い所に拘束されていたためであろう。二つの電撃群にはいずれも潰瘍が認められたが，ショックに対処できなかった回避不可能群ではとくに著しい潰瘍が認められた。この2群は，経験したショックは物理的には等しいので，ここにみられる差はショックに自らで対処できたかどうかという純粋に心理的な要因に依存している。

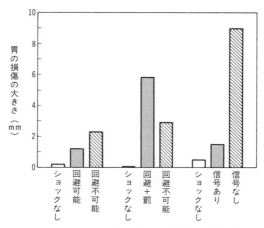

図7-4 いくつかのストレス喚起条件と胃潰瘍の関係(Weiss, 1972)

予想される嫌悪的な事柄に対処できないことによって生ずるストレスの例は，日常生活にも数多くある。乱暴な運転手の横の助手席に座ったとき，恐ろしい先生の授業に下調べをしないで出席したときなどはその例であろう。

2) 葛藤　ここで上の実験の条件を少し変えると興味深いことが起こる。この条件では，輪を回すことによってショックに対処できたネズミが，輪を回せば今度は罰として一瞬のショックを受けるようにされた。すると今度は図7-4の真中の3本の柱のように，回避群に最も著しい潰瘍がみられた。これは回避＋罰条件では，反応をすれば今までどおりショックを先に延ばすことができるが，反応直後に罰として一瞬のショックを受けなければならないため，反応に際して強い迷いと葛藤を経験し（図7-1 (d) 参照），この葛藤が非常に強い心理的ストレスを引き起こしていることを物語っている。回避不可能群はこの点かえって気楽であって，すべての反応がショックと無関係なのであるから葛藤はなく，ただ"上司"とショックの運命を共にしておりさえすればよい。管理職にあるもののストレスというのは，このようなものではないだろうか。

3) 予測不可能性　図7-3のように同じく尻尾に電極をつけたネズミを19時間にわたって拘束し，1群にはショックを与えず，第2の群にはショックを与えるけれども，必ず10秒間の音によってショックの到来を予告し，第3の群は第2の群と同じようにショックを受けるけれども，予告信号はない条件においた。各ショックの長さは2秒で平均1分に1回の割合で与えられた。このような3群にみられた胃の損傷の程度は，図7-4の右端の3本の柱で示されている。この図でわかるように，まったく同じ回数のショックを受けた場合でも，ショックがいつ来るかが予告されるときのストレスは低く，ショックがいつ到来するかまったく予測のつかない場合には，ストレスが非常に強い。他の実験では，弱いショックで予告信号のない条件と，強いショックで予告信号のある条件の間の選択をネズミにさせると，ショック強度の差がかなりあっても，ネズミは予告信号のある強いショックのほうを選ぶことが示されている[3]。

まったくでたらめの順番であてる先生の授業と，出席簿の順にあてる先生の授業では，緊迫感がかなり違うのではないだろうか。一般には，情報の不足している場面というのはわれわれにとって快くない。ただ人間の場合，「同じ避けられないストレッサーであれば，なまじ予告されない方がよい」とばかりに，気を紛らわせたりして不快な出来事を意識からたくみに締め出す人もいる。このような人をブランター（blunter）というが，blunt という英語は刃物の切れ味をなまくらにするという意味である。

逆に不快な出来事について根堀り葉堀り情報を求める人もいるが，このような人をモニター（monitor, 情報追求者）という[4]。

3 情　動
1 情動の諸側面

　喜び，悲しみ，怒り，恐怖，不安など，日頃われわれはさまざまな情動(emotion)を経験し，それが生活に明暗と色彩を与えている。しかし情動とは何かと問われると，その定義は必ずしも容易ではない。一般に情動とは，単に感情という場合と違って，急激に起こる比較的強くかつ持続時間の短い感情で，生理的覚醒と意識経験を伴い，しばしば行動として表出される生活体の状態である。しかし強さも持続時間も，どれほど強く短くなければならないかという明確な規準があるわけではない。それほど強くはないが，持続した情動状態のことは気分(ムード)と言われる。

　なお情動 emotion の語源はラテン語の emovere であり，これは動機づけ motivation の語源でもある。Emovere はかきまぜる，興奮させる，動かすという意味で，これからも示唆されるように情動は生活体を行動に駆り立てる動機づけ機能をもっている。Emotion は，意識主義の強い時代には日本語では「情緒」と訳されていたが，行動主義の時代以後は，むしろその動的側面が強調されて「情動」という訳語が一般的となった。このように情動は動機との共通面があるが，動機がどちらかといえば身体内部に発する力であるのに対して，情動は環境内の多種多様な事象によって喚起され，結果としての行動もその事象に向けられる場合が多い。

　喜怒哀楽のような激しい心の揺れや，愛や嫉妬のような微妙な心理状態は，一般の人たちに，いかにも心理学にふさわしいテーマだと思わせるものかもしれない。しかし，情動は長い間，心理学の歴史の中で研究の最も遅れていた領域であって，独立した研究領域として心理学の舞台に姿を見せるようになったのは，ようやく 1980 年代以後のことである。怒り，恐怖，不安，憂うつのような負の情動は，しばしば不適応や神経症に伴うやっかいな強い情動なので，必要にも迫られて比較的早くから研究されてきたが，愛，喜び，幸せ感，希望などのような正の情動の研究は，近年の研究方法の進歩と，高い生活の質(QOL)を求める社会的風潮などもあって，ようやく最近になって研究対象として取り上げられるようになってきた[5]。さらに福祉，援助，愛他行動などが世界的関心事になるにつれ，他者への共感(compassion)という情動についても，そのルーツへの進化論的関心や，共感性の崩壊という社会現象への関心とともに，近年研究が多くなされるようになった。

　上の情動の定義にもあるように，情動には普通，生理的覚醒，意識経験，行動的表出の 3 側面があると言われる。本節では，情動の起源に関する理論を中心に情動の問題を紹介するので，生理的覚醒に関してはこれらの理論との関係でふれること

■■■■ 〈コラム 7-3〉 情動の意識経験 ■■■■

　不安とはどのような心理状態なのだろうか，喜び，憎悪，恐怖はどうだろう。このようなことについてデヴィッツ（J. R. Davitz）[b] が興味深い試みをしている。彼はまず，多くの人から幅広くさまざまな情動経験を集め，それを 556 の短文に整理し，被検査者に，たとえば「恐怖」の具体的経験を自分の生活歴の中から想い出させ，その時の経験に一致した内容の短文を 556 の中から選ばせた。これを多くの被検者について行ない，全被検者の 3 分の 1 以上が共通に選んだ短文の合成でもって恐怖の共通経験とし，恐怖を定義した。そしてこれを 50 の情動に関して行なった。下の表にはデヴィッツの短文を邦訳したものをもとに，「恐怖」と「不安」について，日本人の被検者を対象に行なった結果の一部を示している[c]。

　各自の恐怖，不安の具体的経験をもとに，これらの経験とどの程度一致するか試みるとよい。なお括弧内の数字は，当該情動の経験として選んだ人の割合（%）を示す。

恐　怖　（50％以上一致して選ばれたもののみ）
1. 脈拍が速くなる（76.7）
2. 全身が緊張してこわばっている（70.0）
3. 私は緊張しきっている（63.3）
4. 刺激が強すぎて興奮状態になり，神経がはりつめて過敏な感じ（60.0）
5. 胸がドキドキする（60.0）
6. 緊張で心が震えるようだ（56.7）
7. 呼吸が速くなる（56.7）
8. 鼓動が速まる（53.3）
9. 私の顔と口は緊張してこわばっている（53.3）

不　安　（50％以上一致して選ばれたもののみ）
1. さまざまな考えが浮かんでくる（76.7）
2. そわそわして落ち着かない（63.3）
3. 自分の考えを合理的にコントロールできない（60.0）
4. さまざまな考えが頭の中を勝手にかけめぐっている（58.3）
5. まったく不安定な気持ち。つかむものが何もない空間に放り出されたような感じ（56.7）
6. 私は嫌な考えにとりつかれ，なかなかそれを払いのけることができない（53.3）
7. 考えが悪循環して決して結論に達しない。繰り返し繰り返し同じことを考えてしまう（51.7）
8. どこへ行って何をしたらいいのかわからない感じがする（51.7）

　恐怖，不安は，それぞれ fear, anxiety の訳であるが，興味深いのは，アメリカ人を対象に行ったデヴィッツの「anxiety」の場合と，日本人を対象にした「不安」の場合とでは，その経験内容が非常に異なることである。簡単に言えば，日本人の不安は憂うつに近く，アメリカ人の anxiety は fear に近い経験であった[d]。心理学では「anxiety」の訳語として「不安」を用いているが，これらの言葉を用いてのコミュニケーションに疑問を抱かせる結果である。ちなみに anxiety に関して韓国人を対象に同じ試みをしてみたが，ハングル表記（BURU・AN）の場合も，漢字表記（不安）の場合も，アメリカ人の anxiety に近いものであった[e]。言語を用いての文化を超えた情動のコミュニケーションには注意が必要なようである。後に述べる表情を通しての情動のコミュニケーションの場合にも同じ問題が起こる。

3 情 動

になる。他の2側面，すなわち情動の意識経験については〈コラム7-3〉を，また情動の行動に与える影響に関しては，恐怖を例にした4章の〈コラム4-4〉を参考にしてほしい。

2 情動の理論

情動はそもそもどのようにして発生するのだろうか。何を契機に，どのような経過で人は悲しんだり，喜んだり，恐れたりするようになるのだろうか。

(1) ジェームズ・ランゲ説

悲しいから泣く，恐ろしいから逃げるといえばわれわれの常識に一致するが，泣くから悲しい，逃げるから恐ろしいといえば何か順序が逆のように感じられる。しかし1884年に，このような身体の変化の知覚が情動であるという主張を行なったのが，アメリカ心理学の父，ジェームズであった。同じ頃，デンマークの生理学者ランゲ (C. Lange) は，身体変化に自律神経系の覚醒を加えたこれと類似の考えを明らかにしたので，この説はジェームズ・ランゲ説として知られるようになった。ただ，情動のこの末梢起源説に従えば，数ある情動経験のそれぞれに特有の身体変化のパターンが存在しなければならないことになり，それを裏づけるデータが長い間なかったことやその他の理由で，次のキャノン・バード説が提唱されることになった。その他の理由には，下に見るような自律神経系の覚醒には，通常2秒程度の時間がかかるのに対して，情動の喚起はそれよりもはるかに早い事実や，(3)にみるように，自律神経系の覚醒のみでは情動の説明がつかない最近の事実もある。

「身体が先か，心が先か」という生起の順序は別として，情動はしばしば自律神経系統の交感神経系（2章表2-1参照）の活性化を伴うことは確かである。恐怖を例にとると，a) 血圧や心拍が上昇する。b) 呼吸が速くなる。c) 瞳孔が散大する。d) 発汗が起こるが，唾液や粘液の分泌は減少する。e) 血糖水準が上昇する。f) 血液の凝固時間が短くなる。g) 血液は胃腸よりも脳と骨格筋に多く供給されるので，胃腸の運動が低下する。h) 皮膚表面の毛が逆立つ，などが起こる。このような交感神経系統優位の状態は，人を含めた動物が生命を守るために共通にもっている，「闘争あるいは逃走 (fight or flight)」のための準備状態とみることができる (p.48も参照)。

情動の喚起にこのような生理的覚醒が伴っているということは，生理的反応を測定することによって情動の喚起を調べることができるということである。たとえば心理的に緊張すると精神性の発汗が生じ（表2-1参照），その結果，手のひらの皮膚表面の電気抵抗が低下する反射（皮膚電気反射，GSR）が起こることが知られている。実は嘘発見器と言われているものでは，嘘をついた時の心理的動揺がGSRによって検出されている。

（2）キャノン・バード説

これは1927年にキャノン（W. B. Cannon）によって，また翌年バード（P. Bard）によって主張された情動の中枢起源説で，脳の視床下部のはたらきを重要視する考えである。簡単にいえば，外界の刺激は視床下部のはたらきを賦活し，それは一方では情動に伴う内臓反応や骨格筋反応のような身体的変化を引き起こし，同時に他方では大脳皮質に情動の経験を生じさせるという。つまりこの説では，身体の変化は情動の原因とは考えられていない。

（3）認知説

1962年にシャクター（S. Schachter）[6]によって提唱された情動の認知説は次のような実験的研究に基づいている。

シャクターらは，視覚におけるビタミンの効果を調べる実験だと偽って大学生の被験者にアドレナリンを注射した。アドレナリン（あるいはエピネフリン）は心臓の動悸を高め，震えや顔面の紅潮を引き起こすが，被験者にはこの注射は，皮膚のかゆみ，脚のしびれ，多少の頭痛などの副作用があると思わせた。注射の後，被験者は待合室で待たされたが，そこにはひそかに実験者から指示を受けた"さくら"の学生がいて，紙飛行機を作って飛ばしたり，フラフープで遊んで笑ったり，陽気にそして軽薄に振舞った。また別の条件では，"さくら"は，上の場合とは逆に，イライラしながら怒鳴り散らし，不機嫌に振舞った。結果は，アドレナリンによって心身が興奮状態にある被験者は，待合室の雰囲気の影響を受けて，"さくら"と同じ情動を経験する傾向を示した。これに対してアドレナリンのもつ本来の作用を正確に教えられた被験者や，アドレナリンのかわりに生理的食塩水を注射された被験者は，いずれも"さくら"に影響されなかった。要するに，アドレナリンによって賦活された状態にある被験者は，楽しげな雰囲気におかれているとそれを楽しさのためであるとし，怒りの雰囲気におかれていると怒りのためであると解釈し，それぞれの情動を経験するようになった。しかし同じ賦活状態にあっても，それをアドレナリンのもつ本来の作用に帰属させることのできた被験者は，周囲の影響を受けなかった。

シャクターたちはこのような実験をもとに，情動は二つの要因に依存すると主張した。その第一は生理的覚醒であり，第二はそれを経験している人がその覚醒状態をどのように解釈するかという認知的要因である。日常の例でいえば，目の前の大きなイヌを見て自然に動悸が高まり，手足が振える。次にそのイヌは危険であると解釈する。そして自分の身体内の変化に"恐れ"というレッテルを貼る。こういう段階を経て特定の情動が喚起されるのだという。すなわち単なる身体的変化のみでは特定の情動は喚起されず，同じ身体的変化であっても，それを"恐れ"と感じる

か"喜び"と感じるかは，置かれている状況の解釈のしかた次第であるとシャクターらは考えたのである。この考えに基づいて情動の定義をすれば，「情動とは特定の状況で生ずる内的感覚の水準と質の変化の解釈である」ということになる。

このシャクターの認知説は大きな影響力をもったが，その根拠となった実験とそこから導き出された説にはさまざまな批判もあった。しかしここでは次へのつなぎとなる問題点の一つに触れるに留める。それは，彼の考えが自律神経系の覚醒の認知ということを前提にしている限り，上述のように，この神経系の反応の立ち上がりが遅いために，情動経験がそれよりも速く喚起される事実を説明しえないことである。そこで最近では，身体内変化の知覚と解釈ではなく，置かれている状況の解釈，あるいは認知的評価を重要視する，より幅の広い認知的評価説が唱えられるようになった。

(4) 顔面フィードバック説

上に述べたように，近年の心理学全体の認知的傾向を反映して，情動説においても認知を強調する考えが最近は強くなっている。しかし情動の喚起に身体は無関係

〈コラム 7-4〉 基本情動

〈コラム 7-3〉で紹介したデヴィッツは，実は 50 の情動語についての経験的定義を行なっているが，この方法を用いればどのような情動についても経験的定義が可能になるわけである。しかしこれはあくまで「記述」であって「説明」ではない。説明に先立って正確な記述が必要であることは科学の鉄則であるが，それだけでは十分ではない。なぜこのようなさまざまな情動が喚起されるのかとか，多様な情動はいくつかの限られた数の情動に還元できるのかというような問題は，別個解決されなければならない問題である。

色合い豊かな自然界が，結局は赤，緑，青紫という 3 原色の色光がさまざまに組み合わさった結果であるように，色合い豊かな多様な情動経験も，数少ないいくつかの基本情動から派生したものであり，それらの組み合わせだという考えがある。現在のところ完全な一致を見ている基本情動はないが，以下に 4 人の研究者が挙げている基本情動を英語の原語とともに示す。括弧内の数字は 4 人のうちの何人が一致して基本情動としてあげているかを示している。

恐怖 fear (4)，怒り anger (4)，嫌悪 disgust (4)，驚き surprise (4)，喜び joy・幸せ感 happiness (4)，悲しみ sadness (3)，興味 interest・期待 anticipation (3)，軽蔑 contempt (3)，恥 shame (3)，罪 guilt (1)，受容 acceptance (1)，苦悩 distress (1)である。

アルバート坊やの恐怖の条件づけの実験を行なったワトソンは，すでに述べたように極端な行動主義者としてほとんどの先天性を否定したが，彼ですらも恐怖，怒り，愛の三つは生まれながらに備わった情動であるとしている。一般に基本情動は，生存に必要であったために進化過程で残ったものだと考えられている。

なのだろうか。ジェームズの考えは全面的に不適切なのだろうか。

　身体反応であっても自律神経系の反応からのフィードバックではなく，顔面表情にともなう筋肉からのフィードバックが情動喚起に影響を与えるとする考えがあり，それは顔面フィードバック説とよばれている。つぎに紹介する興味深い実験はこの説を支持している。この実験では被験者に漫画を見せて，そのおもしろさを評定してもらったが，その場合,「唇」群には唇を前に突出させて歯に当たらないようにフェルトペンを縦にくわえさせ,「歯」群にはペンを唇に触れないように歯だけでやはりペンを縦にくわえさせた。そして縦にくわえたペンで漫画の面白さをマークさせると,「歯」群の方が漫画をよりおもしろいと評定した。唇の両端が左右に広がり歯が露出されている「歯」群の表情は微笑みに近く，唇をすぼめて前へ突き出す形になる「唇」群の表情はしかめ面のようになる。この結果は，顔面筋肉からのフィードバックの違いが異なる情動を喚起し，それが漫画のおもしろさの評定に影響を与えたと説明された[7]。このほか，作られた顔面表情にともなう自律神経系の反応や情動の関係に関してはいくつかの研究が行なわれており，ある意味ではジェームズ説の復活を思わせるような結果が報告されている。立ち上がりの遅い自律神経系の反応と違い，顔面筋反応の立ち上がり時間は十分にすばやいので，この説には先に述べた問題点はない。われわれの周辺にも，象徴的に「体が心を引っ張る」と言えるような生活の知恵が案外数多くあるのではないだろうか。

　以上を総合すると，喚起される情動の種類と強さは，身体からのフィードバックと，状況の評価・解釈の両方によって決定されると考えるのが最も妥当であろう。ただし動物の仲間としての人間について考えるとき，認知を伴わない情動のあることにも注目しておく必要がある。電気ショックを与えられたネズミや，大きな音を聞かされたアルバート坊やに起こった恐怖は，認知に媒介されているのだろうか。危機に対する身体の反応は反射的でなければ生存上の意味はない。したがってそれに伴う情動も認知を媒介する暇もなく生ずるはずである。このような認知を介さない本能的ともいうべきいくつかの認知に先立つ情動の存在も考えるべきだろう。

3　情動の顔面表出

　顔面表情は，上にも見たように，情動の喚起にも関わるが，同時に表情は言語と同じようにコミュニケーションの手段としても重要である。これはわれわれの日常経験からも明らかである。すでに p. 58 において述べたように，ダーウィンは 1872 年に『人および動物における情動の表出について』を著し，人の情動表出，たとえば人の怒りの表情には，もともとは生存上の意味があり，それゆえに動物にそのルーツを見ることができるという立場を明らかにした。この考えを敷延すれば，少

なくともある種の情動の顔面表出に関しては、人間の間では文化を超えた共通性と普遍性があるはずだということになる。近年盛んな表情に関する研究結果は[8]、情動の顔面表出の文化を超えた普遍性を示している。しかし同時に、それぞれの文化

━━━〈コラム 7-5〉 実際に起った出来事よりも、
　　　　　　　　　それをどう解釈するかが大切？━━━

　〈コラム 7-1〉に紹介した「学習された無力感」についての動物実験を行なったセリグマンは、p.125 に紹介したように、これを人の抑うつあるいは反応性うつのモデルとした。しかしこの考えだと、「何をしても駄目だ」という挫折経験をしても、うつ状態にならない人がいることの説明がつかない。そこで彼は自分の考えを次のように改訂した。
　われわれは日常さまざまな欲求不満や挫折経験をするが、多くの場合その原因は必ずしも明らかではない。たとえば試験に失敗したような場合や恋人に振られた場合を考えるとわかるであろう。人間は原因が明らかでないような場合に、通常そのままには放置せず、「なぜ」ということを自らに問いかける。そしてその問いかけに対する答え方、つまりその出来事をどのように解釈・評価するか、その原因をどこに帰属させるかによって、人はうつ状態になったりならなかったりするとセリグマンは考えるようになった。そしてセリグマンは原因帰属を考えるときに「内的―外的」、「安定的―一時的」、「普遍的―特定的」という3つの次元を考えている。たとえば試験に失敗した学生が、もしその失敗を「私は頭が悪いからだ」と原因帰属したとすれば、頭が悪いことは自分自身の中に原因があるので「内的」原因帰属であるし、頭が悪いことは急には変わらないので「安定的」な原因のせいにしているし、また頭が悪いことはすべての試験科目に影響が及ぶので「普遍的」な原因帰属をしていることになる。そしてこれは最も悲観的で"悪い"原因帰属であって、うつ状態を引き起こしやすい。これに対して、「今日は13日の金曜日なので、運が悪かっただけさ」とか、「私は数学の能力がないものでね」などと自己説明する場合にはまだ望みがある。前者は「外的・一時的・普遍的」という帰属パターンであり、後者は「内的・安定的・特定的」というパターンである。最も楽観的な帰属パターンは「外的・一時的・特定的」である。
　したがって、実際に起こった出来事そのものよりも、それをわれわれがどのように解釈するかによってうつ状態になり、実力以下の力しか発揮できなくなることもあるし、逆に楽観的に解釈することによって実力以上の力を発揮することも可能だというのである。もと基礎実験家であったセリグマンは、その考えを支持するデータを数多く集め、『オプティミストはなぜ成功するか』[f] という広く読まれた書物を著し、1998 年にアメリカ心理学会の会長になった時には、正の情動を促進する Positive psychology（前向きの心理学）を提唱した。これは心理学における病気に対する取り組みが、治療から予防へ、さらには健康の増進へと移行してきていることを物語っており、それが情動研究においては正の情動研究の促進に反映されている。

には情動の表出(表情やしぐさ)に関しては固有のきまりがあり，たとえば悲しみの表出が誇張される文化もあれば抑制される文化もある。親愛の情は接近という共通性はあるが，それを表わすときの接近の程度には文化差が顕著である。われわれのように親愛をお辞儀や会釈で表す文化，握手で表す文化，男同士であっても頬をすり合わせて表現するアラブの文化など多様である。したがって普遍的な情動表現の原型の上に，それぞれの文化特有の変形が加わっている。

8 知　覚

バビロニアのくさび形文字。左の写真は右のものを上下逆さまにしたもの。本を逆さまにすると凹凸が逆になる。(The University Museum, University of Pennsylvania.)

人間や動物は，環境にうまく適応してゆくために，環境を知ることが必要である。そのはたらきが知覚である。しかし，われわれは環境からの刺激を，そのままとらえているのではない。一部を選択的に取り込み，それをもとに自分の中で再構成している。そのため，客観的に存在する環境と，心理的に感じられた環境とにはズレが生じることがある。

この章の1〜7節では，人間が環境をどのように見たり聴いたりしてとらえているのか，心理学の伝統的な研究の成果を紹介する。20世紀の後半には，神経科学やコンピュータの発達により，知覚のメカニズムや機能を情報処理的にとらえようという研究が盛んになってきた。また，知覚を環境の刺激を取り込むというとらえ方だけでなく，生活の中で環境へのはたらきかけとの相互作用としてとらえる生態学的な研究も始まっている。8〜9節では最近の知覚に関する情報処理的な研究と生態学的な研究のトピックス(〈コラム8-2〉参照)について紹介する。

1 物理的世界と知覚

1 地理的環境と行動的環境

眼の前に本があり，その下には机がある。われわれはさまざまなものに取り囲まれて生活しており，うまく適応するために感覚器官を通して外界の状況を知る。

普段は何の疑問もいだかずに，眼の前にあるものが，あるがままに見えていると感じている。しかし，物理的世界と自分が感じている世界とは，必ずしも一致しない。コフカ(K. Koffka)は，人間の外側に存在する客観的物理世界を地理的環境とよび，われわれが感じ行動を規定する環境を行動的環境とよんで区別している。物理的存在は心理的存在とは必ずしも同じではないのである。

行動的環境は，個人に受け取られた外界である。しかし，地理的環境と行動的環境とを切り離して考えるべきではない。人間や動物は，地理的環境の中で生活するうちに，その個人の中にその人特有の行動的環境を作りあげてゆくのである。したがって，「見る」，「聴く」というはたらきは，対象の物理的特性とそれを知覚する側の要因によって規定されている。

2 知覚の過程

今，眼の前の本を見ているわけだが，当然のことながら本そのものが眼の中に入ってくるのではない。本に光が当たりその反射した光が眼に入ってくるのである。

ブランズウィック(E. Brunswik)は，知覚を図8-1のような過程にわけた。外界に見る対象(リンゴ)がある。この物そのものは遠隔刺激(distal stimulus)とよばれる。

1 物理的世界と知覚

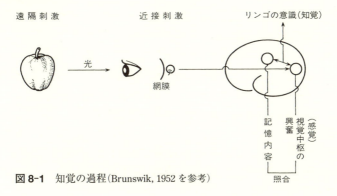

図 8-1　知覚の過程(Brunswik, 1952 を参考)

このリンゴからの反射光が感覚器官である眼に入り，網膜細胞を興奮させ，網膜上にリンゴの投映像ができる。この網膜像を近接刺激(proximal stimulus)という。これが神経の信号に変換されて中枢に伝えられ，そこでリンゴに対応する興奮が生じる。この興奮に伴う意識状態が感覚(sensation)である。

しかし知覚(perception)は感覚とはちがう。知覚は感覚が意味づけられたものであって，リンゴがリンゴであって食べたらおいしいという意識，すなわち知覚は，記憶内容との比較照合によってはじめて成立する。リンゴを知らないで育った人にとっては，リンゴを知っている人と感覚は同じでも，知覚はちがう。

ヴェルトハイマー(M. Wertheimer)は，「私は，明るさや色調を見ているのではない。空を，木を見ているのだ」と述べている。われわれは図 8-1 に示した遠隔刺激を知覚対象としてとらえている。特別な態度をとるか，特別な条件をつくらないと，色や音などを単独でとらえることは困難である。

3　知覚の選択性と統合性

われわれは，環境の中の無数の刺激にさらされて生きている。しかし，それらすべてを知覚しているわけではない。感覚器官は，ある範囲の刺激しか取り込めない。また遠隔刺激を対象としてとらえるためには，不必要な刺激は捨て去り必要なものを取り出す選択の機能が必要である。選択は，感覚の水準での選択と，注意とよばれるより複雑な選択とに分けられる。

選択された刺激は，時間的にも空間的にも変化している。遠隔刺激である対象を知覚するためには，近接刺激によって引き起こされた神経信号をまとめあげる統合機能が必要である。

4 知覚と客観的世界とのズレ

外界の物理的対象と知覚された事象とは,必ずしも一致しない。それが典型的にあらわれているのが,錯覚と残像等の感覚類似体験である。これらは遠隔刺激と知覚の間のズレの現象である。そのほかにも近接刺激と知覚の間に生ずるズレの現象として知覚の恒常性がある。これについては,後に述べる。

(1) 錯　　覚

錯覚(illusion)は,どの感覚にも起こる現象である。視覚の錯覚(錯視)のうち,特殊な幾何学図形によって生じるものを,幾何学的錯視とよぶ。図 8-2 に示した例のように,大きさ(長さ,面積),方向,角度,曲線など平面の幾何学的関係によって,客観的関係と一致しない感覚が生ずる。

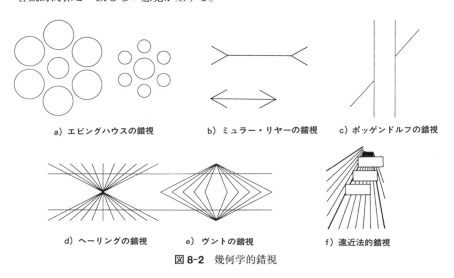

a) エビングハウスの錯視　　b) ミュラー・リヤーの錯視　　c) ポッゲンドルフの錯視

d) ヘーリングの錯視　　e) ヴントの錯視　　f) 遠近法的錯視

図 8-2　幾何学的錯視

その他,月の錯視(〈コラム 8-1〉参照)や仮現運動(p. 155 参照)も錯覚の一種である。錯覚は客観的事実にあわない知覚にはちがいないが,日常生活では,この現象を利用して狭い空間を広く見せたり,平面的なものを凹凸をつけて見せたりするこころみがなされている。

(2) 感覚類似の体験

a) 残像　カメラのフラッシュが光った後,しばらくの間,フラッシュの球の形が眼の前に残っていることがある。そのとき眼を明るいところや,暗いところに移すと,その球の像が,ポジになったり,ネガになったり変化する。これは残像(after image)とよばれ,網膜の興奮の残効による。

b) **心像** 友人のことを考えたときに，その顔とか声というような感覚的印象が浮かぶことを心像(imagery, mental image)という．中枢的に起こる感覚と考えられるが，感覚の種類によって視覚的心像，聴覚的心像，運動的心像などという．

c) **直観像** 残像と普通の心像の中間的なものとして直観像(eidetic image)がある．五目ならべや玉つきをした後で，残像でなく鮮明な像が浮かぶことがある．これは末梢の興奮がない点で残像と異なり，鮮明さにおいて心像にまさる．直観像はとくに子どもにおいて強い．

d) **幻覚** 刺激がないのに，あたかも刺激があるかのように知覚され，しかも対象が存在すると信じているものを幻覚(hallucination)という．長期間の感覚遮断(6章3節1項を参照)の状態やアルコール中毒など，病的な状態で生じることが多い．

2 感覚の水準での選択

1 刺激閾と弁別閾

(1) 刺激閾

われわれは，感覚器官を通して外界の刺激を受け取っている．感覚器官には，眼(視覚)，耳(聴覚)，鼻(嗅覚)，舌(味覚)，皮膚(皮膚感覚)の五感のほかに，筋，内耳(平衡感覚)，内臓の感覚器官がある．視覚に対する光，聴覚に対する音は，適当刺激とよばれる．

適当刺激であっても，あまり弱いと感覚は生じない．感覚がやっと生じる境目の強さを刺激閾(stimulus threshold)あるいは，絶対閾(absolute threshold)とよぶ．文字や，図形や，その他の遠隔刺激を刺激対象として知覚できる刺激閾は，認知閾とよばれる．

刺激が強すぎると痛みを感じ，適当刺激としては感じられない．適当刺激として感じられる上限を，刺激頂(terminal stimulus)とよぶ．(具体例については本節の3「感覚の範囲」を参照されたい)．

(2) 弁別閾

簡単な実験場面を想像してみよう．イヤホンを付け，1000 Hz の音を提示する．つぎに，音量調節のつまみを少しずつ回してゆく．最初は音量の変化に気がつかないが，やがて音が少し大きくなったと感じる．このように原刺激の強度や性質(音の高さなど)が変化した場合，ある一定以上の差が生じたときにはじめて，その差異に気がつく．感じられる最少の刺激の差を弁別閾(difference threshold)という．弁別閾は，差がちょうどわかる差異量であるので，"丁度可知差異"(just noticeable difference, j. n. d.)ともよばれている．

2 精神物理学

弁別閾は，刺激全体の大きさに比例する。昼間，ろうそくを1本点灯しても周囲は明るくなったとは感じられない。しかし，夜間薄暗い部屋の中では非常に明るくなったと感じられる。物理的には同じ1本のろうそくの明るさの変化があっても，もとの明るさが弱い場合には差に気づき，もとの明るさが明るいときには変化を感じない。文字どおり，真昼の行燈は目だたない。

ウェーバー(E. Weber)は，もとの刺激の値と弁別閾の間には一定の関係があることを見いだし，つぎのような公式を作った。「弁別閾は，変化の絶対量(ΔR)だけでなく原刺激の量(R)にも関係しており，RとΔRとの関係は一定である」。これは，ウェーバーの法則とよばれており，つぎのように表現される。

$$\frac{\Delta R}{R}=K(R=原刺激,\ \Delta R=\text{j. n. d.},\ K=定数)$$

フェヒナー(G. T. Fechner)は，この式を発展させ，「感覚の強さは，刺激の強さの対数に比例して増加する」というフェヒナーの法則を立てた。彼はさらに，刺激の物理的変化とそれに対する心理的な数量的変化の関係を研究する精神物理学(psychophysics，心理物理学ともいう)を提唱した(1860年)。

3 感覚の範囲

(1) 視　覚

光は，物理的には電磁波の一種である。電磁波は，図8-3に示すように広い範囲にわたっているが，ヒトの眼に受容されるのは，波長が約400 nm(ナノメートル)から750 nmの狭い範囲に限られる。

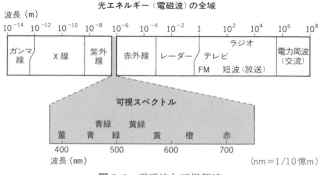

図8-3　電磁波と可視領域

2 感覚の水準での選択

網膜には,錐体と桿体という光を受容する 2 種類の細胞があり,明るいところではおもに錐体が活動し,薄暗いところではおもに桿体がはたらく。錐体あるいは桿体が十分にはたらくような状態になることを,それぞれ明順応,暗順応という。色を感じるのは錐体のはたらきによる。

網膜の中心には,錐体が密集している中心窩(fovea)とよばれる部分があり,ここに刺激が結像すると,細かな弁別が可能である。周辺部には錐体が少なくなるが,桿体は中心から 20 度ぐらいはなれたところに多い。ものを凝視するということは,対象が中心窩に結像するように眼球を調整することである。

図 8-3 に示すように,われわれは,光の波長に対応した菫から赤までの色を感じるが,それら光の強さが物理的に一定であっても,等しい明るさには感じられない。明るさに十分なれた明順応下では,黄色を最も明るく感じる山型の感度分布となる。暗さに十分なれた暗順応下では,緑のほうにずれた感度分布となる。夕闇が迫ると色の区別はつきにくくなるが,青味がかったものが,相対的に明るく感じられるようになる。これをプルキンエ現象(Purkinje phenomenon)という。

(2) 聴　覚

音刺激は,空気の振動である。その振動の周波数が,高すぎても低すぎても,音としては感じられない。可聴周波数の範囲は約 20 Hz から約 20,000 Hz であるが,音の強さや年齢によって大きく変化する。強い音の場合,高い音も低い音も感度の差

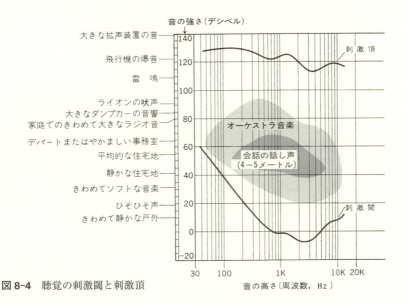

図 8-4　聴覚の刺激閾と刺激頂

が比較的少ない。しかし弱い音の場合，高い音や低い音の閾値が上がり，聞こえにくくなる（図8-4）。ステレオアンプに付いているラウドネス・コントロールは，低音と高音を電気的に強調させる装置で，弱い音のときにも高感度で聞こえる。

4 順　応

昼間映画館に入ると，しばらくの間座席がよく見えないが，時間がたつにつれて次第に見えるようになる。また，風呂の湯につかった直後は非常に熱く感じても，湯につかっているうちに快適な温度と感じるようになる。このように一定の強度で持続する刺激に対して，感覚器官の感度が変化することを順応（adaptation）という。

網膜の明順応と暗順応については，前に述べた。その他，下着や腕時計なども普段着けていることを感じない。匂いもしばらく嗅いでいると感じなくなる。一般的に順応は，感覚器官の感度の低下をいう場合が多い。順応は末梢で起こる現象であり，中枢で起こる慣れ（habituation）（〈コラム 2-2〉を参照）とは区別される。

3　知覚の統合作用

普通，環境の中の刺激は，常に変化している。たとえ刺激が物理的に一定している場合でも，眼球や身体が動くと，眼や耳に入る刺激（近接刺激）は，変化したものとなる。しかし，目の前の本や隣りにいる友人は，ひとつのまとまった対象として知覚される。そこには，刺激を時間的，空間的にまとめる何らかの作用があるはずである。この節では，知覚に関する伝統的な研究方法である精神物理学や実験現象学的手法によって見いだされた事例を中心に知覚の統合作用について述べ，形の知覚に関する最近の話題については8節に述べる。

1　時間的空間的統合作用

非常に接近した2点は，1点として感じられる。これは，時間的にも空間的にもあてはまる。たとえば断続する刺激は，その変動が非常に速いと連続して知覚される。蛍光灯の光は1秒間に60回（東日本では50回）の割合で，明るくなったり暗くなったり変動しているが，人の目には連続光としてしか感じられない。

閾値以下の弱い光でも，提示時間を長くすると加重され，感じられることがある。明るさの閾値（L）と刺激の提示時間（T）との間には，$L \times T = C$（C は定数）という関係があり，ブロックの法則とよばれている。この法則は，T が 0.1 秒以下のときに成立する。

図8-5のaとbは，それぞれ単独で提示されると無意味な点の集まりでしかな

3　知覚の統合作用

図 8-5　時間的統合 (Erikson & Collins, 1967)

図 8-6　主観的輪郭 (Kanizsa, 1979)

い。しかし，0.1秒以下の間隔でaとbを継時的に提示すると，cのように知覚されVOHという文字が読み取れる。

図8-6には，一部の欠けた円と角が三つ描かれているだけである。しかし，あたかも三角形の輪郭があるかのごとく知覚される。これは空間的統合作用の一例で，主観的輪郭（subjective contour）とよばれている。

2　図と地

本や人が知覚されるためには，一つのまとまりとして周囲から分離されなければならない。ルビン（E. J. Rubin）は，まとまった形として知覚される部分を"図"（figure），そして背景となる部分を"地"（ground）とよんだ。本を読んでいるときには，文字が図で余白が地であるが，本が机の上に置かれ本を図として見ているときには机が地となる。

日常生活では，図と地の区別は自動的になされ，意図的になされないかぎり，図と地が逆転することはめずらしい。図8-7のような図形では，図と地が交互に反転する。しかし両方を同時に図として見ることは不可能である。

図 8-7　図 地 反 転

1977年にエリザベス女王の即位25年を記念してつくられた花瓶。ルビンの反転図形にならって作られた。灰色の部分を見るとエリザベス女王とエジンバラ公が向かいあってみえる。

3章2節で述べた先天盲の人が開眼手術を受けても，その直後は形の弁別はできない。しかし，背景の中に異質な"かたまり"があることには気がつくという。図と地の分離は，知覚にとってかなり基本的なものであると考えられる。

3 群化の要因

本来ばらばらである空の星も，近いもの明るいもの同士がまとまって星座に見える。ゲシュタルト（Gestalt，形態）心理学の創始者のヴェルトハイマー（M.Wertheimer）は，点や線などが，どのような配列のときにまとまりやすいか，群化の要因を整理している（図8-8）。

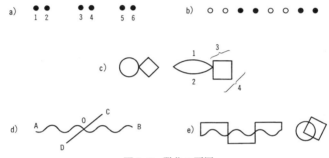

図 8-8 群化の要因

a) 近接の要因　近いものがまとまる。
b) 類同の要因　同じ大きさ，色，形など同じ性質のものがまとまる。
c) 閉合の要因　互いに閉じ合うものは，開かれたものよりもまとまる。
d) 良い連続の要因　良い連続性をもつものは一つの流れとして知覚される。
ここでは，AODとCOBの合成図と見えてもよいはずであるが，A—Bの波形とC—Dの直線が交差して見える。
e) 良い形の要因　対称的な図形や，規則的な図形はまとまる。
f) 共通運命の要因　運命を共にするもの，共に動くもの同士は，一つのまとまりとして知覚される。逆に，周囲が動いている場合は共に止まっているもの同士まとまりやすい。

このような群化の要因は，視覚だけでなく聴覚や皮膚感覚でも生じる。

このほかにも，いくつかの要因をあげることができる。しかし，上に述べた要因もすべてひとつの簡潔性という概念のもとにまとめることができると考えられる。簡潔なパタンは，複雑なものよりも知覚されやすい。知覚がこのように簡潔なよい形にまとまることは，プレグナンツ（Prägnanz）の法則とよばれている。

4 バイオロジカルモーション（生物学的運動）

ヒトの主要な関節部に小さな光点を装着する。暗室の中で対象者が静止しているとランダムに散らばった単なる光点の集まりにしか見えないが、そのヒトが歩行を始めると各光点は複雑な動きをはじめる。観察者は、そこにヒトがあたかも歩いているかのごとく知覚する（図8-9）。その動きから男か女かも推測できる。ヒトの動きだけでなく、ネコやイヌにも光点を付け、それらが動く様子を観察すると、イヌとネコの区別もできる。この現象はバイオロジカルモーション（biological motion）とよばれている。

図8-9 バイオロジカルモーション
実際は、光点だけであるが、人の姿があるように知覚される。

4 知覚の恒常性

刺激対象と自分との間の距離や、位置関係、あるいは照明条件等が変化すると、網膜に映った像はかなり変化するはずである。しかし、知覚された見えの大きさや形、色などは、それほど変化するようには感じられない。このように、対象がいつも同じように安定して見える傾向を、知覚の恒常性（perceptual constancy）とよんでいる。われわれは見えたとおりに知覚しているのではなく、知っているとおりに知覚するのである。

1 大きさの恒常性

目の前20cmのところに、人差し指を立ててみる。つぎにそのまま手を伸ばして、40cmほどの位置まで移動させる。物理的には距離が2倍になれば、網膜に映る像の大きさは2分の1になるはずである。しかし指は同じ長さに見える。このように対象からの距離が変化しても、知覚される大きさに変化がみられない現象を、大きさの恒常性という。

2 その他の恒常性
(1) 形の恒常性
　対象が視線に対し傾くと，網膜上の像は大きく変化するにもかかわらず，知覚される形は比較的恒常性を保つ。硬貨などわれわれの回りにある円盤や円筒の上端は網膜上ではほとんどすべて楕円として映っているが，円と知覚される（図8-10）。

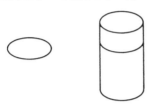

図 8-10 形の恒常性

(2) 明るさの恒常性
　白い紙や雪は，薄暗い場所でも白く感じ，石炭は，明るい太陽の下でも黒く感じる。われわれの感じる明るさは，そのときの光の量そのものよりも対象の反射率に対応する傾向がある。

(3) 音の恒常性
　音の強さは，音源からの距離に反比例して弱くなるはずである。しかし音源から多少はなれても，知覚される音の大きさは，さほど変化したようには感じられない。
　さきに述べた遠隔刺激，近接刺激という表現を用いれば，知覚の恒常性は，われわれの知覚が近接刺激によって支配されるのではなく，遠隔刺激の本来もっている性質に支配される現象といえる。このようなことから，ザウレス(R. H. Thouless)は，知覚の恒常性のことを「真の対象への現象的復帰」(phenomenal regression to the real object)といった。日常の生活の中では知覚の恒常性が保たれているため，われわれは外界の客観的事実に則した行動をとることができる。友人の姿が距離や角度によって，身長が変わって見えたり，顔がいびつに見えたりすることは決してない。しかし対象が既知のものでなく，その周囲にも既知のものがない場合には知覚の恒常性は著しくくずれる。図4-7のスキナー箱の写真に，なじみの深いタバコの箱が一緒に写してある理由がわかるであろう。

5 空間知覚
1 空間の異方性
　通常われわれは，一定の広がりと奥行をもつ三次元の世界に生活しており，その中で対象を知覚している。幾何学的には三次元空間は前後，垂直，水平方向に等し

5 空間知覚

く無限に広がっている。しかし，われわれに知覚される心理的空間は均質ではなく，水平方向と垂直方向で多少異なっており，これを空間の異方性とよぶ。ビルを見上げたときには，水平方向よりも垂直方向のほうが，過大視されて感じられる。

天空は半球ではなく，天井が少し低い扁平な空間として知覚される。月の錯視がこれに影響されて起こるという考え方がある（〈コラム 8-1〉）。

2 奥行知覚

カメラの受光面上の像と同様，網膜に映る像は，二次元的なものである。われわれは，その像からどのようにして奥行を知覚し，対象を立体的にとらえているのであろうか。

奥行知覚を生じさせる手がかりは，生理的要因とよばれる一次的手がかりと，心理的要因とよばれる二次的手がかりとに分けられる。通常は二つの要因が同時にはたらいているが，どちらか一方だけでも奥行の知覚は可能である。

（1） 一次的手がかり

a） 調整 眼のレンズである水晶体のふくらみが，距離によって変わる。この調整作用（accommodation）が手がかりになるが，2 m 以下で有効である。

b） 輻輳 両眼で対象を見つめる際，対象が比較的近くであれば，左右の眼の視線は対象の位置で交差する。しかし対象が遠くにあれば，両眼の視線はほぼ平行となる。両眼の視線のなす角を輻輳（convergence）角とよび，その輻輳角を作るのに要する眼筋の緊張が奥行知覚の手がかりとなる。この手がかりは約 20 m 以内で有効である。

c） 両眼視差 ヒトの左右の瞳は 6 cm ほど離れており，両眼に映る網膜像はわずかに差異があり，両眼視差（binocular parallax）とよばれる。この二つの像は脳で一つに融合されるが，その際に立体知覚を引き起こす。いわゆるステレオスコープ（実体鏡）は，この両眼視差の手がかりに基づくものである。図 8-11 のように左右で視

図 8-11 両眼視差による立体視

差のある図形を作り,ステレオスコープか,なければ二つの図形の間にハガキを立てて,左図は左眼で,右図は右眼で同時に見るようにすると,図の中央が飛び出して見える。

〈コラム 8-1〉 月 の 錯 視

　地平線近くにある月は,天頂の月に比べてはるかに大きく見える。この現象は,月だけではなく太陽や星座にもあてはまるが,一般的に,月の錯視とよばれている。古くはギリシア時代から知られており,なぜ月の錯視が起こるのかについて,多くの人びとの興味を引いてきた。

　古いものでは,古代ギリシアのプトレマイオスによって提案された地上物介在説がある。天頂と違って地平には,物が多く介在し,そのため距離が遠く見える。同じ大きさのものでも遠くにあると判断されるものはより大きく見える。これは,図 8-2 の遠近錯視と同様なものである。

　その後,地平線近くの大気の屈折によるという物理的解釈もなされたことがある。しかし,月を写真に撮ると,どの高さの月も等しく写ることから,心理的な効果によるものであるということでは一致している。

　ヴント(W. Wundt)は,天空が球ではなく扁平に見えることから錯視が起こると述べている。

　1940年代,暗室内で人工の月を観察させる組織的な実験によって,眼の向ける方向が見えの大きさを変えるという眼位説が提起された。この説は一時,心理的説明の定説とさえいわれたことがあるが,その後実験の不備が指摘され,主たる要因とはみなされなくなった。

　1960年代に入り,屋外やドームの中で,人工の月を出す実験が行なわれた。地平方向には,山や木など地形的な変化が多くあり,深い奥行をもつように感じる。そのため天空を球ではなく天頂の低い扁平な形に感じる。しかし,網膜上の月の像の大きさは等しいので,遠くにあるように見える月は過大視される。これは,地平物介在説と天空扁平説を組み合わせたものであり,古い説が実験によってリバイバルしたものといえよう。

　その他,月の錯視がエンメルトの法則の特殊な場合であるとする説がある。エンメルトの法則とは,残像はそれを投影する面までの距離に比例して,大きくなるというものである。懐中電灯の光をしばらくの間,見つめて残像を作る。ついで残像を,地平や空に投影してみると,地平に向けたときのほうがはるかに大きく見える。残像と同じく,月の網膜上の像の大きさは一定であるので,地平の月が大きく見えるというものである。

　その後も,内耳の平衡感覚から中枢への信号が視覚印象を変容させるという説や,宇宙空間でも月の錯視は起こるかという新たな問題が提起されている。

　月の錯視には,どれか一つの要因というよりも,複数の要因が関与していると考えるべきであろう。しかし,この古くて新しいテーマは現在でも研究され続けている。

5　空間知覚　　　　　　　　　　　　　　　　　　　　　153

（2）　二次的手がかり
　これは単眼視でも奥行知覚を生ずる手がかりである。
　a）　運動視差　単眼視できわめて有効にはたらくのが運動視差（motion parallax）である。動いている電車の窓から外の景色を見ているとき，ある対象，たとえば立木に眼を向けたとする。その立木より手前にあるものは電車の動きとは反対方向に，立木より遠方にあるものは電車と同じ方向に動いて見える。この運動視差は私たちが日常自分が動いているときも，頭を少し動かしたときにも生じる（図8-12）。

図 **8-12**　運 動 視 差

　b）　網膜像の大きさ　対象の実際の大きさがわかっている場合，網膜像の大小が，遠近の手がかりとなる（図8-13 a）。
　c）　線遠近法　長い廊下では，天井や壁の平行線が，ある焦点に収束するように感じる。ビル街のように人工的なものに囲まれた場面では，この遠近法が，奥行の手がかりとなりやすい（図8-13 b）。
　d）　重なり合い　近くのものが遠くのものを，おおい隠すことにより遠近を感じる（図8-13 c）。
　e）　濃淡　水墨画では，大気遠近法として，山水の濃淡により，遠近を表現する。鮮明なものは近く，ぼんやりするものは遠くに見える（図8-13 d）。雨の翌日など空気が澄んでるときに，遠くのものが近くにみえるのは，濃淡差が少なくなるためである。
　f）　肌理の勾配　砂利の川原や草原では，距離が遠くなるほど肌理の密度が細かくなるように見える。線遠近法も，肌理の勾配の一種と考えることができる（図8-13 e）。
　g）　形の要因　図8-13 f の上の図形は，平面図形として知覚されるが，下の図形は，立体図形として知覚される。
　h）　陰影　通常，光は上方よりくるため，黒い陰影のある部分は凹んで見える。

図 8-13　奥行知覚の二次的手がかり

月の表面の写真を見ると凹んでいるはずのクレータが，突き出して見えることがある。写真を逆さまにして見ると，凹凸が逆転する（中扉の写真を参照）。アイシャドーも顔の凹凸を誇張する方法である。

　日常生活では上記の要因が複合して，遠近や立体的な感じを引き起こしている。奥行知覚は，視覚への依存度の高い多くの哺乳動物において誕生後早い時期に備わってくるといわれている（3章3節1項を参照のこと）。

6　運動の知覚

1　実際の運動

　運動の知覚は，つぎの三つの場合に分けられる。(1)自動車のように動くものが運動として知覚される場合。(2)時計の針や空の星のように動いているはずであるが，

速度が遅いために知覚されない場合。逆に，速すぎて運動が感じられない場合。(3) 実際は動いていないのに動いたように感じられる場合があり，仮現運動とよばれる。

対象が動いて見えるための基本的な条件の一つは，網膜上での像の移動である。その像の移動は，眼が静止している状態で対象が動くときに起こるが，対象が静止していても身体や眼が動くと起こる。しかし後者の場合，対象の運動は感じられない。実際の運動は，対象の網膜像だけでなく，対象と背景との関係や眼を動かす筋肉や身体からの信号によって，複雑に調整されて知覚される。

2 仮現運動

実際には対象が運動していないのに，運動しているように見える場合がある。このような現象を仮現運動 (apparent movement) とよび，つぎのようないくつかの場合がある。

(1) 誘導運動

周囲にあるものが動いているために，静止したものが動いて見える現象をいう。夜間薄い雲が流れているとき，月のほうが雲とは逆の方向に動いて見えることがある。遊園地にあるビックリハウスは，この錯覚を応用したものである。実際は部屋が回転しているにもかかわらず，自分のほうが宙返りしたように感じる。隣の電車が動くと自分の乗っている電車のほうが動くように感じられるのも誘導運動である。一般に自分が動きの判断のよりどころとしているもの(地)が動くと，そちらのほうが静止して，それ以外のもの(図)のほうが動いて感じられる。

(2) 驚盤運動

映画のフィルムのひとコマひとコマは，静止画像であるが，適当な時間間隔で投影するとスクリーンの映像は動いて見える。この現象は古くから驚盤運動 (stroboscopic movement) として知られており，これにヒントを得てゲシュタルト心理学の主張の出発点となったファイ(ϕ)現象の実験的研究を行なったのは，ヴェルトハイマー(M. Wertheimer)であった(1章 p. 11 参照)。

図 8-14 のように二つの短い刺激 (S_1 と S_2) を継時的に提示すると，その刺激間の時間間隔のちがいによっていろいろな見え方をする。もし刺激間間隔が非常に短い(2/100 秒以下)と，2 刺激が同時に点灯するように見える。しかし，時間間隔が 6/100 秒程度になると，S_1 が S_2 に移動したように見える。すなわち二つの刺激のおのおのは静止刺激であるにもかかわらず運動の知覚が生じたのである。そしてこの現象を ϕ 現象，あるいは狭義の仮現運動とよんでいる。さらに刺激間間隔をもっと長くすると，S_1 がトンネルを抜けて S_2 に移動したように見える。

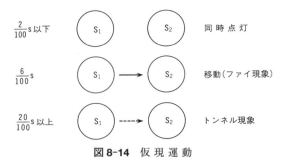
図8-14 仮現運動

仮現運動の現象がなぜゲシュタルト心理学の主張の重要な根拠となったかに関しては，1章(p.11)を参考にされたい。

(3) 運動残像
滝の落ちるようすをしばらく見つめた直後，眼をほかに移すと景色が下から上に向かって動いて見えることがある。

(4) 自動運動
暗空の中で，小さな光点をしばらく見つめていると，光点がいろいろな方向に揺れ動くように見える。

7 知覚に及ぼす主体的要因

知覚の機能は，できるだけ環境を正確に把握することである。しかし，主体的な条件が強いときや，客観的条件があいまいなときには，知覚が主体的条件によって影響されることがある。主体的条件は，学習や経験の効果によるものと，社会的価値や個人の欲求によるものとに分けて考えられている。

1 知覚に及ぼす学習の効果
(1) 初期学習
ヒトや動物が，生後のある短い期間，正常な知覚経験を受けないと，後の知覚に大きな影響を残すことがある（3章2節2項を参照）。

生後まもなく，暗闇で育てられたり，眼瞼縫合や曇りガラスのコンタクトレンズで外界との間を視覚的に遮断された動物は，後で通常な状態に戻されても，正常な行動をとれない。また縦じま模様だけの部屋で育てられたネコは，縦棒にはじゃれつくが，横向きの棒には見向きもしない。そのネコの脳を調べると，縦じまに反応する神経細胞は多数見つかるが，横じまに反応する細胞はきわめて少ない[1]。

環境を知覚するための基本的な脳の機構は，ネコでは約8週間，ヒトでは2～3年のうちに完成すると考えられる。

（2） 経験の効果

成長後も，学習や経験によって得た知識により，知覚が影響を受ける。英語の筆記体で書かれた単語は，切れ目がないが，文字ごとに区切って知覚される。筆者はアラビア語を知らないので，文字の意味はもちろんのこと，文字がどこで区切れるかもわからない。

われわれが文章を読むときの速度は，熟知した内容の文では速く，見なれない内容では遅い。知っている文章では，文字の詳細な部分を見なくても読み取れるかわり，見落しをしても気がつかないことがある。

訓練によって特定のパタンが知覚できるようになることは，日常的にもよく経験される。熟練した技術者は，普通の人が気がつかない機械の変調音を発見することができる。名医は，X線写真からガンの徴候を見つける。経験によって特定の構え（set）ができ，それによって刺激事態の中から，特定の部分が選択的に知覚されるようになる。パタン認識における構えの効果については次節でふれる。

2 動的知覚

知覚者の欲求，態度，情動などが反映された知覚を総称して動的知覚（dynamic perception）とよび，それまでの知覚研究がどちらかといえば知覚を外界の正確な模写であるとの立場からのものが多かったのに対して，1940年代から動的知覚の研究がさかんになりはじめた。

（1） 社会的価値（社会的知覚）

米国で，10歳の子どもにコインの大きさを判断させたところ，高価なコインほど過大視した。さらに，貧しい家の子どもほど過大視量が大きかった[2]。

このような効果は，実験的にも確かめられている。幼児に簡単な作業を行なわせ，報酬としてキャンデーと交換のできるポーカーチップを与えた。そのグループの幼児は，直接キャンデーを与えられた幼児より，ポーカーチップを過大視した[3]。

（2） 知覚的防衛

社会的なタブー語（たとえば性に関する用語）と中性的な語を，瞬間露出器で提示し，認知閾を比較すると，タブー語のほうが閾値が高い[4]。これを知覚的防衛という。このほか，不快なものや忌避されるものは，閾値が高い。ただこの場合，言語化がはばかられるような刺激語の場合には，実際に見えてても報告しないことが起こりうるので，注意しなくてはならない。

（3） 欲求の効果

知覚的防衛とは逆に，個人にとって価値のあるものや欲求の対象となるものの認知閾は低い[5]。欲求によって知覚が変容することもある。長時間，絶食をさせた被験者にあいまいな刺激を提示し，何に見えたか判断させると絶食時間が長くなるほど，対象を食物に見る割合が増えてくる[6]。

パーソナリティ・テストの一種である投影法という方法は，客観的対象があいまいな場合に，個人の欲求，態度，ひいては性格が反映（投影）されるという動的知覚の事実を利用した性格検査法である（11章2節）。

8　知覚の情報処理的研究

知覚を情報処理（information processing）的にとらえようとする研究がある。この研究は，もともと人間工学や通信理論の分野で始まったが，コンピュータの発達によりいっそう盛んになってきた。

外界の刺激は，広い意味では情報である。人間もコンピュータも外界から情報を入力し，記憶し，判断する。コンピュータとの類推により，人間の知覚や記憶の現象が，構造的にも機能的にもよく理解できるようになってきた。

一方，網膜や中枢神経系における情報処理様式の生理学的な研究が進んでいる。その研究は，知覚過程の情報処理研究にも貢献している。

これらの分野では，感覚や知覚ということばのほかに，認知（cognition）やパタン認識（pattern recognition）という用語が使われている。認知は，知覚だけでなく，判断や，決定，記憶，推論まで含めた情報の収集活動を指す場合に使われる。パタン認識は，もともと工学や生理学の分野からきた用語である。パタン認識は人間や動物そしてコンピュータなど，あるシステムが，新しく入って来た情報を記憶内容と照合して判断する過程をいう。

図8-15は，人間の情報処理過程を模式的に表わしたものである。眼に入った刺激パタンは，網膜で輪郭の強調が行なわれ，感覚記憶に一時的に登録される。つぎに大脳皮質の視覚領でエッジや角など，形に関する基本的な特徴抽出がなされ，特徴検出器の出力がパタン合成器に送られる。感覚記憶には網膜の情報がそのまま保存されるが，パタン認識のシステムでは選択されたものだけが処理を受ける。また文脈や過去の経験など記憶からの情報がその処理に対し，制約的にはたらきかけをするので，文脈に合ったものが認識されやすい。その結果がパタンの表象として記憶の中に残される。各処理装置は，全体として限られた処理能力の中ではたらくので，注意の優先順位にしたがってその能力が配分される。感覚記憶やその他の記憶

8　知覚の情報処理的研究

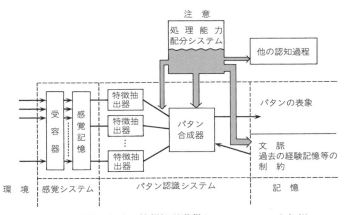

図 8-15　中枢における情報処理過程（Rumelhart, 1977 を参考）

については次章で詳しく触れるので，ここでは形の知覚と注意の機能とメカニズムを取り上げる。

1　形の知覚

（1）マッハ効果と側抑制

形を知覚するとき，輪郭を際立たせるはたらきとして，マッハ効果が古くから知られている。明るさが段階状に変化するパタン（図 8-16 a）では，各段階内の明るさは，物理的には一定である。しかし図 8-16 b に示すように，境界部位では明るい側はより明るく，暗い側はより暗く見える。これが，マッハ効果とよばれてきた現象である。この現象が，網膜の細胞の側抑制（lateral inhibition）の効果によって起こることが生理学的に明らかにされた[7]。

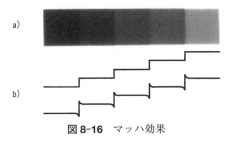

図 8-16　マッハ効果

2 パタン認識のモデル

網膜から中枢に神経信号が送られても，その信号だけで三角や円，あるいは文字のパタンが知覚されるわけではない。中枢にすでに蓄えられている記憶内容との比較，照合や，判断が必要である。人間のパタン認識のメカニズムを理解するために，いくつかのモデルが提案されている。

（1） 鋳型モデル

中枢には，各パタンの原型鋳型が記憶されており，網膜からパタンが入ってくると中枢の鋳型(template)と照合される。その過程で，たとえば，アルファベット"A"と，最もよく合致したとき，それと連合して記憶されている名称"A"が，よび出される。

この説明は簡単でわかりやすいが，型がゆがんだり，逆向きになると知覚されないことになる。また，それらすべてに対応した鋳型の数があるとすると，その数は膨大なものになってしまう。

（2） 特徴抽出モデル

このモデルでは，刺激パタンは要素的特徴の複合としてみなされる。たとえば，アルファベット"A"は，45度の角度，2本の線，そして1本の水平線から構成され，それらの組合せによって成り立っている。そのため，パタンの知覚は，(1)パタンの細部の特徴の分析過程，(2)部分の分析結果を統合する過程，(3)統合した結果から全体としてのパタンを決定する過程など，いくつかの段階によってなされていると考えられている。セルフリッジ(O. G. Selfridge)によるパンデモニウム(pandemonium，万魔殿)モデルがこのモデルの代表例である[8]。

実際大脳皮質には水平線などの特徴を検出する細胞が見つかっている[9]。また，このモデルをコンピュータでシミュレーションすることによって，文字や形の読み取りに成功しており，かなり人間の知覚機能に近づいている。われわれは，部分的に隠れた図形でも形の判断ができるが，このモデルでは困難なことがある。

（3） 統合による分析(analysis-by-synthesis)

前二つのモデルでは，外から入った情報が処理され，分析されるという一方通行の流れで考えられていた。これは，上昇型(bottom up)の処理とよばれる。このような処理は，われわれの知覚ではほんの一部でしかない。

たとえば"イカリ"と"人力車"では，カと力が同じパタンであるにもかかわらず，"いかり"と"じんりきしゃ"とに知覚される。これは三つのパタンが，ひとまとまりの単語や熟語とみなされたため，語としての文脈(context)が，真中のパタンを特定の文字に知覚されるように方向づけているのである。

〈コラム 8-2〉 アフォーダンス

アフォーダンス(affordance)とは聞き慣れない用語である。知覚の研究者であるギブソン(J. J. Gibson)が、英語のアフォードという動詞を元にした造語である[a]。元のアフォードには、……ができるという意味と、(自然が)提供するという意味がある。たとえば、山中を歩いていて、高さ約50 cm、直径50 cm位で上面が平らな切り株があると、大抵の人はそこに腰をかける。その切り株はおとなに対してアフォーダンスを持っている。しかし、それが直径10 cm位の竹の切り株であると、その竹には座るためのアフォーダンスがない。壁の下の方に1.5 cm位の穴が明いていると、子どもはそこに指を入れることがあるが、おとなはそのような行動をとらない。その穴は子どもにとってアフォーダンスを持っている。また階段の段差はあまり高いと上れない。適度な段差の階段はアフォーダンスを持っている。

ギブソンの定義によるとアフォーダンスとは動物との関係において規定される環境の特性である。単なる環境の物理的な特性ではない。環境の中に存在する事柄の性質であるが、それを知覚する人の、身体や能力との関係によって決まってくる事柄である。そのため、アフォーダンスは単に見たり聞いたりするだけではなく、人が環境への動作やはたらきかけをしているうちに、その人に対してアフォーダンスとなる。その結果、初めて見るものでも、それがその人に対してアフォーダンスを持っているかどうかが、判断できるようになる。水は、飲める、洗えるなどのアフォーダンスをもつ。一方、泳げない人には溺れさせる、身体が濡れると冷えるなどのアフォーダンスも有する。水は飲めるというアフォーダンスは水の特性であって、その人がのどが乾いていようが、いまいが変化はしない。アフォーダンスは刺激の持つ特性であって、動機づけと関係した事柄ではない。

アフォーダンスは、人に良い価値をもたらす特性としてみなされがちであるが、必ずしも良い価値だけを意味するものとは限らない。よく切れて使いやすい包丁は、料理する人にとっては良い価値(プラス)のアフォーダンスを持っているが、小さな子どもにとっては危険であり、マイナスのアフォーダンスを持っている。

ギブソンが目ざしたのは、環境と人との関係を問題にし、知覚を生態学的にとらえる心理学の立場である。ギブソンの遺志を継いだギブソニアンとよばれる人たちや、知覚の研究者によってさまざまな実験が行われ、さまざまなルールが見いだされている。

一方、認知心理学者のノーマン(D. A. Norman)らは、道具や機械を新たに作る際に、良い価値のアフォーダンスを持つよう設計すべきであると提案している。ノーマンは、ギブソニアンの見解とは異なると断りながら、それにヒントを得て新しいアフォーダンスの概念を展開している。たとえば、取っ手に「押す」と書いてあるドアがあるが、そのような記述が必要なものは、良い価値のアフォーダンスを持つとはいえない。取っ手は、一見して、押すか、引くかがわかる必要がある。最新型の多機能電話機やカメラの中には、見かけのスタイルは良いが、説明書を見ないとスイッチの意味が理解できないような機器があるが、それらは良い価値のアフォーダンスを提供しない。ノーマンは、エラーや事故を防ぐために良いアフォーダンスを提供する機器の開発が重要であると主張している。

このモデルの特徴は，分析によって得られた情報が統合され，その新たな情報が，次の分析に影響を与えると考えていることである．このような処理は，下降型(top-down)の処理とよばれる[10]．

上の例では文脈は語の単位であったが，文章や節の場合もある（9章5節を参照）．さらに，文脈は必ずしも文にはこだわらない．一部が欠けた不完全な図形や，多義的なパタンを見た場合にもはたらいて知覚しやすくする．

知覚は，そのときの構えや過去の経験によって影響されるが，統合による分析のモデルで，これらの効果もうまく説明できる．

9 注 意

ジェームス（W. James）は「注意が何かは誰でも知っている」と述べたが，注意（attention）ということばは日常的にも心理学の用語としても多くの意味を持っている．情報処理的な研究では注意を中枢における情報の選択活動ととらえており，主として，持続的注意，分割的注意，選択的注意といった観点から研究されている．

1 持続的注意

極度の興奮状態から昏睡状態まで，脳全体としての活動状態には段階があり，これを覚醒水準(arousal level)とよぶ．これは，生理学的には脳幹網様体の活動を反映し[2章4節2項を参照]，また脳波[2章5節1項を参照]の基本周波数と対応しており，覚醒水準が上がると脳波は低振幅・速波化し，下がるにつれて高振幅・徐波化する．

覚醒水準が低いと作業量は低いが，高すぎても作業量は低下する．覚醒水準と作業量との間には逆U字型の関係があり，ヤーキズ・ダッドソン（Yerkes-Dodson）の法則[6章3節3項を参照]とよばれている．

レーダー監視や工場での製品検査のように長時間注意を持続して信号（敵機や不良品）が来るのを見張っている状態をビジランス(vigilance)とよぶ．ビジランスの作業成績は20～30分で次第に低下するが，この原因の一つには覚醒水準の低下がある．

2 分割的注意

われわれは簡単なことなら同時に2つのことをすることもできるが，難しい作業をしているときには他のことをする余裕はない．ヒトの情報処理能力には限界があり，これを注意容量，注意資源，あるいは処理資源とよぶ．この処理資源の配分と

いう観点から捉えた注意を分割的注意(divided attention)とよび，注意をその配分方針としてモデル化したのがカーネマン(D. Kahneman)[11]である．ちなみに，彼は後にヒトの判断に関する心理学の理論を経済学にあてはめ，心理学者として最初のノーベル賞(経済学賞)を受賞した．

　自動車の運転を例に考えると，教習所での運転中や免許取りたての頃には運転に多くの資源が必要で他の作業をする余裕はない．しかし，運転に習熟するにつれ運転に必要な資源が減少し，助手席の人と話したり音楽を楽しむといった他の作業に資源を分配することができるようになる．このように，ある作業に必要な注意資源の量は習熟によって減少し，課題の種類によっては資源を必要としなくなる．これを自動化(automatization)とよぶ．ただし，自動車の運転は完全に自動化されることはなく，携帯電話での会話など多くの資源を必要とする作業を同時に行うと，運転がおろそかになり大変危険な状態になる．

　2つの課題を同時に求めることを二重課題(dual task)とよぶ．各課題を単独で行った時の成績に比べて二重課題時に成績の低下があるとその2つの課題は同じ資源を用いており，逆に干渉が認められないときには2つの課題は別個の資源を用いていると考えられる．

　多くの場合，ある作業にどれだけの資源が用いられているかを直接計測することはできない．そこで，同時に優先順位の低い別の課題(2次課題)を行わせ，この2次課題の成績から主課題への資源配分量を推測することができる(プローブ法)．2次課題には単純反応時間課題や弁別反応時間課題を用いることが多いが，これらは主課題に干渉する可能性がある．そこで，主課題とは無関係な刺激を呈示はするがそれに対して特に作業を求めることなく，その刺激に対する生理反応を計測することにより，主課題に干渉することなく資源量を推測することもできる．

　注意資源の容量は覚醒水準によって総量が変化し，低くても高くても容量は低下する．飛行機のパイロット・乗務員，消防士などは，緊急時に覚醒水準が上がった時にでも適切な行動をとることができるよう，徹底的に訓練を繰り返す．非常事態での作業を自動化することによって安全を確保するためである．

3　選択的注意

　大勢の人たちが集まったパーティなどでは，人びとの声が混ざり合って聞こえてくるが，特定の相手の話を聞きわけることができる．これはカクテルパーティ(cocktail party)効果とよばれ，選択的注意(selective attention)の研究の対象となった．

　実験は両耳分離聴(dichotic listening)とよばれる方法で，だれでも簡単に試みるこ

とができる。イヤホンを二つ用意し，右耳はテレビ，左耳はラジオという具合に，左右異なった内容のメッセージを呈示する。別々の人が異なった内容を話すときには，注意した方の内容は，十分理解できる。しかし，もう一方のメッセージについては，男声か女声かぐらいしか，聴取できない。異なった内容を同じ人が同じ調子で話すと聞き取りが困難となる。声の方向や質（男声，女声），調子など区別する手がかりが多いほど，選択が容易である。

視覚でも，選択的注意が関係する事態がある。網膜のうち，細かく対象を見分けられるのは，中心窩である。眼球運動によって中心窩に結像させる情報を変化させることで，場面内の一部の情報を選択的かつ逐次的に処理することができる。眼球運動はでたらめに生じているのではなく，より重要な位置に集中して向けられる。たとえば，人の顔を見ているときには，その人の感情状態などの情報源となる目や口に視線が集中する（図 8-17）。

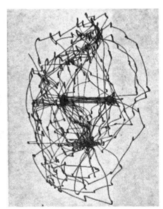

図 8-17　眼球の運動(Yarbus, 1967)

視覚において選択的注意が向けられる位置は，通常視線を向けられた位置とほぼ対応しているが，視線の位置を固定したままで注意する位置を変化させることもできる。眼球運動による選択的注意を顕在的注意（overt attention）とよび，眼球運動によらない選択的注意は，潜在的注意（covert attention）とよぶ。潜在的注意は文字通り外から観察することができないので，なんらかの方法で測定する必要がある。

そのためにポズナー（M. I. Posner）[12]が考案した実験手続きが，先行手がかり課題（precueing task）である。先行手がかり課題では，実験参加者が視線を固定するための注視点と，その両脇に2つの四角が呈示される（図 8-18）。この2つの四角のうち一方が明るく光り（手がかり），短いブランクをおいた後，いずれかの四角のなか

9 注　意

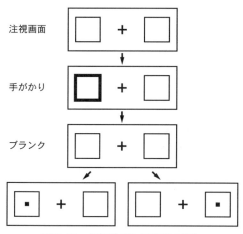

図 8-18　先行手がかり課題の流れ

に小さな光点が出現する。この光点に対してすばやくボタン押し反応することが参加者に求められる。この時，明るく光った四角の中に光点が出現したときには，反対側の四角が明るく光ったときよりも，光点に対する反応が早くなる。これは，四角が突然明るく光ることによって，潜在的注意がそちらに向けられ，その位置に出現する光点に対する処理が促進されたためと考えられた。

　ポズナーはこの実験結果から，潜在的注意は舞台のスポットライトのようにはたらくとするスポットライトモデルを提案した。つまり，視野内のある位置にスポットライトを当てるように注意が向けられ，その位置の感覚情報の処理が促進されると考えたのである。その後，スポットライトの大きさは可変で，その大きさによって処理の促進の度合いが変わるとするズームレンズモデルが提案されるなど，先行手がかり課題を用いた研究が進められている。

　顕在的注意と潜在的注意とで共通する性質を多くもっているが，異なった性質もある。たとえば，顕在的注意は，一度には一カ所に対してしか向けることができないが，潜在的注意は複数の位置に対して同時に向けることが可能である。また，潜在的注意は，これから視線が向けられる位置に眼球運動に先だって移動することがわかっている。日常生活のなかでわれわれが特に意識することはなくても，潜在的注意は常に周囲の環境をモニターしており，なにか急激な変化のあった位置や，必要な情報の位置に対して視線（顕在的注意）を誘導する役割を果たしている。

4 注意の制御

　今，この本を読みながら，同時に足を掻いたり，ひざを軽く叩いたりすることができる。われわれは，知覚対象や動作すべてに注意しているわけではない。読書に対しては掻くことよりも，より多くの注意を払っている。掻くことやひざをたたくことは，ほとんど自動的に行われる。注意資源をどの処理に振り分けるか，またどの対象に選択的注意を向けるかを決定する過程は，意図的な制御と，自動的に行われる制御に分けて考えることができる。

　われわれは何に対して注意を向けるかを意図的に制御することができる。たとえば，前述した両耳分離聴でも，どちらの耳に注意を向けるかを自らの意思によって変えることができる。このような意図的な注意の制御は，パタン認識のところで述べたトップダウン型の処理である。

　一方，注意の制御は自動的にも行われる。たとえば，道を歩いているときに物陰から急に自転車が飛び出してくれば，それまでなにか別のものに注意が向いていても，自転車に対して自動的に注意が向けられる。このような注意の制御は，"おやなんだ反射"（〈コラム 2-2〉）と同じく，ボトムアップ型の処理である。ボトムアップ型の注意の制御は，場合によってはトップダウン型の注意制御の妨げとなるというデメリットもあるが，変化する環境の中で適切に注意処理を行うためには不可欠なものであると言える。

⑨ 記憶と忘却

記憶内容の変容の例：リレー式に人から人へ描写を伝達（系列再生）していくうちに，原図〔エジプトの古模様〕がネコに変わっていく経過を示した有名な図（Bartlett, 1932）。

もし急に記憶が失われたとしたらどうなるか。本は読めないし，自分の名前もわからない。学校へ行くこともできない。日常生活が記憶に負うところがいかに大きいかということは，今さらいうまでもないところである。記憶(memory)とは，ある事柄を覚え，これを後まで保持し，思い出すはたらきのことをいう。一方，覚えていた事柄が思い出せなくなることは忘却(forgetting)という。

　心理学における科学的な記憶研究は，1885年のエビングハウス(H. Ebbinghaus)の著『記憶について』(*Über das Gedächtnis*)に始まり，約130年を経過している。この間，幾多の変遷を経て今日に及んでいるが，最近は，コンピュータ科学に影響され，情報処理もしくは認知心理学的な立場からの研究が盛んである。この立場の特徴はいくつかあるが，その一つは，記憶を受身的なはたらきとしてみるのでなく，主体の能動的なはたらきとしてみていることである。もう一つの特徴は，議論の分かれるところであるが，記憶を三つの過程に分けていることである。すなわち，ごく瞬間的な感覚記憶，20秒前後の短期記憶，それ以降の長期記憶である。また，さらに長期記憶はいくつかのサブカテゴリーに分類されている(図9-1)。本章では，以上のような特徴をもつ記憶研究の紹介を中心とするが，記憶研究には，それ自体の歴史と方法があるので，それを〈コラム9-1〉にまとめておいた。記憶研究に関する用語と技法を理解するのに役立ててほしい。

図9-1 記憶の三つの過程と長期記憶の下位分類

1　感覚記憶

　記憶の出発点は感覚器に入ってくる刺激情報である。感覚器はこれら刺激情報を絶えず受容しているが，刺激が去ったあともその興奮は少しの間残る。このような記憶のことを感覚記憶(sensory memory)といい，その特質はスパーリング(G. Sperling)のすぐれた研究によって，明らかにされている[1]。

1　容　量

　たとえば図9-2のような文字列を瞬間提示し，直後に何字見えたかを報告させる

1 感覚記憶

と，正しく報告できるのは4〜5文字である。これに対しスパーリングは，被験者の内省から，報告できたのは4〜5文字だが，実際にはそれ以上見えており，報告しているうちに忘れてしまうのだと考えた。このことを確かめるため図9-2のような文字列（4字×3行）を50 msec 提示し，3行のうちどれか1行だけを音の合図（高音なら1行目，中音は2行目，低音は3行目）によって報告させた。このように部分的に報告させるので部分報告法という（全部報告させるのは全体報告法という）。

```
E G T X
J R U M
F L N C
```

図 9-2 部分報告法における刺激文字列（Sperling, 1960）
これを瞬間露出器によって50 msec（＝50/1000 sec）提示した。

その結果，どの行も3文字あまり報告することができた。被験者は前もってどの行を報告させられるかを知らされてないので，3文字×3行＝9文字あまり見えていたと推定することができ，感覚記憶はかなりの容量を記憶しているということができる。

2 持続時間

スパーリングの実験では，刺激は客観的には50 msec 提示されただけだが，内省報告によると文字列はすぐに消えるのでなく，徐々に薄れていくという印象だという。つまり，文字は50 msec 以上見えていたと考えられる。このことを調べるために，スパーリングは刺激提示後，報告まで種々の遅延時間を設けて，部分報告法による実験を行なった。その結果，報告文字数は約1秒後に，全体報告法によるのと同じ水準の4〜5文字に下降し，以後横ばいとなった。このことから，感覚記憶の持続時間は約1秒であるということができる。

ところで，上述の視覚情報の感覚記憶は画像記憶（iconic memory）ともいわれる。これに対して聴覚情報の場合は音響記憶（echoic memory）とよばれ，さきほどの部分報告法を適用してその特質が調べられている。そして，記憶容量は約5文字，持続時間は約4秒という結果が得られている。

以上のように感覚記憶はかなりの容量を有するが，その持続時間はごく短い。そのなかにあって，どのような情報があとに残り，次の短期記憶に送られるのだろうか。それは前章で述べた注意のはたらきによる。注意によって，つぎつぎに入ってくる膨大な感覚刺激のうち，あるものを選択し，他は無視しているのである。したがって，注意は感覚記憶から次の短期記憶へ情報を移送する橋渡しの役目をしてい

るといえるだろう。

2 短期記憶

感覚記憶から送られてきた情報は短期記憶に入る。短期記憶（short-term memory, STM）とは一度提示されただけで意識されている状態の記憶のことで，容量も小さく，リハーサル（後述）などの操作をしなければ短時間で消失してしまう不安定な性質のものである。今調べた電話番号を電話をかけるまでの必要な時間だけ覚えていたり，紹介された人の名をその直後だけ覚えているのはその日常例である。

近年では，上の例のように，一連の情報処理の途中で一時的に必要となる情報を覚えておくという短期記憶の機能的側面に注目して，これをワーキングメモリ（working memory：作業記憶または作動記憶）とよぶ考え方も優勢である。ワーキングメモリについては，後の4節でより詳しく述べる。

━━━━━ 〈コラム 9-1〉 記憶研究法 ━━━━━

〔材料〕 エビングハウスは記憶材料として普通の語を用いると，語によって意味の度合が異なるので純粋に記憶過程をみることはむずかしいとして，有意味語を排して無意味綴（nonsense syllable）を考案した（たとえば，二つの子音の間に母音をはさんだ QAH，VUK…など）。しかしその後の研究で，無意味綴でも連想のしやすさ（連想価）や有意味度にちがいがあるので，まえもって連想価や有意味度を調べておき，これに基づいて記憶実験に使う際，材料の均質化をはかるという工夫がなされるに至った。このような試みはエビングハウスのアイディアをより洗練させたものといえよう。

しかし今日では本章でみるように，日常的情報の記憶や知識の問題が重要視されるに至っているので，意味を排除するどころか意味のある言語材料を使うのが普通になっている。そして，単語だけでなく短文から物語文に至る種々の文章も用いられるし，さらに，言語材料だけでなく，絵や写真や図形といった非言語材料も用いられている。

〔測定方法〕 記憶には，まず覚えるはたらき（記銘，memorization），つぎにこれをたくわえ維持するはたらき（保持，retention），そしてこれをとり出し思い出すはたらき（再現）の三つの側面がある（なお，最近では，記銘と保持をふくめて貯蔵，再現を検索というふうに情報処理の用語でよぶこともある）。さらに再現には，保持している材料を記憶者みずからが産出する再生（recall）というはたらきと，保持している材料が以前に経験したものであると同定する再認（recognition）というはたらきがある。記憶の測定は，再生によるものと，再認によるものに大別され

1 持続時間

短期記憶の持続時間については，ブラウン・ピーターソン・パラダイムとして知られる技法によって調べられている。たとえば，JQB という無意味綴を提示し，種々の時間後 JQB を再生させるのであるが，この間リハーサルを防ぐため3桁の数字から3ずつ引いていく逆算課題を課すのである。その結果，図9-3 にみられるように，わずか18秒で再生率は10%くらいにまで低下し，ほとんど忘れてしまうのである。このように短期記憶は短時間しか保持されないといえる。

る。再生を用いるものには，節約法，系列予言法，対連合学習法，自由再生学習法がある。

　a) 節約法　これはエビングハウスが用いたもので，記憶項目リストを完全に覚えるまでの試行数（時間）と，一定時間後にもう一度完全に覚えるまでの試行数との差（節約できた試行数）によって，保持（忘却）の程度をみる方法である。この方法は，同じ学習をもう一度行なうので，再学習法である。

　b) 系列予言法　駅名を順番どおり覚えたり，仕事の手順を覚えるように，一連の項目を順序どおり覚えることを系列学習というが，この場合，記憶の過程を詳細に調べるために，一つの項目が提示されると次の項目を予言していくようなやり方が用いられる。これを系列予言法という。系列学習では一般に，系列位置のはじめのほうの項目と終りのほうの項目の成績がよく，真中にいくに従い成績が悪くなる。これを系列位置効果という。

　c) 対連合学習法　人の顔と名前とか，英単語とその和訳のように，二つの項目を対にして覚えるやり方を対連合学習法という。この方法でペアーのはじめの項目を刺激語，あとを反応語というが，一般に刺激語を手がかりにして反応語を再生するほうが，その逆より再生しやすい。この現象を順逆再生勾配という。

　d) 自由再生法　記憶項目を提示順に関係なく思い出す順に自由に再生する方法をいう。この方法は実験者側からの制約がないので，被験者の行なう記憶の仕方や処理の仕方などの方略や操作が反映しやすいという点で有効である。

　つぎに再認を用いるものには，再認法と再構成法がある。

　e) 再認法　はじめに提示された記憶項目と新しい項目（ディストラクターという）とを混合して提示し，学習した項目を選択する方法である。この場合，選択の確信度を評定させる試みを併用することが多い。また，後述する意味記憶からの検索をみるため，ある情報の真偽を問う検証課題（たとえば，ツバメはトリですか）が最近よく用いられるが，これも再認法の一種とみてよい。この場合，真偽の測定と反応時間の測定を併用するのが普通である（〈コラム 10-2〉参照）。

　f) 再構成法　はじめに提示した記憶項目を順番をかえて提示し，これをもとの順番に並べかえさせる方法である。

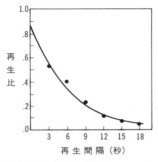

図 9-3 短期記憶における再生成績 (Peterson & Peterson, 1959)

2 容 量

5・8・4・9・3……という数字の列を聞いて直後にこれを順番どおりいわせる問題が知能検査にある。このように，幾つかの項目を1度提示されただけで順序どおり正しく再生できる最大の長さを記憶範囲 (memory span) というが，これは短期記憶の容量にあたる。これについては，1956年にミラー (G. A. Miller) が「不思議な数字7プラス・マイナス2」という有名な論文[2]で，短期記憶の容量はおよそ7であるとした。世界の七不思議，七つの海，虹の7色，音名はドからシまで7個といったように日常生活に7がよく用いられるのは，このことと関連があるのかもしれない。

ところで，ミラーのいう7とは7文字とか7桁とか7語というのでなく，7チャンクなのである。チャンクというのは，一つにまとめられるかたまりのことである。たとえば，

NHKJALNTTUSASOS

というアルファベットの列があるとき，これは3字ずつ区切ると何かの略号の列になっているが，これに気づいた人にとっては3字が1チャンクとしてとらえられるので，この文字列は5チャンクとなり，1度で覚えられる。しかし，略号であることがわからない人にとっては，1文字を1チャンクとしかみないので15チャンクとなり，とても1度では覚えきれない。物理的に同じサイズの情報でもその記憶容量は，情報のとらえ方によって異なるのである。

3 短期記憶における符号化

53—5286という番号をダイヤルし終わるまで覚えているとき，その間，頭に残るのは数字の音か，数字の形か，それとも数字から何かを連想したものであろうか。つまり，短期記憶では情報はどんな形でとらえられているのかという問題である。

一般にある情報を何らかの特徴でとらえることを符号化(encoding)というが，短期記憶では聴覚的に符号化されやすいことが知られている。たとえば，4 NF 9 Z 27 G というのを英語で聞いたとき，最後のG(ジー)の代わりにV(ヴィー)や3(スリー)のように，音声的に類似した音(イー音)を有する音に聞き誤る傾向が多い[3]。われわれが初対面の「井村(イムラ)さん」を「三浦(ミウラ)さん」とか「三村(ミムラ)さん」に聞きちがうことがよくあるのもこの例である。短期記憶ではこのように基本的には音声的に符号化されやすいが，後述のように意味的な符号化がなされないわけではない。

4 短期記憶からの忘却

短期記憶の情報は前述のように，20秒前後で忘却してしまうが，その忘却の原因は何か。これについて二つの考え方がある。一つは減衰説，もう一つは干渉説である。

(1) 減 衰 説

減衰説(decay theory)というのは，夏に打水をすると次第に乾いていくように，記憶情報は時間の経過とともに，自然に消衰し，崩壊していくという考え方である。

(2) 干 渉 説

干渉説(interference theory)とは，ある記憶項目の保持が，前後に学習した他の記憶項目によって干渉されるという考え方である。たとえば，一つの群(統制群)には果物の名前を3項目(バナナ，モモ，リンゴ)提示し，逆算課題挿入後再生，第2試行では別の果物名3項目を提示し上と同様のことを行なう。このようにして第4試行まで行なう。一方もう一つの群(実験群)では，第3試行まで統制群と同じだが，第4試行で記憶項目を職業名(医師，教師，弁護士)に変える。これに類した方法によるある実験[4]では，図9-4にみられるように，両群とも第3試行までは再生は減

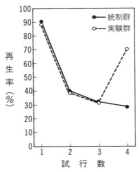

図 9-4 短期記憶における順向干渉からの回復
(Wickens *et al.*, 1976 より一部省略)

少しつづける。しかし第4試行では，統制群はさらに減少するが，実験群は逆に上昇している。これは，第3試行までは両群とも先行の同じカテゴリの項目による順向干渉（proactive interference）によって再生が妨げられたためであるが（図9-8を参照），第4試行では，統制群ではひきつづき干渉をうけたのに，実験群ではカテゴリ項目が異なったために，干渉から解放されたと考えられる。この現象を順向干渉からの回復（release from proactive interference）という。

なお，このような同一カテゴリ項目による干渉は，短期記憶項目が音声的に符号化されていただけでは生じえなかったわけで，意味的な符号化もなされていたことを証拠づけるものである。

3 長期記憶

われわれが日常用語的に「記憶」とよぶものに対応するのが長期記憶（long-term memory, LTM）である。長期記憶には膨大な量と種類の情報が貯蔵されており，その容量の限界を調べることはできない。またその保持時間も半永久的である。あるときに思い出せないことでも，別の場面では思い出せることもあるので，長期記憶の情報が本当に忘れ去られたのかどうかは確認できず，したがって理論的にその容量や保持時間を測定することは不可能なのである。

先に述べた短期記憶は一時的な情報の保持であるが，それをより永続的な長期記憶に送り込む操作の一つがリハーサルである。

1 リハーサル

リハーサル（rehearsal）というのは，記憶項目を口に出したりあるいは頭の中だけで反復することをいう。この際リハーサルの仕方が大切である。ただ機械的に項目を反復するだけではその項目は短期記憶に留まるのみで，長期記憶まで送られない。このようなリハーサルを維持リハーサル（maintenance rehearsal）という。電話番号をそのまま口に出したり，つぶやくだけでは電話をかけ終わるまでに忘れてしまうであろう。これに対して，たとえば223-0356という電話番号を，フジサンワミゴロのようにゴロ合わせ式に連想したり，有意味化したりするように，記憶項目に何らかの加工と工夫を加えた上で行なうリハーサルがある。これを精緻化リハーサル（elaborative rehearsal）といい，これによると長期記憶に移送しやすくなるのである。

維持リハーサルは，上の例でみたように，情報の音声的特徴に基づいているのに対し，精緻化リハーサルは意味的特徴に基づいているといえる。クレーク（F. I. M.

Craik)とロックハート(R. S. Lockhart)は刺激情報の音声的特徴や形態的特徴によるとらえ方を浅いレベルの処理,意味的な特徴でとらえるのを深いレベルの処理といい,情報に深い処理を加えるほど長く記憶されやすいとする処理レベル説(levels-of-processing theory)を提唱した[5]。

2 長期記憶の下位区分

長期記憶はさらに,ことばによって記述可能な命題的事実の記憶である宣言的記憶(declarative memory:陳述記憶とよばれることもある)と,行為の手順や技能についての記憶である手続き的記憶(procedural memory)に区分され,さらに宣言的記憶はエピソード記憶(episodic memory)と意味記憶(semantic memory)に分けられる。エピソード記憶は,いわゆる「思い出」に対応するもので,過去の特定の出来事についての記憶である。これに対して意味記憶とは,いわゆる「知識」に対応するもので,ことばの意味や概念,さまざまな事象に関する知識などの記憶である。これらの区分の詳細については後に述べる。

上記の区分とは別に,記憶は顕在記憶(explicit memory)と潜在記憶(implicit memory)に区分することができる。顕在記憶とは想起意識を伴い,その存在を意識できる記憶であり,日常的な意味での記憶はこれにあたる。これに対して潜在記憶は,記憶していることは確かでも,その存在を意識できない記憶で,手続き的記憶やプライミングがこれに該当する。この区分も記憶の理解のためには重要である。

長期記憶が情報の性質や特徴によって,さらにいくつかの記憶に分けて考えられていることは図9-1に示し,先にも述べたが,それらをもう少し詳しく見ていこう。

3 宣言的記憶と手続き的記憶

長期記憶に納められた情報のうち,宣言的記憶とは,ことばによって記述の可能な事実についての記憶である。これに対して手続き的記憶とは,あることを行なう手順や技能についての記憶である。たとえば,われわれが「自転車とはどんなものか?」という質問に答えられるのは宣言的記憶によるのであり,実際に自転車に乗ることができるのは手続き的記憶によっていると言える。言い替えれば,前者はことばにすることができ,かつ記憶の存在を意識できる,すなわち「アタマで覚えている」記憶であるのに対し,後者は,ことばで表現することは難しく,かつ記憶の存在やその想起を意識することも困難な,すなわち「カラダで覚えている」記憶であるといえる。「自転車の乗り方」をことばで説明することは難しいが,それが記憶されていることは,実際に自転車に乗ってみれば明らかである。

4　エピソード記憶と意味記憶

　先の分類のうち宣言的記憶は，さらにエピソード記憶と意味記憶に分けることができる。この区分はタルビング(E. Tulving)が提唱したものである[6]。エピソード記憶というのは，いわゆる「思い出」に対応するもので，過去の特定のできごとについての記憶である。日常的な意味で「記憶」というときには，このエピソード記憶を指していることが多い。これに対して意味記憶とは，いわゆる「知識」に対応するもので，われわれが駆使することばの意味や理論，概念，さまざまな事象に関する知識などの記憶である。

　この2つの記憶の違いを例示すると，「今朝，コーヒーを1杯飲んだ」ということを覚えているのはエピソード記憶であり「コーヒーとは，飲み物の一種であり，コーヒー豆を培煎したものを粉にし…」など「コーヒーとは何か？」を知っているのが意味記憶である。このように，エピソード記憶は「覚えていること」であり，意味記憶は「知っていること」である，と考えれば両者の区別がわかりやすいだろう。

　全く新しい知識を得る場合には，この2つの記憶は同時に形成される。たとえば，外国語を学習するときに，「今日，○○という単語の意味を習った」というエピソード記憶と，「○○という単語の意味は△△である」という意味記憶が残る。その後通常は「いつ習ったか」というエピソード記憶は忘却され，意味記憶のみが残ることになる。したがって，知識(意味記憶)とは，個別の経験(エピソード記憶)から一段階抽象化されたもの，ないしは複数のエピソード記憶から抽出され，形成された概念の記憶であるといえるだろう。

5　意味記憶のモデル

　長期記憶には多量の意味記憶が貯蔵されているので，知識の宝庫もしくは心的辞書であるといってよい。普通の辞書や辞典は，五十音順とかABC順に項目が配列されているが，意味記憶の項目はカテゴリ等の共通特徴によって相互に関連しあって貯蔵されていると仮定されている。そして，このことを示すモデルがいくつか提唱され，その検証が試みられている。ここでは代表的な二つのモデルをとりあげる。

(1)　ネットワークモデル

　コリンズ(A. M. Collins)とロフタス(E. F. Loftus)によるもので，記憶内の諸概念は網の目のように相互に関連しあっていると主張する[7]。各概念はこのネットワーク内のノード(結節)で，各ノードは互いにリンク(link, 環)で結合しあっている。リンクには2種類あって，一つは上位・下位リンクで，これはある概念はその上位概

3 長期記憶

念のメンバーであるという意味でISA (is a)と表示される。たとえば,「りんご」と「果物」はISAリンクで結ばれている。もう一つは修飾リンクで,これは概念の特質を示すもので,Mと表示される。「赤い」と「りんご」はMで結合している(図9-5参照)。このような構造内で,ある概念ノードが活性化すると,この活性化は他の概念ノードへ拡散するが,遠いノードにいくほど,それは弱くなるという活性化拡散の過程が仮定されている。たとえば,検証課題で"紅玉は果物ですか"の真偽判断が求められると,紅玉と果物とから活性化がともにりんごに拡散し,りんごで交差するので「ハイ」と答える。一方「りんごは哺乳類ですか」ではりんごと哺乳類の双方から活性化は拡散するが,交差しないので「イイエ」と答えるというのである。

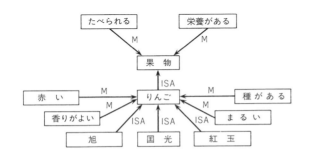

図9-5 「りんご」ネットワーク構造の例(Matlin, 1983より一部修正)

(2) 特性比較モデル

これはスミス(E. E. Smith)らの提唱したものである。概念には定義的特性と特徴的特性の二つの特性があると仮定する。たとえば,「コマドリ」の定義的特性は「生き物,羽毛がある,翼がある,赤い胸をしている」であり,特徴的特性は「飛ぶ,木にとまる,なれない,やや小さい……」である。つぎに「トリ」の定義的特徴は「生き物,羽毛がある,翼がある」であり,特徴的特性は「飛ぶ……」である。今,「コマドリはトリですか」という問に対してその真偽判断は図9-6のように,二つの段階を経て決定される。第1段階は「コマドリ」と「トリ」の定義的特性と特徴的特性の双方を比較して,対応が大きければ「ハイ」と答える。また,「コマドリはエンピツですか」という問では二つの特性間の対応がほとんどないので,すぐに「イイエ」と答える。ところが,「コマドリは動物ですか」では第1段階での対応が少ないので,第2段階へ進む必要があり,ここで定義的特性のみ比べて「ハイ」と答えるのだが,第2段階を経過する分だけ,前二者よりも反応するのに時間がかかると仮定するのである。

スミスらは,概念に対する事例の典型性の効果を取り上げて,この仮定を実証し

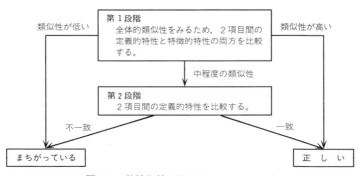

図 9-6　特性比較モデル (Smith *et al*., 1974)

ている。典型性 (typicality) というのは，ある概念に属する事例がその概念の最も典型的もしくは代表的な事例であるかどうかということである。たとえば，「コマドリ」は「ニワトリ」よりもトリの類のなかでは典型性が高い，つまりトリらしい。そこで「コマドリはトリですか」は「ニワトリはトリですか」よりも特性間の類似性が大きいので判断は第1段階だけでよく，真偽判断の反応時間も短かった。この結果は特性比較モデルの仮説をうまく支持している (p. 210 参照)。

4　ワーキングメモリ

ここまで，短期記憶と長期記憶という2つの記憶を対比的に捉える記憶の捉え方についてみてきたが，この両者の大きな違いについて，少し異なった視点から考えてみよう。

短期記憶とは，「正に今，アタマの中に思い浮かんでいるもの」すなわち「意識の中にあるもの」を意味している。そしてこれは，リハーサルなどによって意識を集中し続けることをしなければ，短時間で別の内容に置き換えられ，意識からこぼれ落ちてしまう。これが「短期」の意味するところである。これに対して長期記憶は「今は意識の中になくても，必要があれば思い出せるもの」を意味している。すなわち，一度意識から消えても，再度取り出せるものは，すべて長期記憶に貯蔵されていると考えることができる。すると，この2つの記憶は，時間的区分に基づく別々のものというよりも，同じ記憶の状態の違いを表していると考える方が適切であるということになる。

たとえば，「高校時代，同じクラスに女子は何人いたか？」という問題を考えてみよう。おそらく，この問題を読む直前まで，高校時代のクラスメートのことなどは

全く意識の中には無かったはずである。ところが，この問題に答えようとした瞬間から，記憶の中にある高校時代の情報（これが長期記憶にあたる）が検索され，必要な記憶が意識に上ってくる（これが短期記憶にあたる）。そして，このクラスメートの記憶を保持しつつ，人数を数えるという心的作業を行なうことになる。そして，その作業（人数のカウント）が終了すれば，クラスメートの記憶は再び意識から消える。このように考えると，短期記憶というのは長期記憶の一部が，一時的に意識の中に呼び出されている状態にあることを意味している，ということになる。模擬的には，パソコンのハードディスク内に貯蔵されているファイルが，一時的にデスクトップに呼び出されて，それを見たり加工したりできる状態になっているようなもの，と考えるとイメージしやすいかもしれない（常に変わらず同じ内容で想起されるわけではない，という記憶の特質を考えると，必ずしも正確なアナロジーではないが）。

　このように，短期記憶を，単に限られた情報が限られた時間，貯蔵される箱というように捉えるのではなく，意識の中に情報を捉えて保持しつつ，それを使ってさまざまな心的作業を行なう場として考え，その能動的，機能的側面を強調するのが「ワーキングメモリ」の基本的概念である。すなわち，短期記憶とワーキングメモリは，その構造や特性についてはほぼ同じ概念と考えてよいが，ワーキングメモリとよぶときには，認知活動に必要となる情報を，そのつど一時的に保持しつつ，現在進行中の処理に活用する「保持＋処理」という形態の能動的な機能が強調されている。つまり，「貯める」記憶ではなく「使う」記憶への視点移動である。これは，従来の短期記憶の概念には欠落していた観点である。

　図 9-7 にはバドリー（A. D. Baddeley）が最初に提起したワーキングメモリのモデルを示した[8]。このモデルに見るように，ワーキングメモリは中央に「中央実行系（central executive）」があり，その両側に視覚・聴覚各モダリティの情報を保持する「視空間的スケッチパッド（visuo-spacial sketchpad）」と「音韻ループ（phonological loop）」がある。このうち音韻ループは従来の短期記憶の機能モデルを受け継いだシステムである。さらに，視空間的スケッチパッドは視覚的な形態での情報の保持を可能にするシステムである。これらに加えて，システム全体をコントロールす

図 9-7　初期のワーキングメモリのモデル（Baddeley, 1986）

る中央実行系を仮定することで，情報の保持と処理が相互に関連しながら展開して行く人間のダイナミックな認知活動を，より的確に説明することが可能となっている．

ワーキングメモリのモデルは，この後，長期記憶との情報のやりとりを行なう過程を付け加えるなどさらに発展し，人間の記憶と認知の構造および機能を説明する有力なモデルとして，さまざまな観点から研究が続けられている．さらに言語獲得に関して，子どもの音韻ループの保持容量が新たな語彙の習得に影響することなど，人間の言語認知活動全般を支えるシステムとしての重要性も指摘されている．

5　長期記憶からの忘却

長期記憶からの忘却について今日まで数多くの実験と理論を生んでいるが，忘却の経過をはじめて実験的に研究したのは，本章冒頭にあげたエビングハウスである．彼が節約法によって求めた結果は図9-8に示すとおりである．この図で明らかなように，記憶は記銘直後が最大でその後短時間の間に急速に下降し，以後ゆるやかな経過をたどる．記憶の経過は，条件によっては記銘直後よりもそれ以後のほうが成績がよくなるレミニセンスという現象（〈コラム9-2〉参照）もあるが，一般にはエビングハウスの保持（忘却）曲線のような経過をたどることが，その後の多くの研究で確かめられている．

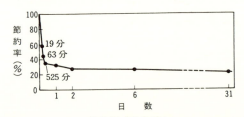

図9-8　エビングハウスの保持（忘却）曲線（Ebbinghaus, 1885より作成）

つぎに，忘却はなぜ生じるのかということが問題になる．常識的には，短期記憶のところでもとりあげたように，時間とともに減衰していくと考えられるが，このような単純な考え方はいくつかの理論によって否定されている．

1　干渉説

記憶項目リストを学習してからこれを再生するまでの間眠っていたほうが，起きていたときよりも再生成績がよいという実験がある．これを仮眠効果というが，こ

の場合,学習から再生まで時間の経過が同じであるのに再生数に差が生じるのは,時間に伴う自然的な消衰では説明できないことは明らかである。

この実験で起きているときのほうが成績が悪くなるのは,逆向干渉とよばれる現象の一例である。逆向干渉(retroactive interference)というのは,学習Aを行なったのちに別の学習Bをすると,学習Bをしない場合よりも学習Aの保持が悪くなるという現象のことである。これは,学習Bが学習Aの保持に干渉するからだとされる。仮眠効果の実験で,起きている場合を学習Bのある状態,眠っている場合を学

〈コラム9-2〉 レミニセンス

ジェームズ(W. James)は彼の『心理学』という書物の中で,「水泳は冬の間に上達し,スケートは夏の間に上手になる」といっている。これは,冬温水プールで練習し,夏スケートリンクで練習せよというのではない。つまりみっちり練習しておくと,休んでいる間に上達するということなのである。休むことが上達にプラスにはたらくことは,試行の間に休憩をはさみながら行なう分散学習が,休みなく行なう集中学習に勝るという,数多くの研究によって実証されている。

このような休憩の効果については,記憶についても同じような現象が見いだされている。記憶成績は,エビングハウスの忘却曲線が示すように,覚えた直後が最大で,以後減少していくのが普通であるが,条件によっては直後よりもその後のほうが成績のよくなることがある。この現象をレミニセンス(reminiscence)という。レミニセンスにはバラード型とワード型とがある。バラード型は詩や文章等の有意味材料の記憶にみられ,記憶直後よりも1～2日後のほうが成績がよいという結果が得られている。一方,ワード型は無意味綴リストの学習の場合にみられ,直後より30秒から2分後にかけて成績がよくなるのである。レミニセンスは,言語材料の記憶だけでなく,知覚・運動学習の場合にもみられる。

レミニセンスが生じる理由については,分散学習の有効性の説明と同じ反応抑制説が適用されている。反応抑制説というのは,ある反応を反復することによってその反応を抑制しようとする傾向が生じるが,これは休憩とともにすみやかに減退するという考え方である。記憶し終わったあと再生まで時間をおくことは休憩することであるから,この間に,記憶活動中の反応抑制が減退し,結果的に再生量は記憶直後より上昇するのである。

われわれは,根をつめて勉強してもなかなか能率が上がらぬとき,ちょっと机をはなれたり,散歩したりすると,そのあと能率が上がることをよく経験する。また,試験の答案を出して教室を出たあとで正答を思い出してくやしい思いをすることもよくある。散歩に出たり,試験場をはなれるのはいずれも休憩に相当するから,この間に反応抑制が減退してレミニセンスが生じたとみてよい。

レミニセンスという現象は,冒頭のジェームズの引用にあるように,学習や記憶における休憩の効用について教えてくれている。俗にいう一夜漬けはあまり効果的でないということも示唆しているといえよう。

習Bのない状態にあたると考えると、結果がうまく説明できる。

つぎに、短期記憶の場合にみられたような順向干渉がみられる。すなわち、ある学習Bの保持はそれ以前に行なった学習Aによって干渉をうけ、学習Aがないときよりも成績が落ちる。逆向干渉・順向干渉を実験的に検証するパラダイム（基本手続）は図9-9に示すとおりである。

```
逆向干渉群：学習A → 学習B → 学習Aの保持測定
統 制 群：学習A →  休  → 学習Aの保持測定

順向干渉群：学習A → 学習B → 学習Bの保持測定
統 制 群： 休  → 学習B → 学習Bの保持測定
```
図9-9 逆向・順向干渉の実験パラダイム

逆向干渉・順向干渉はともに学習材料（A・B）間の類似度によって規定される。一般的には、類似性が高くなると干渉が生じやすくなるといえるが、条件によって異なり、必ずしも一義的でない。また、二つの学習の学習度とも関係があり、一方の学習が他方より大きくなるほど他方を干渉しやすくなる。

日常生活の忘却は、逆向干渉によるよりも順向干渉による場合のほうが大きいという報告がある。アンダウッド（B. J. Underwood）は、24時間後再生という条件の十数件の記憶実験結果を再検討し、各実験の被験者がそれまでに経験した記憶リスト数と、各実験での再生率の関係を調べたところ、図9-10のようになった。経験のない被験者は75%再生しているのに、20リスト経験者は15%にすぎない。このように、経験リスト数が多いほど再生成績が悪いのは、順向干渉を多くうけているからだといえる。お年寄りが新しい事柄を覚えてもすぐ忘れるのは（種々の原因が考えられるが）、一つには過去の経験の記憶が若い人に比べてはるかに多いので、これが新しい事柄の学習の保持に順向干渉となって作用するからだということができよう。

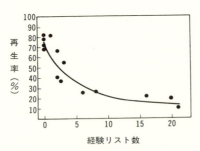

図9-10 経験リスト数と再生数(Underwood, 1957)

2 手がかり依存と忘却

人や物の名前を知っているのになかなか思い出せずもどかしい思いをすることがよくある。これは、のどまで出かかった状態といわれる現象である（英語では Tip-of-the-tongue といって舌の先まで出かかっているという）。この場合、当の名前を示されるとすぐ再認できるし、ちょっとしたヒントで再生できることが多い。このように再生できないからといって、忘れ去ってしまったわけでなく、記憶した情報は保持されているのだから、再生の可能性はあるはずである。このような状態をタルビングは利用可能性（availability）とよんだ。しかし上の例のように、利用可能性のある情報が常に再生できるとは限らない。再生できるのは何らかの方法でその情報に接近できるからで、これは接近可能性（accessibility）とよばれる。

彼は接近を可能にするには習得時と再生時の記憶項目に対する手がかりが重要であると考えた。すなわち、ある記憶項目は、習得時にその文脈に特有な手がかりとともに符号化されて学習される。そして再生の時にも同じ手がかりが与えられると、その記憶項目は再生しやすいが、手がかりが異なると再生しにくいと考えた。これを符号化特定性原理（encoding specificity principle）とよび、これを実証する実験を行なっている。たとえば、

第1段階で、列車を手がかりとして提示し、黒いをこれに結びつけて学習する。

第2段階で、白いに対して自由連想をいくつかさせ、その中に黒いという反応が生じる。

第3段階で、黒いが第1段階の学習時の項目にあったかどうかの再認を求める。その結果25%しか再認しなかった。これに対して、

第4段階で、再び列車を手がかりに自由再生を求めたところ、黒いを60%再生した。

という結果がえられた。黒いは、日常の言語習慣では白いとの結びつきが断然強いにもかかわらず、はじめにともに符号化した列車という特定の手がかりによるほうがひき出されやすかったのである[9]。

この説は学習時の文脈や状況、および学習者の心身の状態がその後の記憶をコントロールするという状態依存学習ともつながりがある。詳しくは〈コラム9-3〉を参照されたい。

3 動機づけと忘却

最近の認知心理学的立場の記憶研究では、情意的側面の影響に関する研究が少ないように思われる。しかし人間が記憶するのであるから、記憶しようとする意欲や

記憶材料に対する好悪，それに自我の状態等が記憶や忘却に作用することは決して無視できないところである。

（1） 中 断 作 業

何か仕事をしている途中で用事ができて仕事が中断されると，やりかけの仕事が気になることがよくある。このような事実をツァイガルニク（B. Zeigarnik）は記憶に関連づけて研究した。彼女は粘土細工や算数問題，パズル等 40 の課題を被験者に与え，そのうちの半数は全部完了させるが，残りの半数は中途で中断し未完了のままにする。そしてあとから今やった課題の内容を再生させたところ，完了課題より

〈コラム 9-3〉 **状態依存学習**

　夜，酒を飲んで帰って翌朝起きたとき，昨夜の出来事がどうしても思い出せないが，夜になって再び酒を飲むと昨夜の出来事をふと思い出すということがある。このように，学習したときの学習者の状態と，思い出すときの状態とに依存して学習が変動すること，すなわち，覚えたその状態と思い出すときの状態が一致するとき，記憶成績がよくなることを状態依存学習（state-dependent learning）という。状態依存学習は動物実験において以前から見いだされている。たとえば，薬物を投与されて学習したラットは，後に薬物を投与されたときに，学習内容をよく覚えていた。人間の状態依存学習研究にはアルコールが最もよく用いられる。はじめの例のように，飲酒下で学習した事柄は飲酒下で再生するほうが，しらふの状態で再生するよりも，また，しらふ状態で学習した事柄はしらふで再生するほうが，飲酒下で再生するよりも，いずれも成績がよいという実験がある。また，この状態はタバコにおいても同様に見いだされている。

　状態依存学習は人間の心的状態や環境状況についても見いだされている。たとえば，抑うつ状態で記憶したことは落ち着いた状態で思い出すよりも，抑うつ状態のときのほうが思い出しやすい。環境状況については，陸の上で記憶した事柄は陸の上で再生したほうが，また，水中で記憶した事柄は水中で再生したほうが成績がよいという報告がある。さらに，学習時とテスト時の部屋が同じ場合と異なる場合の記憶実験成績は，部屋が同一の場合のほうがよいという結果もある。これに関連してこんなエピソードを読んだことがある。アメリカのある大学生が試験に落ちたので再試験を受けることになった。再試験は担当教授の研究室で行なわれることになり，その学生が呼び出された。このとき学生はもじもじしながら，先生の研究室でなくいつもの教室で受験させてほしい旨申し出た。教授が理由をたずねると，教室で受けると思い出しやすいからだということだった。

　状態依存学習はタルビングが提唱する符号化特定性原理の現象によく似ている。状態依存学習の"状態"を符号化文脈であるとみなすと，この原理でうまく説明できると考えられる。しかし，一方で状態依存学習を覚醒水準との関係で説明しようとする試みもある。これは，学習時の覚醒水準によって，記憶されやすい材料の性質が異なる，と考える立場である。

5 長期記憶からの忘却

も未完了課題のほうが2倍近く再生がよかった[10]。この現象を記憶の中断効果という。未完了課題の再生がよいのは，仕事を完成しようとする動機や緊張が残っているからであり，一方，完了課題ではこのような動機や緊張は解消してしまっているため忘れやすいのだと説明される。

（2）抑　　圧

7章で自我防衛機制の一つとして述べた抑圧は記憶の観点からみると，精神分析学的な忘却理論である。自尊心を傷つけられたり，不愉快な思いをする経験は無意識の世界に抑えこんでしまうという説である。フロイトをはじめ多くの研究者が種々の日常例をあげてこれを説明しているが，実験的な検討もなされている。ローゼンツバイク(S. Rosenzweig)は中断作業の技法を用いて抑圧を実験的に導入した。普通の教示で完了・未完了課題を行なう統制群と，ストレス群として，未完了の場合，たとえば被験者に，この課題が時間内にできなければ失敗であるといってストレスを与える群を設けた。その結果，再生数は統制群では，ツァイガルニクの場合と同様，未完了課題のほうがまさったが，反対にストレス群では，完了課題のほうが再生がよかった[11]。これはストレスによって自我が傷つけられ，これに関連のある未完了課題の記憶が抑圧されたためであると説明される。

（3）材料の快・不快

昔見た映画等，古い記憶をふりかえってみると，内容や筋書きは忘れてしまっているが，面白かったとか，怖かったといった感動だけが残っていることが多い。このような事実を実験的に調べたものに，たとえば，無意味語と感情的単語の対連合学習と，単語に対する感情的意味のSD法(p.211参照)による評定を求めたのちの再生において，正確な単語は思い出せなくても，その語の感情的意味(快か不快か中性か)は思い出せたという研究がある[12]。

つぎに，快・不快・中性材料のうちどの項目が記憶しやすいかということについて，従来より，多くの研究がみられるが結果は必ずしも一貫していない。このなかにあって，快・不快という感情の質の差よりも，感情それ自体の知覚の強度が記憶に影響するという説がある[13]。つまり印象強く残った経験がよく思い出されるというのである。これに対してマトリン(M. Matlin)は，快的項目は不快項目よりも効率的に処理しやすいとするポリアンナ(Pollyanna)原理が記憶にも適用できるとし，知覚強度が同じなら，快的項目は不快項目よりも記憶しやすく，肯定文は否定文よりも記憶しやすいことを多くの例をあげて説明している[14]。

6 構成的記憶

伝言ゲームというゲームがある。二つのグループが同じ情報をつぎつぎに伝えていくと，最後の人の答がグループ間でまったく異なっていたというところに面白さがあるゲームである。これは，人から聞いた情報が自分の頭の中で質的に変容をとげていることを物語っている。このように，記憶は質的にも変容する。

1 記憶の変容

記憶の質的変容についての研究としては，まずウルフ(F. Wulf)のゲシュタルト心理学の立場からのものがある。図形を用いた彼女の実験結果によると，変容は水準化，強調化，標準化の3方向にまとめられるとしたが，その中心的なものは水準化である。これは，図9-11に示すように，原図形がバランスのとれた方向に変わっていくようなものである。そしてこの変化は，知覚の場合にはたらくのと同じプレグナンツの法則(8章3節3項を参照)による自動的・自発的変化であるとした。

原　図　　　　　再生図
図9-11　記憶変容の方向(水準化)　(Wulf, 1922)

これに対しカーマイケル(L. Carmichael)らは曖昧な図形に対して，2つの異なる命名をするとその再生図は命名化された方向に変化することを見いだした(図9-12のまん中の図が左右の図のように変容)。これは命名という言語的符号化が記憶に影響したものであり，ウルフの場合とちがって，個体の側の要因を重要視する見解である。

記憶内容の変容は言語材料の記憶においても生じる。とくに，これまで取り上げてきた単語のリストとちがって，人の話や物語といった長い文章の記憶では，ことばどおり覚えるのは困難であるし，また，完全に覚えるよりもむしろ，文のあらすじや要点の把握と記憶を求められることが多い。この場合，個体の有している知識や興味・関心等によって記憶材料がとらえられ，その結果，種々の変容の生じることが予想される。以下，こうした変容も含めて，文章材料の記憶過程の特質をみてみよう。

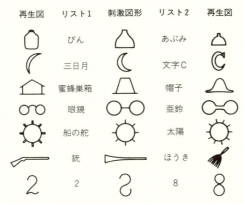

図 9-12 命名による再生図形の変容（Carmichael *et al*., 1932 より一部抜粋）

2 文章の記憶

　文章には文法とかことば使いといった形式的な特質と，意味的な特質の二つの面が含まれている。われわれが文章を聞いたり，読んだりするとき，二つの特質とも正しく記憶しているのかどうか。この問題の検討のためザックス（J. Sachs）は以下のような実験を行なった。まず，つぎのような1節を含む長い文章を聞かせた[15]。
　「イタリアの大科学者ガリレオに，彼はこれについての手紙を送った」
そして，この文を聞いた直後，後続文を 27 秒聞いた後，および 46 秒聞いた後に，つぎの4種の文が，前に聞いた文と同一であるか否かを判断する再認テストを行なった。
　（1）　はじめと同じ文
　（2）　「イタリアの大科学者ガリレオはこれについて彼に手紙を送った」──意味が異なる文
　（3）　「それについての手紙がイタリアの大科学者ガリレオに送られた」──同じ意味の受動文
　（4）　「彼はこれについての手紙をイタリアの大科学者ガリレオに送った」──同じ意味で語句の順序が異なる文

　その結果，直後ではどの文についても正答率は高く，文中の意味や形式の変化に気づいていた。しかし 27 秒，46 秒後の場合は（2）の意味変化の場合のみ正答率は高かったが，あとはいずれも正答率は偶然の水準をこえるものではなかった。このことから，被験者は時間が経過すると文の形式的変化にはあまり気がつかないが，意味的変化には気がついているということ，つまり，文の形式よりも意味を記憶して

いるということがわかる。つぎに，一つの文の意味をとらえるだけでなく，個々の短い文から一つのまとまった意味を構成するということが，ブランスフォード(J. D. Bransford)とフランクス(J. J. Franks)によって示された[16]。

（1）　ゼリーはあまい
（2）　台所にいたアリがゼリーをたべた
（3）　アリはテーブルの上にあったあまいゼリーをたべた

といった文を他の種類の文に挿んで提示したのちに，被験者はこれら3文とともに，

（4）　台所にいたアリが，テーブルの上にあったあまいゼリーをたべた

という文が提示されたか否かの再認判断を求められた。(4)文は(1)〜(3)を統合して構成したもので実際には提示されていないにもかかわらず，実際に提示された(1)〜(3)の文よりも高い確信度をもって「提示された」と誤再認された。この結果は，被験者は与えられた断片的な文から話全体のまとまった筋を抽象し，全体的な文を構成してこれを記憶しているのであって，文の正確な細かい言いまわしは，はっきりと記憶していないことを意味する。

3　知識による統合と構成

以上述べたように，記憶というのは与えられた材料を鏡に写したり，テープやフィルムにとるように受身に覚えてそのとおり再生するのでなく，むしろ個体の側からの能動的なはたらきが加わった特質をもつものとみなければならない。こうした主張はすでに1932年にバートレット(F. C. Bartlett)がその著『想起の心理学』(*Remembering*)において詳しく取り上げている。彼はエビングハウスの記憶研究があまりにも機械的，実験室的で，日常生活の生の記憶を扱っていないと批判し，以下のような考えを展開した[17]。記憶というのは個人の有している知識構造の枠組や図式，すなわちスキーマ(schema)に従って情報をとらえ，これに合致するように構成し編成する過程であるとした。そのため再生では，与えられた材料がそのままの形でなく，圧縮されたり，被験者自身のことばに置きかえられたり，材料の筋や内容が合理化されたり等の変容が生じる。彼はこの説を物語や絵を材料として，個人の反復再生やリレー式に人から人へ伝達する系列再生によって実験的に実証している(中扉の図を参照)。

われわれは，見たり聞いたりした事柄と，これらの事実に関する一般的知識から推論した事柄とを混同して，覚えこんでしまうことがよくあるが，このような経験もバートレットの理論によってうまく説明できる。たとえば，

（1）　「ジョンは鳥の巣箱を修繕していた。父が手伝いにやってきたとき，<u>ジョンは釘を打っていた</u>」

という文章と，下線部の前までは同文で

(2)「……ジョンは釘を探していた」

という文章があり，(1)を提示された群と(2)を提示された群に，それぞれのちに，

(3)「……ジョンは金槌を使っていた」

を提示し，この文が先に提示された文と同じか否かの再認判断を求めたところ，(1)の群のほうが(2)の群よりも誤再認が5倍も多かった[18]。これは，(1)の文では釘を打つためには当然金槌がいるという推論がなされ，このような過去の知識と提示文との間に統合が生じたからであり，一方(2)の文では釘を探しているだけなので，金槌がいるという推論が生じにくかったからであると解釈される。

しかし，推論や過去の知識は誤再認や記憶のゆがみを生むだけでない。表9-1のような文章は，標題なしに読むと理解しにくく，記憶しにくい。しかし，これに「洗濯」という標題をつけると理解しやすく，再生量が2倍近くにふえたという報告がある。標題からの推論や背景知識がこの難解文の理解と記憶を助けたのである。

表9-1 無標題では理解しにくい文章 (Bransford & Johnson, 1972, 訳は御領(訳)，1979による)

> 手続きはまったく簡単である。まず，物をいくつかの山に分ける。もちろん，全体量によっては，一山でもよい。設備がないためどこか他の場所に行かないといけないとしたら，それは次の段階であり，そうでなければ，あなたの準備はかなりよく整ったことになる。大事なのは一度にあまり多くやらないことである。つまり，一度にあまり多くやりすぎるより，むしろ少なすぎる位の方がよい。この注意の必要性はすぐにはわからないが，もし守らないと簡単にやっかいなことになってしまうし，お金もかかることになってしまう。最初この作業はまったく複雑にみえるかも知れない。しかし，すぐにこれはまさに人生のもう一つの面となるであろう。近い将来にこの作業の必要性がなくなると予想することは困難で，決して誰もそれについて予言することはできない。手続きがすべて完了すると，物をまたいくつかの山に分けて整理する。次にそれを決まった場所にしまう。作業の終わった物は再び使用され，そして再び同じサイクルがくり返される。やっかいなことだが，とにかくそれは人生の一部なのである。

4 目撃証言とデマ

交通事故等の事件の目撃者の証言の信憑性がよく問題となる。これには種々の原因が考えられるが，さきに述べた記憶の統合的，構成的特質に帰せられる一面も見逃すことのできないものの一つであり，実験的にも検討されている。たとえば，まず交通事故の映画をみせ，つぎに事故について2種類の質問を行なう。

（1） クルマは，激突したとき，どれくらいの速度で走っていましたか。
（2） クルマは，ぶつかったとき，どれくらいの速度で走っていましたか。

これに対する答は，(1)の質問を受けたほうが速い速度の答が多かった。つぎに1週間後，今度は「ガラスが割れるのを見ましたか」とたずねた(実際には割れていない)。

この答が「ハイ」の場合は(1)の質問を受けた群では32%だったのに対し，(2)では14%しかなかった[19]。このちがいは，はじめの事故の情報(映画)と，事故についての質問に用いられる用語に対する被験者の知識とが統合された結果であるといえる。すなわち，ぶつかったより激突したという場合のほうが事故が大きいという一般的知識による推論がはたらいて，速い速度とガラスが割れたという答を生ぜしめたと考える。

つぎに，デマ・うわさ・ゴシップといったたぐいの情報も，記憶の統合・構成的な一面を反映しているとみることができる。オルポート(G. W. Allport)とポストマン(L. Postman)はデマの伝播について

$$R \sim i \times a$$

という有名な公式を提唱した[20]。この式はデマ(R, rumor)は，人びとの情報に対する重要度もしくは関心度(i, importance)と，情報の曖昧さ(a, ambiguity)との交互作用によって発生し，流れるという意味である。この公式により，デマにも，記憶と同様の構成的過程がはたらいているということが容易に理解できると思う。

5　記憶の永続性について

長期記憶には永続性があるといわれる。たとえば，おとなになってから小学校時代のクラスメートのアルバムをみて，写真の顔と名前の正しい再認が約75%という高い成績であるという事実がある。さらに，催眠や精神分析，そして脳表面の電気的刺激によって長年思い出せなかった事柄が鮮明に再生できるという報告もある(2章4節6項)。これらはいずれも記憶の永続性をうらづけるものといえよう。

一方，すでに述べたように，記憶情報は個人の知識との統合によって変容を受ける。そのうえ，催眠，精神分析，そして脳の電気的刺激による記憶の回復は，必ずしももとのままの正確な再生でないという指摘もある。これらの事実を総合すると，記憶の永続性の見解は，否定されることになる。

7　記憶増進法

日常生活で記憶が必要な場面は数多く，だれしも大事なことをよく覚え，よく思

い出せるようにと記憶の増進を願っている。多くの材料を能率よく記憶する技術は記憶術(mnemonics)といって，古代ギリシアから工夫されてきた。記憶術というと何か特別な能力だとか，トリックめいたことを想像するが実はそうではない。われわれも日頃，記憶しやすいようにいろいろと工夫と努力をし，種々の方略を用いているが，これは記憶術を用いているといいかえてさしつかえないだろう。以下，記憶増進法もしくは記憶術的な方法を，現在の記憶研究を中心とする心理学の成果と関連づけながら取り上げてみよう。

1 感覚記憶と短期記憶の問題

記憶増進法というと長期記憶の過程における問題が中心であるが，その前段階の感覚記憶や短期記憶の過程も見逃しえない問題をふくんでいる。すでに述べたように，感覚記憶や短期記憶では，記憶情報は短時間しかとどまっていないで，すぐに消失し去ってしまう。しかし，すぐ消失することは実は後の記憶過程には有利にはたらいているのである。もし，入力情報が，個体の側からのリハーサル等の操作を加えないのに，いつまでも頭に残っていたとしたらどうであろうか。たとえば，電話番号は先方が出るまで覚えておけばよいのに，用がすんでも脳裡を去らないとしたらどうだろうか。つぎつぎに入ってくるもっと大事な情報に注意し，これを選択することは不可能になってしまう。消失し忘却するということは一見不都合なようであって，実はこのために不必要な情報を無視でき，必要な情報のみに注意し，これを選択し保持するはたらきを可能にするのである。

2 過剰学習

われわれは記憶項目リストを学習するとき間違いなく全部再生できればそれで記憶できたと考える。しかしこれを永く保持するためにはこれだけでは不十分で，さらに練習を重ねる必要のあることが見いだされている。学習完成後さらに練習を重ねることを過剰学習(overlearning)という。どれくらいの過剰学習が効果的かというと，過剰学習0%群(学習完成で終わる群)，50%群(完成に要した回数の半分追加する群)，100%群(完成に要した回数を追加する群)に分け，約1ヵ月近い期間の保持を調べた研究では，図9-13のように，50%群と100%群の差があまりないことから，50%くらい過剰学習すれば有効であるといえよう。

過剰学習がなぜ効果的であるかというと，それは，主観的体制化が強められること，および再生の自動化である。つまり，自分が覚えやすいように記憶項目をまとめることと，あまり注意せず，考えずに反応できるようになるからである。しかし，この自動化のため，新しい学習をする際にかえってマイナスにはたらくこともある

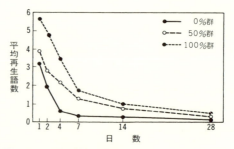

図 9-13 過剰訓練の効果(Krueger, 1929 より作成)

ことが指摘されている。

3 チャンキング

長い材料を順序どおり覚えるときには，棒暗記するよりも，2節で述べたように，長い材料をいくつかの単位にまとめる工夫をすること，すなわち，できるだけ少数のチャンクにまとめると能率的である。しかし実際には，チャンクしやすい場合としにくい場合がある。2節で取り上げた

JALNHKNTTUSASOS

は3文字ずつにチャンクすることができるが，

YCMAFHRKEWIOTDU

はどう区切ってもチャンクを少なくすることがむずかしい。しかしこんな場合でも，YCM AFH RKE……のように三つずつ区切るとまとまりやすく記憶しやすい。さらに3文字の最初にアクセントをつけてリズミカルに発音して覚えたり，歌にするとなお効果的である。英語圏の子どもにアルファベットを歌にして教えるのはその一例である。日本語の場合，七五調を用いると覚えやすいのも，これと同じようなことであろう。たとえば，イロハ48文字を「色はにほへど，散りぬるを……」として覚えたり，春の七草を，「せり なずな，ごぎょう はこべら，ほとけのざ，すずな すずしろ(はるのななくさ)」のようにして覚えるような例があげられる。

4 媒　介

刺激材料をそのままの形で記憶するよりも，その材料に何かを付加したり，何かに変形したりするほうが有効であることは，3節で述べたとおりである。このような操作を加えることは，刺激材料の受容と再生もしくは再認反応との間に橋わたしをするものであるから，媒介(mediation)という。電話番号や歴史の年代等の数字をゴロ合わせで覚えるのもこの一種である。このほか，媒介でよく用いられる方法を

一，二あげるとつぎのとおりである。
（1） 頭文字法
いくつかの項目の列の頭文字のみをとってこれを順番に組み合わせたものを頭文字法という。略号にはこの種のものが多い。キャプテン・システム (Character And Pattern Telephone Access Information Network System) やアメダス (Automated Meteorological Data Acquisition System)，臨教審（臨時教育審議会），関学大（関西学院大学），日航（日本航空）等はその例である。この場合，いうまでもないことだがこの組合せはゴロもよく，よく覚えられても，各頭文字を元の単語に戻せなくては意味がないので，この点留意すべきであろう。

（2） 物語連鎖法
多数の無関連の項目の間をつなぎ合わせて物語を作りあげていく方法を，物語連鎖法という。たとえば，
「映画　主婦　浪人　鉄道　空気　遠足　公園　時計　小説　新聞」
というような材料を，物語を作って覚えさせる物語群と，とくに指示しない統制群とに分けて，この種のリストを12リスト学習させるのである。これと同様の方法で行なったある実験[21]によると，各リスト提示直後の再生成績では両群差はないが，12リスト学習後全リストの再生成績では物語群がはるかに成績がよかった。物語作成の効果がはっきりあらわれたのである（ちなみに，上の10語の物語の一例：「映画を見た主婦が浪人と鉄道の中で知り合って，空気がきれいなので遠足に公園に行こうということになったが，時計をみてやめたという小説を新聞で読んだ」）。

5 イメージ化
これまで述べてきた種々の方法は，たとえば，リハーサル，体制化，ゴロ合わせ，物語作り，いずれも言語的な符号化に基づくものであった。しかし，われわれは記憶項目を提示されたとき，言語的な符号化だけでなく，イメージを思い浮かべることが多い。イヌと聞けばイヌの走っている姿，クルマといわれると駐車場のマイカーが浮かんでくる。このようなイメージを利用すると記憶が促進されやすくなるのである。

（1） イメージ教示
同じ材料を学習するのにイメージを用いるよう教示することによって学習を促進させることが実証されている。対連合学習において
　（1）　ただ反復するだけの教示（ネコ―マドと繰り返すのみ）
　（2）　イメージを作る教示（ネコ―マドに対しネコがマドのところをとぶイメージを思い浮かべる）

の2条件のほか2条件を設けた結果，イメージ教示群がいちばん成績がよかった。

なぜイメージ化が効果的なのかについては，ペイビオ (A. Paivio) の二重符号化仮説 (dual-coding hypothesis) によって説明される[22]。二重符号化というのは，イメージを思い浮かべやすい語（たとえば，サクラ）は，イメージを思い浮かべにくい語（たとえば，リソウ）にくらべて，言語とイメージによる二重の符号化がより可能であることをいう。そして，この符号化の差が，記憶しやすさに影響するというのである。なお，イメージ教示は二重符号化を促進させるものと考えられる。

（2） 場 所 法

古代ギリシアでシモニデスが，大宴会場の天井が落ち大勢が死亡した場面に遭遇し，だれの死体かわからなかったのを，ひとりひとりどこに坐っていたかを覚えていていいあてたということから有名になった方法である。場所法 (method of loci) とは，たとえば，自宅から駅への道中というように，よく見かけるいくつかの情景に記憶項目を結びつける方法である。たとえば，ホットドッグ，トマト，洗剤……の買物をしなければならないとき，ある家の犬小屋で犬がホットドッグをたべており，次の家の玄関のノブにトマトがぶらさがっており，その横の駐車場でクルマを洗剤で洗っている……というふうにイメージを思い浮かべるのである。

その他，ペグ・ワード法とかキー・ワード・ピクチャ法というような方法があるが，原理的には場所法と同じと考えてもよい。

最後に外的補助の利用がある。たくさんの買物をするときメモをしたり，約束の日程を手帳やスマートフォンのカレンダー機能に登録するとか，明日学校へ持参するものを玄関の靴箱の横においておくとかの方法である。この場合大切なことは，外的補助を用いたことをはっきり覚えておくことである。したがって，外的補助とはいうものの，純粋に外的な補助とはいえないわけである。

8 記憶研究の最近の展開

記憶についての研究は，現在もさまざまな方向へと発展し続けている。ここでは，近年における二つの目覚しい展開について見ておこう。

1 日常記憶研究

日常記憶研究とは，日常場面における人間の認知活動のしくみやはたらきに注目し，実験室で得られたデータよりも，日常的で自然な場面での観察や調査，実験からのデータに基づいた記憶の研究である。たとえば，日々の行動の予定についての記憶（展望的記憶）や行動のし間違い（アクションスリップ）についての研究，犯罪や

8 記憶研究の最近の展開　　　　　　　　　　　　　　　　　　　　　195

事故などにおける目撃証言の研究，人の顔や名前の記憶についての研究など，われわれの記憶が実際の生活場面でどのようにはたらいているのかを示す，さまざまな興味深い研究が行なわれている。

2　脳研究との連携

　PETやfMRIなどの脳画像研究装置が近年広く利用できるようになってきたことに伴って，記憶機能の脳内における局在を調べたり，記憶に関連する脳の活動パターンをリアルタイムで調べたりすることが可能になってきた（2章参照）。そこでは，たとえば従来の研究で調べられていた記憶のはたらきが，脳の活動とも対応することなどがわかってきている。この分野の研究は，これからもますます発展し，より詳しい記憶の理論やモデルが生み出されることが期待されている。また，脳の損傷によって起こる記憶の障害について研究する神経心理学分野との連携も，最近盛んになってきている。

10 思考と言語

ロダン「考える人」（ロダン美術館：パリ）
(Wikimedia Commons, By Andrew Horne [Public domain], https://commons.wikimedia.org/wiki/File%3AThe_Thinker%2C_Rodin.jpg より)

私たちは，7章でみたように，いろいろな難問に遭遇して困ることがよくある。7章では，このような状況を思い通りに乗り切れない場合の対応の仕方をみたが，本章の前半では，これにうまく対処していく問題解決行動を中心とした思考活動を取り上げ，そこに含まれている要因と解決過程，および思考の理論的問題をみてゆく。

　つぎに解決にあたって，問題場面を論理的，合理的に把握し分析することが大切であるが，この際，言語的な知識を動員し，これを媒介にすることが多い。思考のすべてが言語に負っているわけではないが，言語と思考は密接な関係にある。本章の後半では，意味と文法を中心に言語の特質を論じたのち，言語と（思考をふくむ）認知の関係を解説する。

1　思考とは何か？

　われわれが日常"ものを考える"というとき，そこにはさまざまな意味が込められている。今日，多くの心理学者たちは，思考には大きく分けて二つの型すなわち，目標づけられた思考（directed thinking）と目標づけられない思考（undirected thinking）があると考えている。前者はなんらかの具体的な課題が目標として与えられている場合に，方向性をもって意図的に行なわれる思考のことであり，この章で以下に述べてゆくように，心理学では問題解決というトピックで研究が進められてきている。また，後者は方向性のない，いわば"とりとめのない"思考であり，空想や白昼夢などが含まれる。

2　推　理

　推理（inference/reasoning）とは，既知の情報から新たな結論を導き出す過程のことであり，そこには明示的に与えられた情報を元に，必要な情報を記憶の中から検索したり，必要に応じて情報を獲得したり，あるいはそれらをまとめて新たな情報を生成する過程が含まれる。

1　推理の研究

　推理は元々，哲学や論理学の研究対象であり，そこでは妥当な推理のあり方が研究されてきた。一方心理学では生活体の行なう推理が，論理学でいうところの妥当な推理とどのように異なるのか？　知識の獲得や生成，学習において推理がどのように役立っているのか？　を明らかにすることが研究の目標となっている。

2 さまざまな推理

人間の行なう推理にはさまざまな形態のあることが明らかにされている。たとえば幼児の思考の特徴である転導推理「アサガオが大きくなるから，お月様も大きくなる」というような，個別事例から個別事例を導く幼児のような推理)や，仮説を生成する仮説推理(せきをしている人を見て，この人はカゼを引いているという仮説を導くような推理)など多くの種類と分類があるが，ここでは代表的な推理である演繹推理，帰納推理および類推について述べる。

(1) 演繹推理

演繹推理は一般法則や普遍的命題を個別事例に適用して，個別的知識や個別的命題を導き出す過程である。数式の展開や〈コラム 10-1〉の問題 (7) の「4枚カード問題」などは，解決のために，数式の変形や論理についての一般的な法則を，個別の事例に適用することが必要とされる演繹推理の例である。

演繹推理においては結論に含まれている情報は，全て前提の中に含まれている。したがって，演繹推理においては結論によって新しい情報が加わったり，新しい知識が増えたりすることはない。

(2) 帰納推理

帰納推理は演繹推理とは逆に，個別的知識や個別的命題から，一般的法則を導き出す過程のことである。さらにホランド (J. H. Holland) らは「帰納とは不確実な状況において，知識を拡張する推論過程の全てを指すものである」[1]と帰納という語を広く定義している。このような知識の拡張という点に注目するならば，学習も基本的には帰納推理であると考えることができる。また，科学における研究活動なども，事実の収集から一般原理を導くことを主な目的としているのであるから，帰納推理の典型例であるということができる。

演繹推理では新しい情報は増えないのに対し，一般的に帰納推理では新しい情報が増える。ただし，帰納推理では新しい知識が得られるかも知れないが，それが必ずしも真であるという保証も，偽であるという保証もない。すなわちこの結論は真と偽の「中間」にあると言えるだろう。このことから，帰納推理を蓋然性推理 (probable reasoning) とよぶこともある。

(3) 類推

われわれは解決の難しい問題に直面したとき，それと似た別の問題に取り組んだ経験を応用して解決を試みることがある。このように，似てはいるが別の状態に遭遇したときの情報を応用することは類推 (analogy) とよばれている。〈コラム 10-1〉の問題 (8) はギック (M. L. Gick) とホリオーク (K. J. Holyoak) が類推の実験に用い

た,腫瘍の問題と要塞の問題である[2]。彼らの実験では,このような同型問題は,ただ被験者に解かせてみるだけでは,それらの間の類推は生じず,二つの問題の間に類似性があるというヒントを与えられたときに初めて類推が生じることが明らかにされている。彼らの実験ではこのように,類推が生じるためには被験者が自発的に二つの問題の類似点を対応づけてゆくことの重要性が示されている。

3 問題解決

1 問題とは何か?

問題解決の研究で用いられる"問題"とは,① 達成すべき目標があるが,② その目標がすぐには達成できず,③ 目標の達成のためには複数の行動が可能であるような状況を指している。そしてこのような状況の下で目標を達成しようとする活動を問題解決とよんでいる。

次の〈コラム 10-1〉には,問題解決の研究で用いられてきたさまざまな"問題"の例が示されている。これらの問題は,上の定義にもとづけば,その答や解決の方法をまだ知らない人にとっては,上の三つの条件をいずれも満たしているので"問題"となるが,すでに答や解決の方法を知っている人にとっては"問題"であるとはいえない。以下では,ここに示した問題の例を用いて,これまでの問題解決の研究で明らかになってきた現象を説明してゆく。

2 問題解決に影響を与える要因

(1) 構えの効果

問題に向かったとき,われわれはそれをある特定の方法で解決しようと試みたり,問題の特定の部分にのみ注意を払ったりすることがある。このような傾向は構え(set)とよばれ,解決のための適切な反応を促進したり,あるいは妨害したりする要因となる。このような構えの効果は,ある問題に対する先行経験を操作した結果,後の解決がどのような影響を受けるかを調べることによって,実験的に確かめることができる。

ルーチンズ(A. S. Luchins)は〈コラム 10-1〉の (1) の水がめ問題を用いて,構えの妨害的な効果を見いだしている[3]。ここに示されている 10 問のうち,問題 8 を除くすべての問題は "B から C に 2 杯汲み出し,さらに B から A に 1 杯汲み出す" という方法($B-2C-A$)で解くことができる。さらに問題 1 から問題 5 はこの方法が最も簡単な方法である。一方,問題 6, 8, 10 は $A-C$ が最も簡単な解決法であり,問題 7, 9 は $A+C$ が最も簡単な解決法である。ルーチンズはこれらの問題を実験群と

統制群の2群の被験者に解決させた。実験群の被験者は問題1から問題10までを順番に解き，この成績が最後の5問のみを解かされた統制群の被験者の成績と比較された。実験群の被験者のうち，問題6, 7および問題9, 10でそれぞれ83％と79％の被験者がこれらの問題解決には不適切なB−2C−Aの解決法を用い，64％の被験者が問題8の解答に失敗した。一方，統制群の被験者で問題8を解答できなかったのはわずかに5％の被験者であり，他の問題でB−2C−Aの解決法を用いた被験者は1％以下と非常に少数であった。実験群の被験者は最初の五つの問題を解くことによって構えが形成され，この構えが後の五つの問題で，より簡単な解決法を用いることを妨害したのである。

(2) 機能的固定

われわれを取り囲むさまざまなものは，われわれの記憶の中で，それがもつ典型的な機能にしたがって表象されている。たとえば普通，〈はさみ〉をみれば，それは物を切るための道具であり，〈くぎ抜き〉をみれば，それはくぎを抜くための道具であると考える。そのため，ある対象がもつ，通常とは異なった機能を見いだそうとするときには，困難が伴う。このような現象は機能的固定（functional fixedness）とよばれており，メイヤー（N. R. F. Maier）は〈コラム10-1〉の(2)に示されているような2本のひもの問題を用いてこの現象を示した[4]。

この問題では，2本のひもは遠く離れているので，被験者が同時に2本を持って結び合わせることはできない。また，被験者は用意されている椅子を用いたりして解決しようとするが成功しない。この問題の一つの解決法は，ペンチを一方のひもにおもりとして結びつけ，それを振り子のようにゆらしながら，もう一方のひもを手に持って部屋の中央にゆき，ゆれてきたペンチをつかんでひもをたぐり寄せ，2本のひもを結び合わせるという方法である。メイヤーの実験では，10分以内にこの問題が解けたのは，わずか39％の被験者に過ぎなかった。すなわち，多くの被験者にとっては，ペンチが振り子のおもりとして機能するということの発見が困難であり，問題の解決に失敗をした。

(3) 中心転換

〈コラム10-1〉の(3)のような問題では，多くの人はまず，点線の平行四辺形の面積を求めようとして苦心するだろう。しかしこの問題は，章末の図のように考えるならば非常に簡単に解くことができる。実際にこの問題を解いてみると，答のわからない混とんとした状態から，突然答がひらめくことが経験できるであろう。これは問題に示されている状況の見え方が突然変化した（知覚の再体制化）のであり，それまでの問題に対する構え（上の例では点線の平行四辺形の面積を求めること）が，別のもの（平行四辺形と正方形を分解した二つの三角形が長方形を構成する）に転換

〈コラム 10-1〉　問題解決の実験で用いられるさまざまな問題

（1）　水がめの問題

いまここにA・B・Cの三つの水がめといくらでも水の出る水道の蛇口がある。これらの水がめの容量はそれぞれ下の表に書かれている。そこでこれらの水がめを用いて下の表に書かれている量の水を正確にはかりだして欲しい。

問題	Aの容量	Bの容量	Cの容量	求める水の量
1	21	127	3	100
2	14	163	25	99
3	18	43	10	5
4	9	42	6	21
5	20	59	4	31
6	23	49	3	20
7	15	39	3	18
8	28	76	3	25
9	18	48	4	22
10	14	36	8	6

（2）　2本のひもの問題

右の図のように部屋の中に2本のひもが天井からぶらさがっている。ただし，2本のひもは離れているので一度に手に持つことはできない。この2本のひもを結び合わせる方法を考えよ。ただし，床の上には椅子，びん，ペンチ，数本のくぎ，数枚の紙が置いてある。

（3）　図の実線で描かれた正方形と点線で描かれた平行四辺形の面積の和を求めよ。

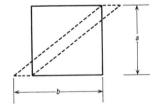

（4）　右図の9個の点を4本の直線で結べ。
（5）　次の式を展開せよ。
　　　$(a-x)\times(b-x)\times(c-x)\cdots(z-x)$
（6）　安いネックレスの問題

それぞれが3個の環からなる鎖が，図の左のように4本ある。環を開けるのに

は 2 セント，環を閉じるのには 3 セントかかる。これらをつないで図の右のような鎖を 15 セント以内の費用で作れ。

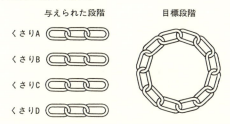

(7) 4枚カード問題

これらのカードはすべて表にはアルファベットが，裏には数字が書いてある。ここで，"もしカードの表が母音ならば，その裏には奇数が書いてある"という命題が正しいかどうかを調べるためには，どのカードをめくって調べてみなければならないか？

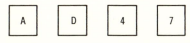

封書と切手の問題

"もし封がしてあったら 50 リラの切手を貼らなければならない"という規則がある。郵便局員はどの封筒を裏返して調べなければならないか？

(8) 腫瘍の問題

胃に悪性の腫瘍のできた患者がいる。手術をする事は不可能であるが，強力な放射線をあてることによって腫瘍を破壊することができる。しかし，腫瘍を破壊するほど放射線を強力にすると周囲の正常な組織も同時に破壊されてしまうし，放射線が弱ければ正常な細胞は破壊されないが腫瘍も破壊されない。正常な細胞を破壊することなく，腫瘍を破壊する方法を考えよ。

要塞の問題

ある国の独裁者は国土の中央に，周囲を農場や村々に囲まれた堅固な要塞をつくり，そこから国を統治していた。要塞からは周囲に車輪のスポークのように道路が設けられている。この道路にはいたるところに地雷が仕掛けられており，大軍が要塞に攻撃をしかけることを不可能にしている。ところが，レジスタンスの活躍で，これら地雷は，独裁者の警備軍や労働者など少数の人間が通っても支障のないように設計されていることがわかった。

(次ページへつづく)

この独裁者を倒すべく辺境の地で，ある将軍が兵を挙げた．彼には要塞を破壊するのに十分な数の兵士が従っている．この将軍はどのようにして要塞を攻撃すればよいであろうか？
　（9）　妖精ホビットと人喰鬼オークの問題
　1本の川の岸辺に3人のホビットと3人のオークがいる．川辺には1隻のボートがある．このボートには同時に2人乗ることができる．この6人を川の向こう岸に渡したいが，川のどちら側の岸でも，ボートの中でもホビットの数をオーク数が上回ってはいけない（そうでないとオークはホビットを食べてしまう）．さて，どのようにして川を渡らせればよいであろうか？

したと考えることができる．そこでヴェルトハイマーはこの現象を中心転換（recentering）とよんだ．中心転換は状況に対する認識の変化が生じるという点で，5章で示されたケーラーの実験で，チンパンジーのサルタンが示した洞察と同じであるということができる．
　〈コラム10-1〉の問題(4)と(5)は問題(3)と同じく，解決のために中心転換の必要な問題の例である．

（4）　孵化効果

　難しい問題を考えていて，どうしても解決がつかないときに，われわれはしばしば，その問題を考えることをやめて，しばらく休んだり，あるいは別の仕事に従事したりする．そしてその後再び元の問題に戻ると，意外にすぐに解答がわかるという現象がある．このような現象は，卵を温めてかえるのを待つのになぞらえられて，孵化効果（incubation effects）とよばれている．
　〈コラム10-1〉の問題(6)は孵化効果を確かめた実験（J. Silveira）に使われた問題である[5]．この実験では三つの群の被験者にこの問題が与えられ，各群の被験者には問題を解くために，それぞれ30分間の解決時間が与えられた．統制群の被験者が連続して30分間，この問題に取り組んだのに対し，二つの実験群では解決時間の途中にそれぞれ30分間（30分群）と4時間（4時間群），別の活動を行なう時間が挿入された．問題を解決できた被験者の割合を調べると，統制群では55％であったのに対し，30分群では64％，4時間群では85％もの被験者が正解に達しており，実験群の被験者に孵化効果が生じたことが示された．
　孵化効果は，このように問題解決の中断によって解決が促進される現象であるが，中断によって必ずしも促進が起こるわけではなく，逆に解決が妨害される場合もある．このような相違，は主に問題の性質によるところが大きいとされている．安いネックレスの問題では"鎖をつなぐための環を，1本の鎖を全部開いて作る"とい

う鍵に気づきさえすればすぐに解決できる。このような問題では，孵化効果が起こりやすいとされている。

　また，孵化効果は構えとの関係で説明されることもある。すなわち問題から離れている間に，問題に対する不適切な構えが消失することが解決を容易にしているとする考え方である。

（5）　問題の内容の効果

　既知の情報や仮定から結論を導き出す思考のはたらきは推理（inference）とよばれ，思考の研究の重要な一分野となっている。推理の中でも，普遍的な命題から個別の命題を導き出すものは演繹的推理（deductive inference）とよばれ，多くの実験的研究がなされてきている。

　〈コラム 10-1〉の問題（7）の 4 枚カード問題はジョンソン-レアード（P. N. Johnson-Laird）とウェイソン（P. C. Wason）が演繹的推理の実験に用いた問題である[6]。この問題はきわめてむずかしく，大学生の被験者であってもわずかに 4% の被験者が正答したにすぎなかった。この問題では多くの被験者は表に母音のついている"A"のカードを裏返す必要があることは正しく推理するが，同時に"7"のカードも裏返さねばならないと主張する。ところが"7"のカードの裏に母音が書かれていようが，子音が書かれていようが，命題の正しさにはなにも関係がない。むしろ"4"の裏に母音が書かれていては命題は誤りとなるので，それを調べなければならない。したがって"A"と"4"のカードを裏返すことが正解となる。

　この実験からだけでは，大学生には論理的な規則から答を導き出す演繹的推理の能力がない，という結果が導き出されそうである。ところが，4 枚カードの問題を，それと同じ論理的構造をもつ封書と切手の問題（〈コラム 10-1〉の（7）下：このような問題を"同型問題"という）に変えると，正答率は 87% に上昇した。このように同じ構造の問題であっても，問題に表現されている内容や問題が与えられる状況が具体的になれば，正解に到達しやすくなることが知られている。

3　問題解決の過程

　近年のコンピュータの急速な発達に伴って，問題解決などの人間の行なう知的な営みをコンピュータとの"類推"で解明しようとする考え方がある。このような方法は情報処理的アプローチとよばれ，思考の分野に限らず，8 章にも紹介されているように，知覚の分野の研究なども現在活発に行なわれつつある。

　思考は中枢神経系での過程ではあるが，そこで行なわれていることは現在の神経心理学や生理心理学の知見をもってしても，のぞき見ることはむずかしい。情報処理的アプローチでは，どのような情報が，どのように処理されるかということにつ

いてコンピュータの上に一種の模型を作り，模型のふるまいと人間のふるまいを比較することによって研究を進めてゆく。

（1） 問題の定式化

ここでは，情報処理的アプローチによって問題を定式化する方法[7]を，〈コラム10-1〉の問題(9)に示されているホビットとオークの問題を例にとって説明する。

まず，問題は解決者が達成できるいくつかの状態からなっていると考えられており，これらの状態の集合は問題空間(problem space)とよばれている。また，ある状態からは，操作子(operator)を適用することによって，別の状態へと移行することができる。ここで操作子とは問題の状態を変えるための手段であり，この問題では

（1） ホビットとオークの問題の操作子とその適用の前提条件

	操作子	前提条件
①	ホビットをボートに乗せる	ボートが岸に着岸している ボートの中のオークの数はホビットの数以下
②	オークをボートに乗せる	岸に残されたオークの数はホビットの数以下 ボートに乗れるのは2人以内
③	ホビットをボートからおろす	ボートが岸に着岸している
④	オークをボートからおろす	岸のオークの数はホビットの数以下
⑤	ボートを対岸に移動させる	ボートには1人以上乗っている

（2） ホビットとオークの問題の問題空間（Thomas, 1974 より）

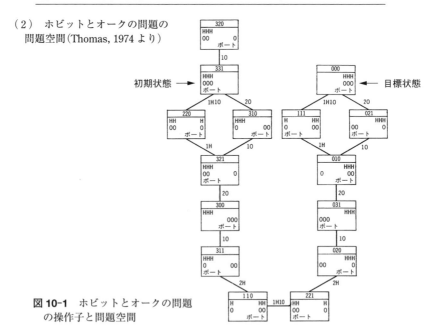

図 10-1 ホビットとオークの問題の操作子と問題空間

図10-1の(1)に示した五つの操作子がある。操作子はどのような状態であっても任意に適用できるわけではなく，適用の前提条件が定められている。また，操作子を適用することによる状態間の移動は手(move)とよばれる。

図10-1の(2)には，このホビットとオークの問題の問題空間が示されている。図の中の四角の箱が問題の状態をあらわしており，左岸と右岸のそれぞれのホビットとオークの数，およびボートの位置が示されている（各状態には3桁の数字が割り当てられている。数字は左から，それぞれホビットの数，オークの数，ボートの位置をあらわしている）。手は状態を結ぶ直線であらわされており，ボートの中のホビットとオークの数が記されている。このような定式化のもとでは，初期状態（図10-1では"331"という状態）から問題空間の迷路をたどって目標状態（同じく"000"という状態）にたどりつくことが問題を解決することに相当する。

問題に取り組む解決者には，もちろんこのように問題空間がすべて見えているとは限らないし，むしろ実際には，そのようなことは非常にまれであるが，問題をこのように定式化することによって，解決者のたどった道筋を明確に記録することが可能になり，解決の過程を研究する際の強力な道具となる。

(2) ヒューリスティック

問題空間の迷路をたどる際に，「それにしたがえば必ず目標状態にたどりつく手続き」があれば，非常に便利である。このような手続きはアルゴリズム(algorithm)とよばれるが，解決のためのアルゴリズムのない問題も少なくはなく，またあったとしても，アルゴリズムを実際に実行しようとすると，膨大な時間がかかる場合が多い。これに対して，「必ずしも目標状態にたどりつくとは限らないが，うまくゆくと目標状態にたどりつく可能性が高くなる手続き」がある。このような手続きはヒューリスティック(heuristic)とよばれている。ヒューリスティックは"発見に役立つ"という意味から，発見的方法ともよばれている。

われわれが問題を解決する際にはさまざまなヒューリスティックを使うことが知られており，いろいろな問題においてしばしば使われるものに，「現在の状態と目標状態との差が縮まるような方向に状態を変更してゆく」（手段―目標分析）というヒューリスティックがある。グリーノ(J. G. Greeno)はホビットとオークの問題を被験者に解かせ，その際にこのヒューリスティックが使われていることを示した[8]。さらに実験の結果から，このような被験者にとっては図10-1の状態110から状態221への移動がとくに困難であったことが明らかになった。すなわち，状態110で左岸が2人になったにもかかわらず，状態221でふたたび左岸の人数が4人となるために，手段―目標分析を用いる被験者にとっては，一見後戻りをするような手であると考えられるからである。このことは，状態110で被験者が次の手をとるまで

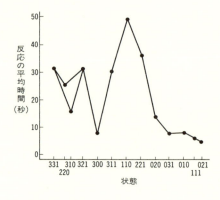

図10-2 ホビットとオークの問題の各状態で被験者が次の手をとるまでの平均時間の平均値 (Thomas, 1974)

の反応時間が非常に長くなっていることを示したトーマス (J. C. Thomas) の実験からも明らかである[9] (図10-2参照)。

(3) 処理される情報の内容

問題解決の際には,解決者は外界から問題に関する情報を受け取る。解決者が外界から受け取った情報は知識 (knowledge) とよばれ,解決者はこれを処理し,適切な手を選択しつつ問題に対処してゆく。

知識はふつう,宣言的知識 (declarative knowledge) と手続き的知識 (procedural knowledge) の2種類に分類できると考えられている。宣言的知識は事物の属性 (名前・色・大きさなど) や関係 ("クジラはイヌより大きい" など) などの,命題として表現できる知識であり,手続き的知識は"ある状況の下で,どのようにふるまうか"ということについての知識である。問題解決の中ではもちろん,どちらの知識も必要とされるが,解決の過程を調べてゆく際には,手続き的知識の変化のようすを探ることが重要になってくる。

手続き的知識は,たとえば,

　　　もし気温が30℃以上である　ならば　冷房のスイッチを入れる

というように,プロダクション (production) とよばれる「条件—アクション」の対としてあらわされることが多い。問題解決中の被験者のもっている知識は,被験者が解決中に選択する手のデータなどをもとにして,このようなプロダクションの集合として整理することができる。このような手法を用いて,問題解決の過程で,どのような情報が処理されているのかを明らかにする研究が数多くなされている。

4　言語の意味

言語は音声 (または文字) 記号と,その指示対象の二つの部分から成り立ってい

る。たとえば，"イヌ"という音声は「犬」という対象を指示している。このように，音声と対象の結合したものが言語である。

1 言語の恣意性

記号と指示対象の間には，自然の，あるいは必然的な結びつきのないのが普通である。イヌから犬の特徴は出てこないし，犬がイヌとよばれなければならない理由はどこにもない。犬をイヌといい，dog というのは，その言語社会の約束事なのである。以上のような特性を言語の恣意性(arbitrariness)という。

2 意味の二つの側面

記号の指示対象のことを一般に意味というが，意味には二つの側面がある。一つは指示対象のことで，これを指示的意味または，外延的意味(denotative meaning)という。これは辞書の定義に相当し，その内容はある言語社会では安定しており，個人差はほとんどない。イヌといえば誰もがあの動物のことかという共通の認識をもつ。

もう一つの側面は情緒的意味(affective meaning)または，内包的意味(connotative meaning)とよばれるものである。イヌという音声を聞いて「うれしい」とか「かわいい」と感じる情緒的反応がこれにあたるが，これには個人差がある。イヌに対して上のようにプラスのイメージの浮かぶ人もあれば，「こわい」とか「きらい」といったマイナスのイメージの生じる人のあるのはこのことである。

3 意味の心理学

意味の問題は心理学において古くから関心をよんでいるが，元来無関係であった記号と対象との間に結びつきができて，意味が成立するのだから，心理学の学習という現象と関係が深いといえる。そこで，まず，学習理論の立場から，意味がどのように考えられているのかを述べ，次に，認知理論の立場についてみていこう。

（1） 表象・媒介過程としての意味

当初は，ミルクという音声記号とミルクという対象とが条件づけの結果結合すると，音声ミルクが対象ミルクに代わって，対象に対する反応(たとえば，飲み込む)を生じるようになる，そうすると，音声ミルクは単なる物理的刺激でなく，対象に対する反応を引き起こす音声記号になる，これが意味であると考えられた。しかしこの見解では，記号に対する反応と対象に対する反応が同一であるとみなしていることになるが，現実には両反応は同じではない。この点について種々の論議を経たのち，オスグッド(C. E. Osgood)は次のような説を展開した[10]（図10-3参照）。

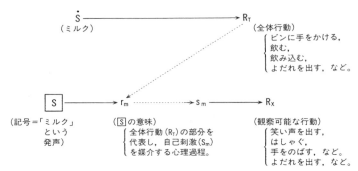

図 10-3 オスグッドの表象媒介過程としての意味(田中，1969 による)

　ミルクという記号（[S]）とミルクという対象（Ṡ）とが対提示されると，対象ミルクに対して生じる全反応 R_T（吸う，飲み込む，よだれを出す，…）の一部を表象する反応（r_m）が，記号（ミルク）によって内的に引き起こされる。これは媒介反応といわれるもので，これが自己刺激（s_m）を媒介し，外的反応 R_x（笑い声を出す，はしゃぐ，…）を生ぜしめる。この媒介過程（r_m, …, s_m）を表象・媒介過程（representational mediation process）とよび，この過程が意味であるとしている。この説によると，対象に対する反応（R_T）と記号に対する反応（R_x）とは別なものであり，両者が同一だとする初期の素朴な見解に対する批判はまぬがれることになる。なお，オスグッドの考える意味（r_m）は情緒的意味であり，この意味を測定するために，彼はセマンティック・ディファレンシャル（SD）法を考案したが，これはいろいろな分野で広く用いられている（〈コラム 10-2〉参照）。

(2) 素性の束としての意味

　認知理論では，「ことば」は種々の素性（特徴）(feature) から成り立っていると考える。素性というのは，「ことば」や物の有する特性の基準になるもののことである。犬を例にあげると，"生物"，"動物"，"脊椎動物"，"哺乳類"，"犬科"，"飼育できる" などがそれである。つまり，意味は素性の束（集まり）である。二つの「ことば」の間で，素性を共有している度合いが高いほど，両者の意味は類似しているということができる。このような素性の共有関係によって多数の「ことば」相互間の意味的関連性を把握し，これを階層構造の形で表示する試みが最近多くみられる。9章で述べた意味記憶のネットワーク・モデルもその一例である (p. 176 参照)。

4　概念の学習

　さて，素性の束としての意味が把握できるためには，具体的対象から個々の特性を抽出できなければならない。見た目には色，形，大きさのちがう犬がいても，

共通して犬だとわかるのは，このようなはたらきに支えられているからである。このように，事物や実態や事象の個々の姿が異なっていても，そのなかから共通の内容や特性を取り出し，それ以外の特性を無視するはたらきを概念作用，これによって得られたものを概念(concept)という。先ほど述べた思考活動も，この概念作用に負うところが大である。また，概念には一般に名前がつけられ，言語化されていることが多い。

〈コラム 10-2〉 意味測定法

意味と心理学の関わりは古く，意味を変数や要因にした実験が数多く報告されているが，ここでは，意味自体を直接心理学的に測定する試みの代表的なものを取り上げる。

1. セマンティック・ディファレンシャル(SD)法

これは情緒的意味を調べるために，オスグッドが考案したものである。

<u>方法</u>　複数の評定尺度からなる多尺度評定法である。評定尺度(次元)は10～20の形容詞の対を用意する。この中に次の3種の因子に属するものを数対含むこと。

評価(E)因子：代表例"よい―わるい"
力量(P)因子：代表例"大きい―小さい"
活動(A)因子：代表例"はやい―おそい"

この他，複合因子と思われるものを若干いれること。各尺度は7段階に分ける。また，尺度の順序はランダムにし，同一の尺度の両端の形容詞の位置は使用用紙の半数ずつ左右カウンタバランスする。刺激語(概念)：通常はことばであるが，意味を有するものならばどんな刺激でもよい。手続：刺激語を見て，各尺度に関連して思い浮かぶ感じの程度を尺度上に記す(下図は「野球」に対する評定例)。

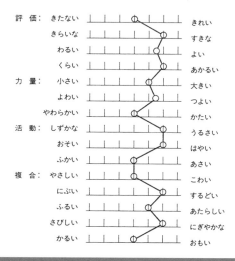

結果　(1)刺激語ごとに各尺度の中央値(もしくは平均値)を求め，プロフィールを画き，意味的特徴をつかむ(図参照)。(2)刺激語間の比較のために，二つの刺激語の対応する尺度間の評定の差 (d) の平方を合計し，その平方根を求める。これをDスコア($D=\sqrt{\Sigma d^2}$)といい，2語間の意味類似度の指標となる。(3)この他，尺度間(または，刺激語間)相互の相関係数に基づいて因子分析を行ない，尺度(または，刺激語)の意味構造を調べる等，種々の分析が可能である。

2. 連想法

ゴールトン (F. Galton) がはじめて研究した方法であるが，これが意味研究にも使われている。

方法　刺激語：普通は単語を使用。連想の内容：自由連想(内容を指定しない)と制限連想(内容を指定する。たとえば，反対語)とがある。連想語の数：1語連想(刺激語に対して，思いつく最初の1語のみ連想させる)と多語連想(一定時間内に思いつく語をできるだけ多く連想させる)とがある。

結果　(1)2語間の連想強度：特定の刺激語から反応語への反応数を全被験者数で割った値(%)。多数の刺激語，多数の被験者を用いて，各刺激語に対して，どんな語が連想されやすいかを連想強度順に示した連想基準表がいくつか公にされており[a)b)]，単語間の意味的関連性を知るのに便利である(なお，2語間の連想強度はその方向によって必ずしも同じでないことが見いだされている[b)]。たとえば，"かおる→におう" 73%，"におう→かおる" 16%)。(2) 2語間の連想重複度：ディーズ (J. Deese) は刺激語からの連想の分布(どんな語にどれだけの頻度の連想が生じたかということ)を連想的意味と称したが，二つの語の間の分布の重複度を意味関連性の指標と考えた(なお，類似の指標は他の研究者によっても，いろいろ考えられている)。(3) 単一項目の連想数：一つの刺激語から生じる連想の大きさ(幅)のことである。これには二つの測度がある。一つは連想価で，ある語から連想できる人数を全被験者数で割った値(%)。もう一つは有意味度で，これを求めるには多語連想による。そして，一定時間内の連想反応語の総数を全被験者数で割った値(平均連想語数)がその測度である。多数の語について連想価や有意味度を調べたリストが公にされている[c)]が，これらは，言語学習や記憶実験の刺激語の選択に広く活用されている。(4)なお，連想法による意味の測度はその他いろいろ考えられている。

3. 検証課題

ある質問文を提示して，その文の真偽を判断させる方法で，その反応時間やエラー数を指標として，階層構造をなしている1群の語の意味関係を同定したりするのに最近よく用いられている(コラム 9-1 参照)。

4. その他

評定法によって，2語間の意味的関係とか，1項目の連想価や有意味度を評定したり，分類法といって，1群の単語を与えて，これを意味的に類似している語同士をグループ分けさせる方法もある。

4 言語の意味

（1） 概念学習の実験

概念を獲得したり，学習したりする道筋は，定義によるもの，概念をあらわす語の前後の文脈からの推測，個々の事例に関する経験からの抽象などさまざまであるが，基本的なものは，概念の事例から概念を獲得してゆくという道筋である。この道筋を実験的に調べる方法が概念学習の実験である。これには提示される事例を，正事例と負事例に分ける弁別学習の手続きが用いられている。図10-4 のような幾何図形をランダムな順に提示し，その一つ一つに，テヨ　ヌツ　ソヒ　ロへのどれかを対応づけて行き，正事例の分類基準を見つけさせるわけである。ちなみに，図の一番左列から正答は，テヨ　ヌツ　ソヒ　ロへである。テヨの分類基準は大きくて，白い図形である（残りについては各自考えよ）。

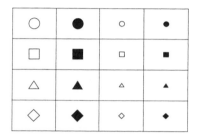

図10-4 概念学習実験に用いられる幾何図形〔藤永（編）1976を参考に作成〕

（2） 自然に形成された概念

われわれは日常生活において，いま述べた実験的な手順に類した仕方や，その他さまざまの仕方で多数の概念を獲得していると推測されるのである。ところで，実験的に形成された概念では，たとえば，上のテヨと名づけられた4図形は，すべて二つの基準，または属性（大きくて白い）を共有しているが，すでに獲得されている概念，すなわち，自然に形成されている概念の構造は，実験的に形成されたものと，必ずしも同じとは限らないことがロッシュ（E. Rosch）によって指摘されている。たとえば，「鳥」という概念またはカテゴリに属する事例についてみると，「スズメ」や「ツバメ」は鳥らしく感じるが，「ダチョウ」とか「ペンギン」は鳥らしくない。つまり，前の二つは鳥の属性を十分に備えているのに，後の二つはそれが少ないということができる。ロッシュはある概念カテゴリの属性を十分に備えている代表的な事例を典型性（typicality）の高い事例と称し，このような事例を原型（prototype）あるいは核として，その周辺に典型性の低い事例が位置するとし，いくつかの具体例を評定法によって実証している[11]（表 10-1 参照）。また，9章で述べた典型性の高い事例は，低い事例よりも，真偽判断の反応時間が速いという結果も，概念構造の特質を反映するものといえよう（p. 178 参照）。

表 10-1 果物の事例としての良さの評定
[Rosch (1975)より抜粋して作成]

事 例	順 位	得 点*	事 例	順 位	得 点*
オレンジ	1	1.07	すいか	23	2.39
りんご	2	1.08	いちじく	29	2.86
もも	4	1.17	ざくろ	32	3.05
うめ	8	1.37	ラディッシュ	39	3.42
ぶどう	9	1.38	ココナッツ	43	4.50
いちご	11	1.61	アボガド	44	5.17
さくらんぼ	14	1.86	トマト	46	5.58
ラズベリー	19	2.15			

* 得点1は典型性最大，得点7は典型性最小。

5 言語の文法

　ある考えを，いくつかの単語を一定のルールのもとに配列してあらわしたものが文である。そのルールが文法であり，文法がわかっていないと文は理解できない。文法の問題に関して忘れられないのは，チョムスキー（N. Chomsky）の変形-生成文法（transformational generative grammar）の理論で，これは言語学界だけでなく，心理学，とくに認知の領域にも大きな影響をおよぼした。

1 変形生成文法の心理学的実在性

　チョムスキーはすべての文の背後に，深層構造（deep structure）と表層構造（surface structure）という二つの構造があると仮定した。深層構造は意味を決定し，表層構造は最終的，具体的な音形の決定にかかわる。彼は二つの構造に関連して種々のルールを提唱したが，このうち心理学に関係深いのは変形ルールである。変形ルールとは，深層構造を表層構造に変換していくルールのことである。変形にはいくつかのステップを要するが，これには比較的簡単なものと複雑なものとがある。

　ところで，心理学的にみると，変形が複雑な文ほど理解しにくいと仮定される。たとえば，同じ意味（深層構造）をもつ能動文（犬が猫を追いかける）と，受動文（猫が犬に追いかけられる）とでは，受動文の方が変形が複雑で，理解に時間を要すると考えるのである。このことを文とその内容の絵との照合課題を用いて調べたところ，正答までの反応時間は受動文の方が長かった。かくて，複雑な変形は理解を困難にすることが実証されたといえよう。

　しかし，このような結果は可逆文（主語と目的語を交換しても意味が通じる文）の場合であって，たとえば，"少女は花に水をやる"というような非可逆文（主語と目

的語を交換すると無意味になる文）では，同じ課題の反応時間に差はなかった[12]。つまり，変形の複雑さは文の理解には影響しなかったのである。これは非可逆文では，たとえば，"花"がある動作の主体になるとは考えられないので，文型を考えずに意味的な判断だけで課題の真偽を決められるからであると説明される。このように，文の認知には，文法の知識よりも意味的知識の方が優先される場合のあることがわかる。そして実際には，このほか，世界についての一般的知識，文の前後関係（文脈），聞き手についての知識などあらゆる知識を動員して，文を処理し，認知しているのである。9章で述べた"ジョンは金槌を使っていた"という文の再認結果は，これらのことを物語る一例である（p. 188〜189 参照）。

2　文法習得の生得性

チョムスキー理論のもう一つの特徴は，文法理解能力は生得的であるということである。スキナーらの学習理論家は，言語は模倣と強化によって習得されるというが，この考え方では，事実に合わない現象がいくつか見られる。たとえば，英語圏の幼児が"goed"とか"foots"という誤りをすることがあるが，このような誤りは大人の模倣によるとは考えられない。むしろ，子どもが規則動詞の変化や複数の"s"のルールを習得していて，これをそのままあてはめる過剰般化（overgeneralization）とみるべきであろうというのである（なお，日本語では"すきくない"とか，"さめられない"というのがあるが，同じような説明が可能であろう）。このほか，学習理論では解釈不可能な例をいくつか示して，チョムスキーは人間には生まれつき言語習得装置（linguistic acquisition device）が備わっていて，この装置によって文法的な文を生成したり理解したりするのだとしている。

6　言語と認知

言語に習熟することによって，われわれの行動は種々の影響を受ける。一つは人と人との間のコミュニケーションを促進し，もう一つは認知や行動を調節するはたらきである。前者は主として社会心理学の問題なので，ここでは後者の問題を取り上げよう。

1　ピアジェ-ヴィゴツキー論争

この問題に関して忘れることのできない研究に，ピアジェ（J. Piaget）の研究がある。彼は幼児の言語を分析して，とくに幼児期の前期の言語の大部分は，反復，独り言，集団的独り言（自分の気持ちを満足させるだけで，応答を求めない言語）で，

これらはいずれも伝達の役に立っていない自己中心語（egocentric speech）であることを見いだした。質問，応答，命令等の伝達機能をもつ社会語は，幼児期の後期になって増えてくるというのである。つまり，言語機能は自己中心語→社会語の方向に発達するとともに，自己中心語は発達にとって過渡期的な性格しかもっていないと考えた。

これに対し，ヴィゴツキー（L. S. Vygotsky）は，子どもの「ことば」は最初から自分の要求を表現する社会語であるという。これを出発点として子どもの言語は二つの方向に発達する。一つは社会語がより上手になるという方向，もう一つは独り言の出現である。これは自己中心語にあたるが，むずかしい課題に直面したようなときによくみられ，これが子どもの行動調節のはたらきをし，課題解決を促進するのだとしている。さらに，独り言という外にあらわれていたことば（外言，outer speech）が，頭のなかで思い浮かべるだけで外にあらわれない形（内言，inner speech）で，行動をコントロールするようになる。このようにヴィゴツキーはピアジェと違って，独り言（自己中心語）に積極的な役割を見いだした。以上が世にいうピアジェ–ヴィゴツキー論争である。なお，ピアジェはのちにヴィゴツキーの説を取り入れたということである。

2 言語化の効果

言語化の効果は言語習得過程にある幼児に反映しやすいようなので，この問題を見てみよう。

（1） 幼児の学習と記憶

たとえば，幼児に $3\,\mathrm{cm}^2$，$4\,\mathrm{cm}^2$，$5\,\mathrm{cm}^2$ の正方形を提示し，そのうちの $4\,\mathrm{cm}^2$ のものを正答とする弁別学習を行なったのち，$4\,\mathrm{cm}^2$，$5\,\mathrm{cm}^2$，$6\,\mathrm{cm}^2$ の正方形の $5\,\mathrm{cm}^2$ を正答とする移調事態を設ける。この事態で正答に達するのが速い子どもはこの事態を言語化し，「真ん中の大きさが正答」と言った。一方，言語化の不十分な子どもは，学習時に正答だった絶対的大きさ（$4\,\mathrm{cm}^2$）を選ぶ傾向が多かった。以上の結果は言語化が弁別を促進するということを実証している。

次に，5歳，7歳，10歳の子どもに絵の記憶をさせたところ，7歳と10歳の子どもはリハーサルをし，成績もよかったが，5歳児はほとんどリハーサルをせず，成績もよくなかった。リハーサルは絵の名前をいうことであるので言語化にあたる。したがって，記憶活動にも言語化による促進効果がみられたのである[13]。

（2） 媒介欠如と生産欠如

しかし，リハーサルしなかった子どもにリハーサルを促すと，リハーサルをし，成績も改善された。このことは，これらの幼児が初めリハーサルをしなかったのは，

言語化（命名やリハーサル）をする能力がないこと（これを媒介欠如，mediation deficiency という）によるのではなくて，言語化の能力はあるが，これを記憶に積極的に使用しなかった（これを生産欠如，production deficiency という）だけであるということを意味する。というのは，リハーサルさせるとできたからである。このように，リハーサルしなかったからといって言語化の能力が未発達であるとは限らないし，また，言語化の能力があればいつでも学習や記憶などの他の活動に有効に使えるわけでもない。

3 言語と文化

たとえば，英語の"water"は日本語では"水"である。そして，どちらも同じ意味内容を指していると考えられるが，じつは必ずしもそうではない。water は水から湯までを指し，水は水だけを指し，湯は指さない。つまり，英語と日本語では「ことば」が指示する対象の区切り方がちがうのである。このような例はいくつも見いだされている（図 10-5 参照）。

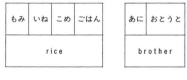

図 10-5 日本語と英語の意味カテゴリと情緒的意味の違い

ピンク：煽情的なイメージ
pink：健康的なイメージ
苔：永続的，味のある（良いイメージ）
moss：暗い景色，じめじめ（悪いイメージ）
目を細める：満足の意味合い
narrow one's eye：反感，嫌悪の意味合い

（1） サピア-ワーフの仮説

以上のような言語のちがいと意味内容のちがいに注目して，サピア（E. Sapir）とワーフ（B. L. Whorf）は，言語構造のちがいが人間の認知の仕方に影響すると考えた。これが，サピア-ワーフの仮説（Sapir-Whorf's hypothesis）といわれるもので，言語相対性仮説（linguistic relativity hypothesis）ともいわれている。これによると，言語は伝達の道具にすぎないのではなくて，人間の認知の形成者であるというのである。そして，この説を心理学的に裏づける研究がいくつかある。たとえば，英語を知らないズニ-インディアン人と，英語を知っているズニ-インディアン人，それにアメリカ人を対象に，オレンジ色を見せて，その再認記憶を調べたところ，英語を知らないズニ-インディアン人の成績が最も悪かった[14]。それは，ズニ-インディアンの言語には，オレンジ色にあたるものがなかったからだと考えられる。つまり，

色についての適当な「ことば」の有無という言語構造の違いが，記憶という認知活動に影響したといえよう。言語文化と認知様式との関係についてのさらに詳しい事例は〈コラム10-3〉を参照されたい。

〈コラム10-3〉 文化と思考

　思考や推論というと，普通われわれは頭の中で起こっている"知的"な活動というイメージを抱くことが多い。心理学の研究でも思考や問題解決の研究は，パズルやチェスなどのゲーム，数学や力学の問題の解決などのようないわゆる"知的"で人工的な課題が多く用いられてきている。しかし，思考や問題解決というものは人間や動物の日々の生活の中でこそ，その本来の役割を果たすものであるはずである。このような観点にたつ研究のひとつとして，文化の違いと人間の思考との関係をさぐる"比較認知"の研究がある。

　コールら（Cole & Scribner, 1974）はリベリアに居住するクペレ族を対象としてさまざまな実験や調査を行なった[d]。下の例は，彼らの論理的推論の特徴を調べるために，クペレ族の長老を被験者として行なわれた面接の中でのやりとりである。

　まず長老は次のような質問をされる。"クモと黒鹿はいつもいっしょに食事をします。今，クモが食事をしています。では，黒鹿は食事をしていますか"。この質問に対して長老は次のように答えた（Sは被験者の長老，Eは面接を行なった実験者を表わす）。

S：二匹は森にいたのか。
E：そうです。
S：二匹はいっしょに食事をしていたのか。
E：（質問を繰り返す）
S：しかし，わしはそこにいなかったのだから，そんな問題にどう答えられるというのかね。
E：答えられませんか。もし，あなたがそこにいなかったとしても答えられるんじゃないですか。（質問を繰り返す）
S：ああ，そうじゃ。黒鹿は食事をしておる。
E：黒鹿が食事をしているという理由は何ですか。
S：理由は，黒鹿はいつもそこいらを一日中歩き回っては繁みの葉を食べているからだ。それから黒鹿は少し休んでから，立ち上がりまた食べ始めるんじゃ。

（若井邦夫・訳『文化と思考』p.234より抜粋）

　われわれがこのような問いに答える場合には，クモや黒鹿が現実にはどうであろうとも即座に"黒鹿もいっしょに食事していた。なぜなら彼らはいつもいっしょに食事をしているのだから。"と答えるに違いない。そしてそのような目でみればクペレ人は論理的推論が不得手であると結論づけられそうである。しかし本当にそうなのであろうか？

（次ページへつづく）

（2） 言語普遍性

　言語の違いと認知の関係が強調される一方，世界の諸言語間に共通性の存すること——これを言語普遍性(linguistic universal)という——も指摘されている。たとえば，先に述べたチョムスキーの文法構造は，基本的には世界のどの言語にも普遍的に見いだされているといわれている。つぎに，前述の SD 法による分析では，情緒的意味には評価・力量・活動の3因子が世界の多くの言語において共通に見いだされている。また，文をSVOの3要素に分けて，その配列の順番を調べてみると，世界の大多数の言語は，SVO, SOV, VSO の順のどれかであるという調査がある[15]。ここにみられる特長は，主語(S)は目的語(O)よりも先行しているということである。以上のように，世界の言語にはいくつかの共通点がみられるのである。

　　コールらは別の実験で，クペレ族の人々も課題によってはアメリカの大学生と同程度の推論能力のあることを示している。彼らはこれらの事実から，クペレ族の人々は論理的推論を行なう能力がないのではなくて，彼らの日常生活の中で最も有効である思考の形態を，問題の内容に応じて使い分けているのであると主張した。すなわちこの長老の場合は実験者から与えられた断片的な情報だけではなく，自分の経験に照らして細部を補足した情報を用いて推論を行なったのである。そして，この長老の日常の生活では，おそらくはこのようにして推論をすることが最も有効な方法なのであろう。
　　このようなことは何もクペレ族の人々だけに見られる現象ではない。最近では，われわれの行なう思考や問題解決，言語の使用や知覚などは，われわれを取り囲む状況の制約を強く受けてなされている，という考え方が一般的になりつつある。本文で触れた4枚カードの問題も課題の内容という"状況"によって，その遂行が強く影響を受ける例であると考えることができる。また，"学校で習ったことが社会で役に立たない"などといわれることが多いが，これなども"学校での教育場面"という特殊な状況下では有効であった思考や問題解決の方法が，状況が変わることで途端に役に立たなくなる，というように理解することもできよう。このような視点から，有効な教育の方法を探って行くような研究も，これからの発展が期待される分野である。

〈コラム 10-1〉の問題の解答
（1） 水がめの問題：本文を参照
（2） 2本のひもの問題：本文を参照
（3） 平行四辺形と正方形の面積の和：
　面積は $a \times b$ となる。
　右上の図のように考えるとわかりやすい。

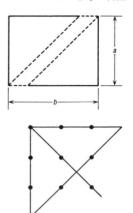

（4） 9個の点を結ぶ問題：（右図）
（5） 式の展開：答えは0である。途中に $(x-x)$ という項が出てくる。この項は0となるので，全体も0となる。
（6） 安いネックレスの問題：本文を参照
（7） 4枚のカードの問題　封書と切手の問題：本文を参照
（8） 腫瘍の問題　要塞の問題：腫瘍の問題では，弱い放射線を四方八方から，腫瘍のところでちょうど交わるようにして照射する。こうすると，腫瘍の周囲の正常な細胞を破壊することなく，腫瘍にだけ強い放射線を照射することができる。
　要塞の問題もこれと同様に考えることができる。要塞を攻撃する軍隊を分散して小隊に分け，周囲の道路から一斉に要塞に向けて攻撃をしかける。
（9） ホビットとオークの問題：本文を参照

11 パーソナリティ

兵庫県加西市北条，羅漢寺の五百羅漢
（写真提供：岸本陽一）

あなたのよく知っている友人のAさんについて，できるだけ詳しく教えてください。このように質問されて，あなたは次のように答えたとしよう。Aさんは，背が高くてテニスが非常にうまい。落ち込んでいるのは見たこともないし，いつも快活，社交的で友だちも多く，皆に好かれていますが，考え方が非常に古く，保守的なところがあって，……。これらは，Aさんが他の人々と比較したときに際立つ（他の人と違う）特徴をあげたものである。そして，これらの特徴のうちで，落ち込んでいるのは見たことない（気分の変化が少ない），快活，社交的，保守的などは，人間の行動様式（考え方・感じ方・行動の仕方）に関係するものである。このような考え方や行動の仕方は，状況の変化にもかかわらず（時や場所を越えて），比較的一貫し，安定したものである。このような個人の独自性と統一性を意味し，気質，性格，自我，そして知能などの精神的能力を総称して，パーソナリティという。オルポート（G. W. Allport）は，「パーソナリティとは，個人のうちにあって，その個人に特徴的な行動や思考を決定する精神身体的体系の力動的体制である」と定義している[1]。

一般にパーソナリティ（personality）はその情意的側面である性格（character）と，知的側面である知能（intelligence）を含む概念であるが，狭義には性格を意味することが多く，本章でもこの狭義の用い方をする場合が多い。

本章では，パーソナリティと知能に関して，それらの構造をどう記述するか，どのように測定するか，そしてそれらがどのように形成されるかについて述べる。

1　パーソナリティの記述

十人十色とか百人百様といわれるように，パーソナリティにみられる個人差は実に多様である。この多様なパーソナリティを記述するのに，代表的には類型論と特性論の二つの立場がある。類型論は人間を典型的な少数の型に分類し，個人差としての行動傾向を質的な違いとして，直感的，全体的に把握しようとする。しかし，個人の多様性を画一化してしまう危険があり，実際にはどの型にも分類できない中間型，混合型が多いという問題がある。一方，特性論は人間の行動傾向をさまざまな行動の特徴（特性次元）における程度の差として，量的，客観的に把握しようとするものであるが，人間理解が断片的，モザイク的になってしまい，個人の全体像や独自の統一性を見失ってしまう問題がある。このように両方の立場は相反する面を持つが，真の人間理解のためには相補い，統合されることが望ましく，後に述べるアイゼンク（H. J. Eysenck）のように，特性水準の上位概念として類型水準を想定し，究極的には両者は統一されるという立場も現れている。

1 パーソナリティの記述

1 類型論によるアプローチ

私たちは日常,快活,社交的,保守的などパーソナリティのある側面(要素)から人を記述するが,同時にその人のもつ全体的なパーソナリティ特徴によって人をいくつかの類型(type)に分類する方法を取る。その人の全体的な特徴から,Aさんは男性的な性格だとか,Bさんは女性的だというようにタイプに分けることはよく行なっている。このように一定の観点から類型を設定して,分類整理する方法を類型論という。

(1) クレッチマーの類型論

漫画やドラマの登場人物をみると,陽気な人は太っており,また神経質な人はやせている。このように私たちは体型と気質が関係していそうであることを常識的に考えている。体型という観点から気質を分類し,両者の関係を組織的に研究したのが現代精神医学の創始者の一人といわれるドイツのクレッチマー(E. Kretschmer)であり,1921年のことである。なお,気質(temperament)ということばは,とくに体質に依存する,したがって遺伝によって強く規定されているパーソナリティの部分をさすのに使われる。

彼は精神病患者の体型を観察して,二つの代表的な精神病である統合失調症(精神分裂病)(†)と躁うつ病のそれぞれに特徴的な体型のあることに気づいた。そこで,体型を注意深く分類したところ図11-1のような3種類の体型のあることを見出した。次に精神病の種類と体型の関係を調べてみると,表11-1のように統合失調症患者にやせた細長型が多く,躁うつ病患者には肥満型の多いことが明らかになった。さらにこの二つの精神病の場合ほど顕著ではないが,表11-1に見られるようにてんかんの患者に筋肉質の闘士型と発育異常が多いことも明らかになった。

さらにクレッチマーは患者の発病前のパーソナリティや,患者の近親などを調べ,精神病の状態と健常者の間には連続性があり,健常者の中にも,統合失調症に

肥満型　　　　闘士型　　　　細長(無力)型

図 11-1　体型(Kretschmer, 1955)の模式図

---

† 2002年から,わが国においては精神分裂病の診断名は統合失調症に変更された。

表 11-1　各疾患と体格(Kretschmer, 1955)数字は %

	統合失調症 5,233 例	躁うつ病 1,361 例	てんかん 1,505 例
肥 満 型	13.7	**64.6**	5.5
闘 士 型	16.9	6.7	**28.9**
細 長 型	**50.3**	19.2	25.1
発 育 異 常	10.5	1.1	**29.5**
不 明	8.6	8.4	11.0

表 11-2　クレッチマーの気質類型(山根，1980 より一部改変)

気　質	特　　徴	対応する体型	関連する疾患
躁うつ気質	1　社交的，善良，親切，温かみがある(全般的) 2　明朗，ユーモアがある，活発，激しやすい(躁的成分) 3　寡黙，平静，気が重い，柔和な(沈うつ成分)	肥　満　型	躁うつ病
分裂気質	1　非社交的，静か，控え目，変人(全般的) 2　臆病，恥しがり，敏感，神経質(過敏状態) 3　従順，お人よし，温和，無関心(鈍感状態)	細　長　型	統合失調症
粘着気質	執着する，几帳面，重々しい，安定している，爆発的に激怒する	闘　士　型	てんかん

誇張してあらわれているパーソナリティ特徴を正常な範囲で有している者(分裂気質の持ち主)，躁うつ病やてんかんの患者の特徴をある程度持っている者(それぞれ躁うつ気質，粘着気質の持ち主)があり，表 11-2 に示すように，それぞれの気質が，病気の場合と同じように，体型と親和性があると主張した。しかし，統合失調症の発病の時期は，体つきの細い青年期に多いのに比べて，躁うつ病の発病の時期は遅く，このことが肥満型と躁うつ病の親和性が強い理由の一つである可能性を排除できない。

(2)　シェルドンの類型論

体型と気質との関係に関して，より正確で数量的な研究を行なったのはアメリカの医師であり，心理学者であるシェルドン(W. H. Sheldon)であった[2]。彼は約 4,000 人の男子大学生の身体の写真，および身体の 17 の部位を計測して，三つの基本体型のあることを見いだした。第一は内胚葉型で，内胚葉(表 11-3 の注を参照)から発達する消化器系統の発達がよく，柔らかく丸みを帯びた体格である。第二は中胚葉型で，中胚葉から発生する骨や筋肉のよく発達した，角張った体型である。第三は外胚葉型で，外胚葉から発生する皮膚，神経系，感覚器官がよく発達した，きゃしゃな，長くてやせた手足をもった体格である。

次に各人が，この三つの体型のおのおのの特徴をどの程度もっているかを 7 段階で評定した。たとえば典型的な内胚葉型は 7-1-1，中胚葉型は 1-7-1，外胚葉型は 1-1-7 と表されるが，これらの典型はそれぞれクレッチマーの肥満型，闘士型，細

1 パーソナリティの記述

表 11-3 シェルドンの体型と気質 (Sheldon & Stevens, 1942)

体型　気質	各気質の特徴
内胚葉型　内臓緊張型 $r=.79$	食欲旺盛，寛容，緩慢，くつろぎ，自己満足，社交的
中胚葉型　身体緊張型 $r=.82$	精力的，運動好き，冒険好き，大胆率直，積極的，競争，粗い動作
外胚葉型　頭脳緊張型 $r=.83$	過敏，心配性，固い動作，尚早反応，引込思案

(注) 人の個体発生の過程をみると，受精卵ははじめは単細胞であるが，のちに分裂により多細胞になり 13 日目くらいから特殊的に分化した三つの細胞層，すなわち外胚葉，中胚葉，内胚葉ができる。外胚葉からは皮膚，感覚器官，神経系統が，中胚葉からは筋肉，骨格，血液が，内胚葉からは消化器系統が発達する。

長型に対応する。もちろん全ての特徴で中間的な 4-4-4 とか，それに類似の評点の体型も存在する。

一方，気質に関してもシェルドンは表 11-3 に示すような特徴をもつ，内臓緊張型，身体緊張型，頭脳緊張型のあることを見いだし，体型の場合と同様に各人がそれぞれの特徴をどの程度もっているかを 7 段階で評定した。最後に体型と気質の相関を求めたところ，内胚葉型と内臓緊張型，中胚葉型と身体緊張型，外胚葉型と頭脳緊張型の間に高い相関関係が見いだされた（相関については〈コラム 11-1〉を参照）。しかしながら，シェルドンが気質の評定を行なった際，彼は被験者の体型についての知識に影響を受けたのではないかといわれている。その後の十分に統制された研究では，これらの相関はかなり低くなっている。

リースとアイゼンク (L. Rees & H. J. Eysenck) はさまざまな身体測定の結果を因子分析し，まず身体の大きさに関する一般因子の存在，そしてやせて細い人と太った人を区別する第二の因子の存在を見いだした。このような因子構造は男女ともに，非常に広い範囲の年齢，民族，社会階層の標本においても見いだされているので，人間の体型はやせた細い人と太った人という二つの体型に分類されることは明らかであろう。そして，これら二つの体格とパーソナリティとの間の関係を検討した研究では，細い体型の人は内向的で神経質であり，太った体型の人は比較的安定した外向者であることが見いだされており，それぞれクレッチマーの細長型と肥満型に，シェルドンの頭脳緊張型と内臓緊張型に対応していると考えられる[3]。

2 特性によるアプローチ

私たちは個人のパーソナリティを記述するときに，先にあげた，落ち込むことがない（気分の変化が少ない），快活な，社交的，保守的など，パーソナリティを構成

している個々の特徴(要素)，すなわちパーソナリティ特性を用いる。このような安定した，個々の行動の持続傾向を特性とよぶ。

(1) オルポートの特性論

私たちは日常，非常に多くの特性用語を用いて自分や他の人々の行動を記述する。私たちが自分や人を記述するときに，いったいどれくらいの数の特性を用いているのだろうか。辞書は，私たちが日常生活で経験的に用いる特性用語を記録整理したものと考えることができる。オルポートとオドバート(G. W. Allport & H. S. Odbert)は，辞書から行動の特徴をあらわす用語を約 18,000 語見いだした[4]。これは全用語の約 5% に相当する。彼らは次に，単に評価を表した用語（"楽しい"，"嫌な"など）や状態を表す用語(たとえば，"混乱した")を除き，さらに類義語・同義語を整理して代表的な用語に統一したり，反意語を一つにまとめたりして，約 4,500 語に

〈コラム 11-1〉 相関係数と因子分析

相関関係と相関図については，すでに 1 章 3 節 2 項 (3) および図 1-4 に述べたが，ここでは相関係数と因子分析の説明をしておきたい。

〈相関係数〉 親の背が高いと子の背も高いかとか，知能指数(IQ)と学業成績は関係があるのか，というような疑問は日常生活でもよく起こる疑問である。このような数量的にあらわされた変数間の関係を量的に表現するためによく用いられる係数が，ピアソンの積率相関係数 r である。r は $+1.0$ から -1.0 の間の値をとり，X 変数(たとえば IQ 値)と Y 変数(たとえば学業成績)の間の関係の性質（正，負)と程度をあらわしている。相関の程度を知るおよその目やすとして，つぎの表現が参考になる。

　$\pm 1.00 - \pm .90$　非常に高い正(負)の相関
　$\pm .90 - \pm .70$　高い正(負)の相関
　$\pm .70 - \pm .40$　かなりの正(負)の相関
　$\pm .40 - \pm .20$　低い正(負)の相関
　$\pm .20 - \pm .00$　無視してよい相関

なお，図 1-4 の 3 つの相関図について相関係数 r を求めると，左から順に，$r=+.83, r=+.03, r=-.83$ となる。

〈因子分析〉 つぎに本章の 2 節で論じられている質問紙法による性格テストに，つぎのような質問があったと仮定しよう。
　(1) 自分は話し好きなほうだと思いますか。
　(2) 社交的な集まりに顔を出すのが好きですか。
　(3) 気分がくしゃくしゃすることがよくありますか。
　(4) 心配事で眠れないことがよくありますか。
このような質問を含むパーソナリティ・テストを大勢の人に施行して，もし(1)に「はい」と答えると，たいていの場合に (2) でも「はい」と答たとすると，(1)と(2) の相関関係は非常に高いことになる。そしてこのことは (3) と (4) についても

1　パーソナリティの記述

まで整理した。そして，最終的に心理学的に意味のあるリストを作成した。

人々の違いを記述するのに，どのくらいの数の特性が必要なのかについては研究者の間で議論が分かれる。多くの研究者たちはこれらの疑問に答えるために因子分析という統計的技法を導入した。因子分析は，異なるいくつかの行動，あるいは特性間の相関の程度を調べる統計的，数学的方法であり，それぞれの特性間の相関の程度に基づいて，少数の基本的なまとまり，つまり因子に単純化する(因子分析については〈コラム 11-1〉を参照)。このようにして，因子分析によって，広範囲な特性に関して得られた膨大な人々の得点の背景にある構造が明らかにされる。

(2) キャッテルの特性論

キャッテル(R. B. Cattell)は，オルポートとオドバートのリストをさらに 180 語まで整理し，他者評定と自己評定のデータを収集した[5]。そして，整理された 45 の特

同じだと仮定する。しかし (1)―(3) あるいは (1)―(4)，また (2)―(3) あるいは (2)―(4) の関係をみると，まったく相関がなかったと仮定してみよう。このような場合，(1)(2) は何か共通のものを，(3)(4) も何か別の共通のものを測っているように考えられる。そして質問の内容から推測して，(1)(2) の背後には内向性―外因性というような"因子"が仮定できそうだし，(3)(4) の背後には"情緒的安定性"のような"因子"が考えられそうに思われる。実は因子分析(factor analysis)という方法は，ごく簡単にいえばこのような考え方に基づいている。

上の 4 問からなる例では 2 因子が見つかった。因子というのは，たとえば複雑な性格を構成している要素のようなものである。そこでつぎのような場合を考えてみよう。上記の質問と同じ形式で，人の生活や行動やものの考え方，態度に関係のある事柄をあますことなく網羅している何千，何万という数の質問を，多数の被検査者に投げかけて，「はい」「いいえ」で答えてもらったとする。そしてその結果について上と同じような相関関係による分析を行なってみたところ，お互いに相関関係の高い質問の集まりがいくつか見いだされ，また，集まり相互間の相関関係は低かったとしよう。そのような場合，上と同じように，いくつかの相互に独立の"因子"の存在が仮定できる。さらにもし集められて質問文の内容が十分に幅広いものであるならば，このようにして抽出された因子ごと，あるいは基本特性ごとに人を記述すれば，その人の性格のあらゆる側面があますことなく，数量的にあらわされることになる。表 11-4 に示されている 12 の特性もこのようにして見いだされた 12 の因子をあらわしている。

われわれは小学校時代から，身体検査のたびごとに，身長，体重，胸囲，座高が測定されてきた。つまりこの四つの面を測っておけば身体の発達の程度がほぼ余すことなく把握できるということなのであろう。因子分析は性格や知能における身長，体重，胸囲，座高にあたるものを見つける方法のようなものである。

表 11-4　キャッテルの 16 因子 (Cattell, 1963)

高得点の記述	因子	低得点の記述
社交的, 打ち解ける, のんき (感情循環気質的)	A	打ち解けない, 超然とした, 批判的, 冷たい (分裂的)
知的に高い, 抽象的思考, 利発 (高知能)	B	知的に低い, 具体的思考 (低知能)
情緒的に安定, 現実直視, 冷静 (高自我)	C	感情的, 情緒不安定, 動揺しやすい (低自我)
独断的, 独立心が強い, 攻撃的, 強情 (支配的)	E	謙虚, 温厚, 従順, 従法的 (服従的)
軽率, 衝動的, 無頓着, 熱狂的 (高潮的)	F	慎重, 用心深い, まじめ, 無口 (退潮的)
責任感が強い, 忍耐強い, 規則的 (強超自我)	G	責任感が弱い, 御都合主義, 無責任 (弱超自我)
物おじしない, 社会的に大胆, 抑制のない, 自由奔放 (脅威に対する抗性)	H	物おじする, 控え目, 気おくれ, 臆病 (脅威に対する過敏)
テンダーマインド, 依存的, 過剰防衛, 直感的 (防衛的な情緒過敏)	I	タフマインド, 自力本願, 現実的, 実用主義 (徹底した現実主義)
疑い深い, うぬぼれ, 懐疑的 (内的緊張)	L	信じやすい, 順応的, ねたみのない, 協調的 (内的弛緩)
空想的, 現実に無頓着, 内なる切迫に無中になる, 自由奔放的 (自閉的)	M	現実的, 注意深い, 習慣的, 外的現実に従う, 独自の (現実性)
如才ない, 打算的, 見通しのきく, 警戒心の強い (狡猾)	N	率直, 自然の, 素朴な, 感傷的な (無技巧)
自信がない, 心配性, 抑うつ的, 不安 (罪悪感)	O	穏やかな, 確信した, 自信のある, 落ち着いた (充足感)
革新的, 批判的, 進歩的, 分析的, 自由思考 (急進性)	Q^1	保守的, 既成観念の尊重, 因習的 (保守性)
自己充足的, 自分の決断を選ぶ, 才覚のある (自己充足)	Q^2	集団依存的, 従者的 (集団依存)
自律的, 世間的, 自覚的, 自制的 (高い自己概念の統制)	Q^3	いきあたりばったりの, 世間体を気にしない, だらしがない, 衝動的 (低統合)
緊張した, 興奮し切った, 落ち着かない (高緊張)	Q^4	リラックスした, 穏やかな, 不活発, 満された (低緊張)

性用語に関して因子分析を実施した。いくつかの研究の結果, キャッテルは特性用語は 12 から 15 の因子に分けられることを見いだすとともに, いくつかの因子を加え, 16 因子からなるパーソナリティ・テスト (16 PF) を作成した (表 11-4)。日本では, 伊沢らによって 16 PF 人格検査として日本版が作成されている[6]。

(3) アイゼンクの特性論

アイゼンク (H. J. Eysenck) は精神医学的診断, 質問紙, 客観的動作テスト, 身体的差異の四つの角度から得られたデータを因子分析したり, いろいろな尺度を因子分析することで, パーソナリティを明らかにしようとした。彼は, 一貫して外向性—内向性, 神経症的傾向—安定性という二つの因子を見いだした。アイゼンクはこれらの因子を次元とよんでいる。典型的な外向性の人は, 人好き, 陽気, 社交的, のんき, 気まぐれ, 行動的, 独断的, 身体的には活動的, 楽天的である。他方, 典型的に内向的な人は, 静か, 消極的, 注意深い, 思慮深い, 頼りになる, 精神的に活動的, 悲観的である。神経症的傾向の強い人は, 神経質, 心配性, 気分屋, 過敏,

1 パーソナリティの記述

不安が強い，興奮しやすい，概して情動的に変化しやすい。他方，安定した人は，落ち着いている，気分にムラがない，頼りになる，静かである[7]。大部分の人はこれらの次元の中央付近に位置する（図11-2）が，個人を両次元で定義された空間のどこかの点に位置づけることが可能であり，非常に広範囲のパーソナリティが区別できる。この尺度を測定するためにモーズレイ性格検査（MPI）やアイゼンク性格検査（EPI）が開発されている[8)9)]。アイゼンクは後に，この二次元に精神病的傾向あるいはタフ・マインド傾向（tough-mindedness）というもうひとつの次元を加えた。精神病的傾向の強いものは，冷たい，攻撃的，残虐，一風変わっている，反社会的行動を好むとされている。

アイゼンクはパーソナリティを三次元的に記述するが，すでに述べたキャッテルは16因子によるパーソナリティの記述を行なっている。パーソナリティを適切に記述するのに必要な特性の数に大きな隔たりがある。両研究の特性あるいは次元からわかるように，キャッテルの16因子は，アイゼンクの3因子よりも低水準における

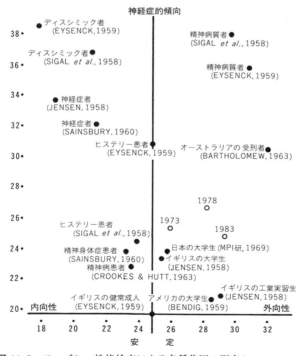

図11-2 モーズレー性格検査による各種集団の測定（Eysenck, 1967）

日本の大学生の結果は MPI 研究会（1969）による。白丸は 1973, 1978, 1983 年の日本の KG 大学生の結果である（岸本・今田，1978；寺崎，1985）。

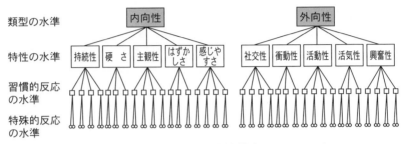

図 11-3　パーソナリティの階層的構造(Eysenck, 1951)

ものである。つまりキャッテルの 16 因子は相関しており,さらに因子分析するとアイゼンクの 3 因子あるいはそれに非常に似た因子へとまとまっていくと考えられる。

　これらの水準の違いは,図 11-3 を見れば明らかである。外向性―内向性,神経症的傾向―安定性は非常に安定した次元であり,彼はこのまとまりを類型(タイプ)とよび,その下に特性の水準,習慣的反応の水準,特殊反応の水準が存在する階層的構造を仮定している。個人特有の行動様式である特殊反応が,さまざまな状況で繰り返し現れると習慣的反応となり,パーソナリティ構造の最下位の水準を構成する。習慣的反応とは,互いに相関するものが集まることにより,習慣的反応群としての特性因子 (群因子) を構成する。この特性因子間の相関から,因子分析により,さらに高次の一般因子である類型次元が経験的に見いだされる。このように,因子分析をどの水準まで行なうかによって出現する因子数は異なってくるし,最初にどのような特性を用いて因子分析するのか,異なった因子分析の技法を用いれば得られる因子もまた異なってくる。

（4）　一貫性論争（人間―状況論争）

　本章の始めに,考え方や行動の仕方における個人差は,状況の変化にもかかわらず,その人らしい行動傾向や反応傾向が見られるように,比較的一貫し,安定したものである,と述べた。このように状況を越えて一貫した行動が現れる（これを通状況的一貫性という）のは,人間の内部にその人らしい思考や行動の仕方を決定する「何か」内的なものがあるからではないかと推測されているからである。この「何か」内的なもの,すなわち人の思考や感情,行動などにある程度一貫した傾向をもたらすと考えられるものがパーソナリティあるいは特性である。そして,特性論では,このような傾向をどのくらい強くもっているかで個人のパーソナリティを記述しようと考える。

　行動に現れる特徴つまり,パーソナリティ関連行動はその内的なものの表われだ

1 パーソナリティの記述

と考えるならば，内的なものは状況から独立しているから，パーソナリティ関連行動も状況を越えた一貫性をもつはずだ，と仮定できる。つまり，正直者はいつでもどこでも正直である。そしてこのような考え方をもとにした類型や特性による行動の説明や予測は，状況とは独立に有効と考えられてきた。同じようにパーソナリティの測定においても，ごく限られた状況でのパーソナリティしか把握していないのに，その結果をあらゆる状況での行動理解や予測がある程度できると考えられていた。

ところが，1968年に出版されたミッシェル（W. Mischel.）の『パーソナリティと評定』という本を契機として，「人間—状況論争」あるいは「一貫性論争」とよばれる論争が起こり，これらの前提を根底から揺るがした[10][11]。一貫性論争におけるもっとも重要なミッシェルの指摘は，知的機能など一部の領域を除くと，人の行動に現れるパーソナリティは，実際にはそれまで仮定されていたような通状況的一貫性をもたないということである。ある場面で行動に一定のパーソナリティ特徴を示している人が，他の場面・状況でも一貫してそうした行動パターンを示すという証拠は，結局のところ見つからなかった[12]。つまり，人の行動は，個々の状況に依存しており，状況を越えた一貫性を保障するものが人の内部には存在しないということである。これまでは状況を越えた一貫性を保障するものがあるという前提に基づいて行動の説明や予測が行なわれてきたが，この論争以後，行動の説明にとっては，人の内部にあるもの（特性）よりも，状況の方が重要である（状況論）という考えも起こってきた。

そしてこのような「人か状況か」という論争の帰結として，「人も状況も」という相互作用論が生じてきた。相互作用論では人と状況が互いに影響しあう，より力動的・能動的な相互作用のプロセスに注目している。ミッシェルの指摘は多くの論点を刺激したが，特性論を主張する研究者たちは特性の有用性を擁護しようとする立場で研究をし，これが後のパーソナリティの5因子モデルを生み出す伏線となった。

（5） ビッグファイブ（パーソナリティの5因子モデル）

クラーエ（B. Krahe）によると，1990年代の初めになると，一貫性論争において特性論からの反論が起こり，パーソナリティ心理学における特性の有用性を示すための新しい方法が探究され，数多くの幅広い，多面的な研究が行なわれるようになった[13]。これらの研究は，わかりやすい個人差の記述と解釈を促進するための限られた基本的特性次元を見出すことに向けられた。いわゆるビッグファイブ（パーソナリティの5因子モデル）の提唱である。

1980年代には，辞書から得られた数百に及ぶ特性語を分析した研究で5因子が抽

表 11-5 各因子を特徴づける特性尺度の例 (McCrae & Costa, 1987, Hilgard *et al.*, 2000 より引用)

特性因子	代表的な特性尺度	特性因子	代表的な特性尺度
開放性	・伝統的―独創的な ・冒険心のない―大胆な ・保守的な―進歩的な	調和性	・イライラした―落ち着いた ・冷酷な―優しい心の ・自己中心的な―無私無欲の
誠実性	・不注意な―用心深い ・信頼できない―信頼できる ・怠慢な―誠実な	神経症的傾向	・落ち着いた―心配性な ・強い―傷つきやすい ・安定した―不安定な
外向性	・内気な―社交的な ・静かな―おしゃべりな ・抑制した―のびのびとした		

出されている[14]。また，既存の多くの尺度を分析した研究や過去の尺度を再分析した研究でも5因子構造が繰り返し見いだされるようになった。そして1990年代に入ると，それらを測定する尺度を構成し，信頼性や妥当性を検討する研究も行なわれるようになった。

コスタとマックレー（P. T. Jr. Costa & R. R. McCrae）は，5因子モデルに基づいてネオ・パーソナリティ目録改訂版(NEO-PI-R)とよばれるパーソナリティ・テストを作成した[15]。測定される因子は表11-5のように，開放性（Openness），誠実性（Conscientiousness），外向性（Extraversion），調和性（Agreeableness）そして神経症的傾向（Neuroticism）からなる。NEO-PI-Rはそれぞれ六つの下位次元(facet)をもつ五つの次元(domain)を構成する240項目からなる。

この検査は，被験者の層を広げても，自己報告でも他者報告でも，横断的データでも縦断的データでも，多様な因子分析を適用しても安定した5因子を示すことが認められている。そして，このネオ人格目録はドイツ語，ポルトガル語，ヘブライ語，中国語，韓国語，日本語などさまざまな言語で翻訳版が作成されている。日本においても，下仲らによってNEO-PI-Rの日本版(大学生版，成人版)が作成され，1999年に公刊された[16]。辻らは，日本人のパーソナリティ測定に適した独自の，内向性―外向性，分離性―愛着性，自然性―統制性，非情動性―情動性，現実性―遊戯性という5因子からなる5因子性格検査(FFPQ)を作成している[17]。また，曽我によって小学生用5因子性格検査(FFPC)の標準化も行われている[18]。

上に見られるように，5因子でパーソナリティを記述するといっても内容が異なる5因子を主張する研究者もあり，現在のところすべての研究者が共通したパーソナリティの5因子構造を認めているわけではない。

2 パーソナリティの測定

パーソナリティを記述するのに必要な特性が見いだされれば，それらの特性を適切にしかも安定して測定するための道具（パーソナリティ・テスト）が作成される。そして，この道具を用いて特性を量的に測定することで個人のパーソナリティが記述できるようになる。また，臨床的治療において，治療の効果を評価するためには，来談者の不安が低下したのか，あるいは変化しなかったのか，臨床的治療の評価の

〈コラム 11-2〉 外向性の者は昼から調子が良くなる？

アイゼンクたちはパーソナリティ理論に関連された数多くの実験的研究を行なっているが，その場合，特定のパーソナリティ特性に関して選ばれた被験者に何らかの課題を課して，そのパフォーマンス（遂行量）を調べることがよく行なわれる。実験は実験者や被験者の都合で，午前中に行なわれたり，午後に行なわれたりするが，いつ実験するか，つまり実験を行なう時刻（time of day）がパフォーマンスに意外に影響を及ぼすようである。

カフーン（W. P. Colquhoun）とコーカラン（D. W. J. Corcoran）[a]は，英国海軍の兵士の中から外向的な者と内向的な者を選び出し，それぞれ午前中に実験を行なう条件と午後に実験を行なう条件に分けた。与えられた課題は，英国詩のサンプルの中に「e」の文字が現われたら，いつでもそれを抹消するというものであった。

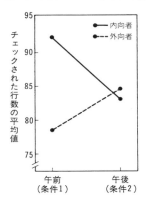

実験時刻（time of day）と外向者，内向者のパフォーマンス
（Colquhoun & Corcoran, 1964）

結果は，図に示されているように，内向的な者は，午前に成績がよく，一方外向的な者は午後のほうが成績がよかった。

この結果は，本文中で述べた外向者と内向者の覚醒水準の差異で説明されるが，パーソナリティ研究において一見無関係と思われるような変数にも十分留意しておかなければならないことを示している。

ためにも有効なパーソナリティの査定，測定が必要となる。

　一般にパーソナリティの測定には，パーソナリティを構成する個々の特性を測定する方法と，個々の部分の統合を強調して全体としてのパーソナリティ像を把握しようとする方法がある。多くのパーソナリティ測度は前者の方法であるが，行動観察法，面接法，投映（影）法などは後者に属する。

1　質問紙法(questionnaire)

　よく知らない人と一緒にいると緊張しますか。
　ささいなことでも気に病みますか。
　すぐに決心がつきますか。

　多くのパーソナリティ・テストは，このような質問に対して，テストを受ける者（被検者）に「当てはまる」か「当てはまらない」で答えさせる。あるいは「当てはまる」，「少し当てはまる」，「どちらともいえない」，「あまり当てはまらない」，「当てはまらない」のような5段階でどの程度当てはまるかを，自己評定させ，彼らの特徴を明らかにする。この方法は集団で実施することが可能であり，結果の処理も機械的にできるので，最も多く用いられている。このように質問項目が並んでいる検査を質問紙法あるいはパーソナリティ目録法とよぶが，単にパーソナリティ検査（性格検査）とよばれることも多い。

　質問紙における各項目は，特定のパーソナリティ特性の典型的な行動を示しており，いくつかの類似の項目に対する反応を合計して各特性尺度の得点が求められる。たとえば，上記の質問はそれぞれシャイネス，神経症的傾向，外向性尺度の項目である。質問紙には，単一の特性を測定するものと複数の特性を同時に測定できるものがある。前者の代表的な検査には，スピールバーガー（C. D. Spielberger）の状態―特性不安尺度（STAI）がある。これは不安を測定する代表的な尺度であるが，特性としての不安（特性不安）だけではなく，ある場面で生じている状態としての不安（状態不安）も測定できる。後者の代表的な検査には，因子分析的研究に基づいて作成された，アイゼンクによる外向性―内向性，神経症的傾向―安定性の二次元を測定するアイゼンク性格検査（EPI），12尺度からなる矢田部ギルフォード（YG）性格検査，16尺度からなるキャッテルの16パーソナリティ因子質問紙（16 PF）などがある。また，コスタ（P. F. Costa）らは5因子からなるネオ人格目録（NEO Personality Inventory）を作成している（Costa & McCrea, 1988）。これらの5因子は，評定者集団や被調査者集団が異なっても繰り返し安定して得られることからビッグ・ファイブ（代表的な5因子）とよばれている。18尺度からなるカリフォルニア人格検査（CPI），10の臨床尺度からなるミネソタ多面人格目録（MMPI, MMPI-2）は，因子

分析に基づいたものではなく，専門家の評定や医師の診断などを基準として経験的に尺度が構成されたものである。MMPI は 1939 年に標準化され，今でも使用されているが項目の中には，現在ではほとんど使われていない時代遅れの生活習慣に関する項目や用語，また性差別を思わせる用語，キリスト教だけを対象とした宗教的用語などがあり，1989 年に現在の社会状況にあわせた MMPI-2 が作成された[19]。わが国でも 1989 年に作成された塩田版 MMPI-2，1993〜1994 年に作成された MMPI-2 北里・旭川版がある。

　パーソナリティ質問紙法は多数の人に対して同時に簡単に実施でき，結果の解釈にも主観が入らず，施行者に熟練を必要としないが，応答が被検者の自己報告に基づいているために，次のようないくつかの問題が指摘されている。(1) 質問の内容と検査場面によっては，意識的，無意識的に自分をよく見せようとする傾向が現れることがある。(2) 質問項目の内容を，すべての被検者が同じように受け取っているとは限らない。(3) 質問を理解し，それが自分に当てはまるかどうかを洞察する能力が必要である。

2　投映(影)法

　もう一つの主要な測定方法は，漠然とした，あるいは曖昧な刺激図形に対する反応を分析したり，解釈することでパーソナリティの隠された側面，おそらく無意識の側面(いわゆる深層)とらえようとするものである。

　たとえば，紙を二つ折りにして一度ひろげ，折れ線上にインクを落とし，再び折れ線にそって二つ折りにして上からよくおさえる。開いたときに左右対称のインクのシミができる。これはまったく偶然にできた何の意味ももたないあいまいな刺激であるが，見方によって熊とか，花瓶とか，東京タワーというような，すでに知っているものに見えることがある。そして，このあいまいなものの見たて方に個人の性格が反映(投影)されるという考えに立って考案されたのが，ロールシャッハ・テストである。これはスイスの精神医学者，ロールシャッハ(H. Rorschach)によって 1910 年代に考案されたインクのしみのテストである。投映(影)法にはこのほかに，表 11-6 に示すようなさまざまな種類があるが，共通の特徴は，あいまいな(多義的な)刺激にさらされたり，はっきりと構造化されていない場面におかれている被検者の，それらに対する反応が記述，観察され，そのデータをもとに分析，解釈がなされてパーソナリティ特徴を明らかにするところにある。すなわち上に述べたように，多義的な刺激を意味づけたり，構造化されていない事態を構造化する際に，その個人の独自の欲求，動機，葛藤などが投影されると考えられている(なお，7 章の表 7-1 に要求不満に対する自我防衛的反応が示されている)。

表 11-6　投映(影)法の種類

視覚刺激を用いるもの	ロールシャッハ・テスト，主題(絵画)統覚検査(TAT)，絵画欲求不満テスト(PFスタディ)など
言語刺激を用いるもの	連想検査，文章完成テスト(SCT)など
表現と運動	人物画テスト，HTPテスト(House Tree Person test)，バウム・テスト，フィンガー・ペインティング，モザイク・テストなど
遊びと劇	プレイ・テスト，ドール・プレイ(doll play)，サイコドラマなど

　投映(影)法の特徴には，第一に検査の意図がわかりにくいので，被検者が意図的に答を歪ませることができにくい点，第二に質問紙法がどちらかといえばパーソナリティの表面的な特徴のそれぞれを別個に測定しているのに対して，投映(影)法はパーソナリティの全体的，力動的な姿を深層にわたってとらえることができるとされている点である。他方，分析や解釈には高度の技術，経験，洞察が必要とされ，標準化が困難であり，検査の妥当性という点からの批判もある。

3　パーソナリティ・テストの信頼性と妥当性

　物の長さを測るためには正確で信頼できる物差しが必要である。それと同様パーソナリティ特性を測定する物差し，すなわちパーソナリティ・テストも信頼できるものでなければならない。信頼性(reliability)とは測定結果の安定性のことであり，その尺度を用いて，いつだれが測っても結果がほぼ同じでなければならない。また同じ10 cmのものを測るのであれば，0 cmのところを起点にしようが，15 cmのところを起点にしようが，10 cmでなければならないように，多数の項目からなるテストはすべてにわたって等質であることももう一つの信頼性の条件である。

　テストの妥当性(validity)とは，そのテストが測定しようとしているものを測定しているかどうかの問題である。すべてのテストは，このような信頼性・妥当性を十分にそなえたものでなければならず，その点，4節以下で問題にする知能テストも同じである。たとえば，個人の潜在能力を測定しなければならないはずの知能テストが，その個人が経験によって得た知識量をはかるような性質のものであるならば，知能テストとしての妥当性は低いことになる。

3　パーソナリティ形成の基礎過程

1　精神分析理論

　フロイトによると，パーソナリティの基礎は就学時までにかなりの程度まででき

3 パーソナリティ形成の基礎過程

表 11-7 フロイトのリビドーの発達段階とエリクソンの発達段階 (大岸, 1984)

心理社会的発達段階	1 乳児期	2 早期幼児期	3 遊戯期	4 学童期	5 青年期	6 初期成人期	7 成人期	8 成熟期
エリクソン (1950) の発達課題*	原初的信頼 basic trust 対 不信 mistrust	自律性 autonomy 対 恥・疑惑 shame, doubt	主導性 initiative 対 罪悪感 guilt	生産性 industry 対 劣等感 inferiority	同一性 identity 対 役割の混乱 role confusion	親密 intimacy 対 孤立 isolation	生殖 generativity 対 停滞 stagnation	自我の統合性 ego integrity 対 絶望 despair
フロイトのリビドーの発達段階** (心理性的発達段階)	I 口唇期 oral	II 肛門期 anal	III 男根期 phallic	IV 潜在期 latent	V 性器期 genitality			
生活年齢	0	3	6	9	12歳			

← リビドーの高まり

* たとえば、乳児期の課題「原初的信頼 対 不信」は、乳児の母親への信頼への信頼が不信を制すれば危険をのり越えられるが、逆に不信が信頼を制すると、その後の発達において、人や社会に対して強い不信をもつ人格になることを意味する。
** 快感追求の器官が発達段階の名前になっている。

あがり，その後の成長はその基礎構造の上に築かれる。フロイトは，パーソナリティの発達をリビドー(性的エネルギー)の段階的放出と成熟・統合の過程であると考えた。エリクソン(E. H. Erikson)は，フロイトの考えに文化・社会的観点を取り入れている(表11-7)。フロイトのリビドーの発達段階は，その名称が示す器官の周辺に形づくられ，その発達の諸段階は生物的に規定された普遍的なパタンであると考えられている。

ところが，ときにはこの正常な経過が阻止され，リビドーの固着が生じることがある。固着は，ある段階での欲求不満や過度の快感が原因となって次の段階への移行が一時的，あるいは永久に停止されて生じるとされているが，固着が生じた段階や固着の強さに応じて特徴的なパーソナリティ特性が生じる，と考えられている。たとえば，口唇期にリビドーが固着すると，甘えたり，憎悪するのが強くなる。肛門期に固着が生じた場合には，わがまま，反抗的，極端な几帳面，整理好きなどの特徴が，また男根期に固着が生じたときには，去勢不安が解消せずに，気の小さい，おびえやすいという特徴が現れる，とされている。

ところで，ライヒ(W. Reich)は，パーソナリティ特性は主として特殊な防衛機制の使用に由来している，と述べている。防衛機制は，外界からの脅威やイド，超自我の脅威，あるいは両体系間の葛藤などによって引き起こされた不安により，パーソナリティ構造が崩壊の危険にさらされたときに，自我が無意識的に採用する適応機制である。たとえば，敵意のような感情を抑圧している場合，他者との交渉の中で，それが意識上に現れることがある。これは，その人をさらに不安にするので，その人は，できるだけ他者との交渉を避けるようになったり，他人にその敵意を知られるのを恐れるようになる。このようにして，抑制的，引っ込み思案，慎重というような特性が形成される(表11-8)[20]。

表11-8 防衛機制とパーソナリティ特性との理論的関係(Levitt, 1966)

防衛機制	特性
否定	強情　自己主張的　想像力に乏しい
投射	批判的　偏狭　敵意のある
退行	依存的　強要的　無責任
強迫	硬い　従順　狭量　黙想的
抑圧	抑制的　引込思案　慎重

2　学習心理学の考え方

行動主義を唱えたワトソン(J. B. Watson)は次のように述べている。「私に，健康

なからだをした1ダースの赤ん坊と，彼らを育てるための私自身の特殊な世界を与えたまえ。そうすれば，私はでたらめにそのうちの1人をとり，その子を訓練して，私が選んだある専門家，医者，法律家，芸術家，大実業家，……に，その子の祖先の才能，嗜好，傾向，能力，職業がどうだろうと，きっとしてみせよう」[21]。このようにワトソンは先天的傾向を否定し，環境の整え方しだいで，どのような性格の人間でも形成することができることを請け合っているのである。この考えは近年ではスキナー(B. F. Skinner)に最も強く受け継がれ，人はすべて環境によって決定されているので自由などはない，という思想(環境決定論)へと発展している。

　ワトソンからスキナーへの流れとは別に，パーソナリティの形成は結局，学習による習慣形成であるという学習理論からの接近をするグループに，学習理論家ハル(C. L. Hull)の流れがある。ハルの門下のミラー(N. E. Miller)，ダラード(J. Dollard)，シアーズ(R. R. Sears)らのイェール大学のグループの人たちは，むしろフロイトの動機づけ中心のものの考え方に立脚している。すなわちわれわれはその時どきの動機を低下させるように行動し，その行動が動機，緊張を低下させるのに役立てば，その行動が強化され強固になると考える。イェール学派の人たちは，フロイトがそうであったように，パーソナリティに関してはむしろその異常性の面に関心が強かったため，不安や恐怖を動機とした，異常行動，あるいは異常なパーソナリティの形成に関する研究に学習理論の立場から接近したのである。4章の〈コラム4-4〉の動物実験も，本来神経症の症状(行動)学習という観点からなされたものなのである。このような考えに立てば，心理療法を必要とするような人は，社会生活を行なっていく上で，都合の悪い習慣が形成された人間であるので，学習理論を適用して，その不都合な習慣を消去すれば健全なパーソナリティへの変革がなしとげられるという，5章2節で述べた行動療法の主張とつながっていくことになる[22]。

4　知　能

1　知能とは

　日常生活場面で「知能」という用語が使われる場合，それは「頭のはたらき」や「知恵のあるなし」ということを意味しており，いずれも日常の行動観察に基づいて判断されたものである。このため，「知能とは何か」という場合，観察する人が異なれば，知能を推論するための外面的行動も異なるので，知能についての絶対的，あるいは真実の定義はないことになる。実際，過去に多くの心理学者が知能の定義を試みているが，いまだ統一的定義は確立されていない。しかし，これらの定義を関連するもので整理すると，知的適応能力，社会的適応能力，情報処理能力の三つ

の考え方にまとめることができる。
(1) 知的適応能力

20世紀初頭に知能検査を創案したビネー(A. Binet)は知能を外界全体として再構成するためにはたらく認識能力と考えた。その後いろいろな定義がなされてきた。1921年アメリカで行われた「知能とその測定」のシンポジウムでは，それぞれの学者によって多様な定義がなされた。それらは，定義から一般に次の三つに分類されている。

a) 抽象的思考能力　ターマン(L. M. Terman)らの考えで，知能を抽象的思考をする能力と考える。

b) 学習する能力　ディアボーン(W. F. Dearbone)やゲーツ(A. I. Gates)らは知能を学習する能力または経験によって新しい行動を獲得していく能力と考える。

c) 環境適応能力　シュテルン(W. Stern)やピントナー(R. Pintner)らの考え方で，知能を比較的新しい場面に適応する能力とか，環境への適応力または行動場面への順応力とする。

その後，1950年代になってウェクスラー(D. Wechsler)は，知能を「目的的に活動し，合理的に思考し，かつ能率的に自分の環境を処理しうる個人の総合的または総体的能力」と定義した[23]。これはc)の考え方の発展である。さまざまに定義された広義の知能は，今日では，「知的適応能力」すなわち「新しい問題や境遇に対して思考的に適応する能力」と考える傾向が強い。

(2) 社会的適応能力

ビネーが学校教育への適応力を見るために知能検査を開発して以来，知能検査は学校で必要とされる知的能力の測定に重点がおかれたが，知能検査は学校外での適応の予測には役立たなかった。そこで，学校外の実際の社会生活への適応を含めて知能を拡大する試みもなされた。1980年代にスタンバーグ(R. J. Sternberg)は，一般人(素人)と専門家が知能をどう見ているか調査した。前者では実際的問題解決能力，言語能力，社会的有能さが重視され，後者では言語能力，問題解決能力，実際的知能が重視されている。両者ともに社会的有能さあるいは実際的知能といった社会的適応能力を重視している。

(3) 情報処理能力

認知心理学の発展に伴い，知能を認知過程や学習過程と結びつけ認知処理能力あるいは情報処理能力をみなす立場も現れた。この立場では，知能は情報を処理し，新しい問題を解決する能力と考えている[24]。

2 知能の構造
(1) 一般知能

知能は単一の知的能力であると考えるべきなのか，それともいくつかの知的能力の要素(多因子)の合成と考えるほうが良いのか。スピアマン(C. Spearman)は，ラテン語，フランス語，英語などのテストを実施し，その得点間の相関係数を求めた。それぞれのテスト得点間には，いずれもかなりの高い正の相関があり，このことはすべてのテストのどの問題を解くのにも必要とされる共通した能力(一般知能因子)が存在することを推論させる。このような考えに基づいて，スピアマンは因子分析法を用いて解析し，この共通能力としての一般知能因子gと，各テスト特有の能力としての特殊知能s因子の2因子を見いだした。

スピアマンによって一般知能因子gが抽出されたのは1904年のことであるが，1990年代になってジェンセン(A. R. Jensen)[25]やキャロル(J. B. Carroll)[26]によっても，一般因子の存在は追認されている。ゴットフレッドソン(L. S. Gottfredson)によると，現在では知能研究の専門家のほとんどがgを知能の定義として実際に使っている，そして，さまざまな心理テストで，成績に個人差があるのは，一般知能因子gでほぼ説明がつくし，一般知能因子gと知能指数(IQ)は同じものとして扱うことができると述べている。さらに彼女は，IQ値は学問上の成功や人生の成功を予測する重要な因子であり，それは，生物学的な観点からも正しいとしている[27]。歴史的には，IQの考え方は特定の移民集団を排斥したり，政策の正当化，時には一部の人々に不妊手術を施すのに利用されたこともあった。このように一般知能因子gは，政治的や人種的，優生学的な側面に示唆を与えており，これが一般知能因子gを巡って激しい論争が起きる原因となっている。

キャッテル(R. B. Cattell)は，知能の多因子を唱えたサーストン(L. L. Thurston)の7因子から構成される知能を，二つの独立した高次の共通因子，すなわち流動性知能と結晶性知能に単純化した。流動性知能は，スピアマンの一般知能因子gに相当するものであり，新しい場面に適応する場合にはたらくもので，遺伝的規定を強く受けている。関係を発見し，理解すること，その理解をもとにして推論を引き出す，たとえば類系列を支配している法則を引き出すのは流動性知能である。他方，結晶性知能は，以前の学習経験や一般的経験によって形成された(結晶化された)能力で，的確な判断が必要とされる認知的場面で現れ，文化的な影響を強く受ける。結晶性知能は知識を獲得し，知的技能を発展させるものである。それは，文化的内容への流動性知能の応用を反映している。たとえば，数学的問題を解いたり，言語の定義を行なったりするのは結晶性知能である。前者はサーストンの空間的因子の

ように非言語性の検査によって，後者は言語理解，数的因子を測定する検査で測られる。

（2）多因子説

ソーンダイク（E. L. Thorndike）はスピアマンの一般因子に対して，異なった知的作業に相関が見られるのは，共通因子によるのではなく，それらの作業に共通の要素が存在するからだと主張し，知能は抽象的知能，具体的知能，社会的知能の三つからなるという集団因子説を提案した[28]。

1930年代になってソーンダイクの考え方を因子分析によって確かめたのが，サーストン（L. L. Thurstone）である。彼は，因子分析法を用いて57の知的能力テストを分析した結果，互いに独立した七つの知能因子を見いだした。これらは空間因子，数因子，知覚因子，記憶因子，語の流暢性因子，帰納的推理因子，演繹的推理因子の七つであり，知能は単なる一次元的なものではなく，七つの知能因子からなるものであると主張している[29]。

1980年代になってスタンバーグは，知能を分析的知能，創造的知能，実際的知能の3種類に分類している。これらの知能は，知能の情報処理モデルに関連づけて後で論じる。

ごく最近，ガードナー（H. Gardner）は，一つ以上の才能に恵まれた子どものグループと，脳卒中などを患い特定の能力が損なわれてしまった成人のグループを観察していて，一人の人間が優れた能力をもちながら，別の分野ではそれほどでもない，そして，誰もある面での能力の高さと別の面での能力の低さをもちうることを見いだした[30]。彼は進化，脳の機能，発達生物学，その他の学問分野からのデータに基づき，人間はいわゆるIQとして表される一方向だけに向いた知力をもつと考えるよりも，独立した多くの能力をもつと考えるほうが適切であると考えた。ガードナーは，「知能を，情報を処理する生物心理学的な潜在能力であって，ある文化で価値のある問題を解決したり成果を創造したりするような，文化的な場面で活性化されることができるものである」と定義している。ガードナーは次の八つの互いに独立した知能が存在するとする多重知能（MI：Multiple Intelligence）理論を提唱している[30]。次のカッコ内は，それぞれの高い知能をもつ人々の例である。

言語的知能　　　話しことばと書きことばへの感受性，言語を学ぶ能力，およびある目標を成就するために言語を用いる能力など（詩人，作家，言語学者）

論理数学的知能　問題を論理的に分析したり，数学的な操作を実行したり，問題を科学的に究明する能力に関係する（数学者，科学者，哲学者）

4 知　能

音楽的知能	音楽的パターンの演奏や作曲, 鑑賞のスキルを伴う(作曲家, 指揮者, 音楽家)
身体運動的知能	問題を解決したり, 何かを作り出すために, 体全体や身体部位を使う能力を伴う(スポーツ選手, ダンサー, 俳優)
空間的知能	広い空間のパターンを認識して操作する能力や, もっと限定された範囲のパターンについての能力が特徴(建築家, 芸術家, 彫刻家)
対人的知能	他人の気持ちや動機づけ, 欲求を理解して, その結果, 他人とうまくやっていく能力(精神分析家, 政治家, 宗教的指導者, 人類学者)
内省的知能	自分自身の感情を認知し, 行動をコントロールする能力(精神指導者, 哲学思想家)
博物的知能	種々のものを区別したりその区別を正当とする際に適用する能力(博物学者, 生物学者)

　多重知能理論では, 二つの点を強く主張している。一つは, 人は誰でもこれらの知能をすべて備えているという点であり, これらの知能を併せもつことを, ホモ・サピエンスの定義と考える。二つめは, 私たちはみな一人一人異なっており, 各自が独自のパーソナリティと気質をもつように, 知能のプロフィールも異なっている(つまり, 高い知能と低い知能の独自の組み合わせがあり, これにより個人が特徴づけられる)という点である。この理論は, 標準化されたテストからは大きく離れており, 定量化しにくいという批判はあるが, ガードナーは教育界ではかなりの影響力があり, アメリカでは教師志望者は彼の理論の習得を義務づけられることが多いといわれている[31]。

（3）構造説

　ヴァーノン(P. E. Vernon)はスピアマンの主張した一般因子に基づき, 一般因子の下に大群因子(言語的, 数的, 教育的因子と実際的, 空間的, 身体的因子)があり, さらにこれらの下にいくつかの小群因子, さらにそれぞれの下にいくつかの特殊因子があるという階層群因子説を唱えた[32]。

　ギルフォード(J. P. Guilford)は, 多年にわたる因子分析的研究から, 知能(知性)の構造化(体系化)を試みた。彼によると, 知能(知性)は図11-4 (A)にみられるように, 記憶と思考に大別され, さらに下位的能力に分かれていく。この中で, 生産的能力は, 既知の情報から新しい情報を作り出す能力であり, 集中的思考能力と拡散的思考能力が存在する。集中的思考能力は, 唯一の正答に到達する思考過程であ

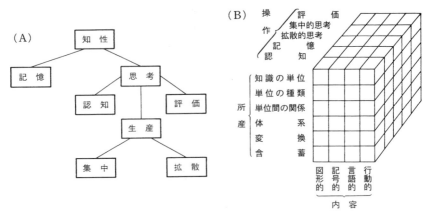

図 11-4 (A)知性の構造，(B)知性構造の理論的モデル(Guilford, 1967)

り，従来の知能検査が測定している能力である。一方，拡散的思考能力はさまざまな異なる解決法を導き出す思考過程であり，いわゆる創造的活動の基礎となるものである。

　ギルフォードは，これら五つの知的操作(情報をどのような操作で処理するか)と，内容(情報の種類)，および所産(情報処理の結果として何を出すか)の三次元を考え，この三次元からなる知性構造の理論的モデルを提唱した(図 11-4 (B))。このモデルからは，5×4×6，計120の因子の存在が予想されるが，実際に抽出されているのは80の因子だといわれ，1977年には約90の因子が抽出されたといわれている[33]。

　この知能(知性)の構造モデルや拡散的思考能力の考えは，その後の創造性研究や創造性テストの開発に多大な影響を与えた。創造性，つまり創造的思考能力も，ギルフォードの因子分析的研究によると，多くのアイディアをつぎつぎと生み出す能力(流暢性因子)，非凡な反応を生み出す能力(独創性因子)，多くの領域に思考をめぐらすことのできる能力(柔軟性因子)など，いくつかの能力因子からなることが明らかになっている。

(4) 過程説

　1940年代のスピアマンに始まり，1960年代のギルフォードにいたる知能の構造研究の多くは，因子分析に基づいて知能を分類することであった。しかしながら，認知心理学の発展と情報処理モデルが強調されるようになってくると，知的行動の基礎である認知過程とそこではたらく心的操作，認知的方略の差から知能の差を説明しようとする考えが起こってきた。

　スタンバーグは，従来の知能理論が扱った三つの側面を統合して，人間の知能の

三部理論(triarchic theory)として1985年に提唱している。理論は，構成要素的下位理論，経験的下位理論，文脈的下位理論からなる[34]。思考に含まれる心的過程を「構成要素(コンポーネント)」とよぶが，人が考えるとき，頭の中で何が起こっているかという側面である。構成要素は，問題解決のために計画を立て，解決を監視し，評価する，これらの問題解決の方略を実行する，問題解決の方法を学習する要素からなる。これは個人の中で生じている認知(思考)過程である。

経験的下位理論では，知能と経験との関係について，経験が知能に，また知能が経験にどう影響するかという側面，つまり知能に及ぼす経験の影響を扱う理論である。私たちが以前何らかの経験のある（あるいはない）課題・状況に遭遇した場合，内的な構成要素が適用されるが，個人の経験によって用いられる構成要素が異なる。慣れ親しんでいる課題に遭遇した場合とまったく新奇な課題に接したときでは用いられる能力が違う。前者の場合は自動化された能力を，後者では新奇さに対処する能力によって問題が解決される。

最後に，スタンバーグは知能を環境の文脈に適合するのに必要な認知的活動ととらえており，文脈的下位理論は，社会的文脈に応じて内的な心的過程(構成要素)をはたらかせ，環境に知的に対応する側面，つまり知能を環境の中で使う能力に関する理論である。

これらの下位理論は知能のメカニズム（構造），機能（過程）についての説明であり，どの下位理論，あるいはさらにその下位の過程がはたらくかによって発揮される能力・技能が異なる。彼は，知能を分析的知能，創造的知能，実際的知能の3種類に分類し，それらは，構成要素的下位理論，経験的下位理論および文脈的下位理論にそれぞれ対応している。

3 知能の測定

(1) 知能検査

人に心理量としての知能があるなら，それは測定可能なはずである。この知能を測定する道具が知能検査である。知能検査にはいくつかの種類があり，検査施行上から個別的に行なわれるか，集団で行なわれるかによって，個別式知能検査と集団(団体)式知能検査に分けられる。個別式知能検査は，さまざまな問題内容からなるが，ビネー式知能検査とウェクスラー式知能検査が代表的なものである。ビネー式知能検査は，世界で初めての知能検査としてフランスのビネー (A. Binet) により，1905年に考案されたが，その後各国に輸入，改訂されて今日に至っている。アメリカではターマンがスタンフォード・ビネー知能検査として改訂し，拡充した。日本でも1936年に鈴木・ビネー知能検査が，1987年には田中・ビネー知能検査が，ビ

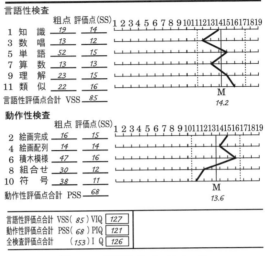

図 11-5　WAIS-R プロフィール

ネー式の改訂版として公刊された。これは、2 歳級より成人級に至る問題が、易より難へ困難度の順に配列されているのが特色である。数個の下位検査を含んだ個別知能検査としては、ウェクスラーのものがあげられる。ウェクスラーは、1939 年にウェクスラー・ベルヴュー知能検査（Wechsler-Bellevue Intelligence Scale）を発表した。検査は図 11-5 のように、言語性検査（知識、類似、算数、単語、理解、数唱）と動作性検査（絵画完成、符号、絵画配列、積木模様、組合せ）からなり、下位検査得点のプロフィールが描かれるため、知能の発達を多面的に調べられることを特色としている。その後、同じ考えに基づいて、児童用（WISC）、成人用（WAIS）、幼児用（WPPSI）を作成した。WISC は改訂され WISC-R、さらに WISC-Ⅲ として、WAIS は改訂され WAIS-R として発表された。わが国でも、1969 年に日本版 WPPSI、1990 年に WAIS-R、1998 年に日本版 WISC-Ⅲ、そして 2010 年に WISC-Ⅳ が作成されている。

　集団（団体）式知能検査は、第一次世界大戦中アメリカにおいて、多数の兵士の選抜や適性配置のために、短時間のうちに多数の被検者に検査可能な集団式の「アメリカ陸軍式知能検査」が開発されたことに始まる。集団式知能検査は、問題内容から、A（言語）式知能検査と B（非言語）式知能検査、さらに言語式と非言語式の両方の問題が混合された AB 式知能検査がある。アメリカでは、集団実施の一般的能力検査としてよく知られた大学進学適性検査（SAT）や大学院進学適性検査（GER）は、

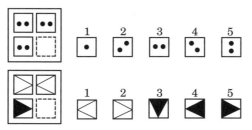

図 11-6 文化に公平な検査の例（Atkinson *et al.*, 1985 より）
左の空欄にもっともよく当てはまる項目を右の5つの項目から選ぶ。

知能テストの主要な要素を取り入れたものであり，知能検査の一種として取り上げられることがある。

知能検査の使用が拡大するにつれて，1960年代から1970年代にかけて知能検査批判（攻撃）が盛んになってきた。知能検査への攻撃は，検査の用いられ方（検査の標準化には中流の白人の子どもを対象にしており，文化的背景の異なる少数派の子どもや，経済的に貧困な地域の子どもたちには不利である），検査結果の考え方（検査結果の差は遺伝の差を表す），検査の構成とその理論（信頼性，妥当性）に向けられた。これらの問題は，すでに述べたように知能の一般因子gを知能と考え，さらにそれをIQと同じものであると扱うところから生じている。

これらの批判に対して，社会階層や文化に影響を受けない，すべての子どもに公平な知能検査（culture-fair intelligence test）（図11-6）の開発が行なわれたり，すでに述べたように1980年代以降になると知能の再検討が行なわれた。知能の発達は，遺伝と環境の相互作用によるが，知能検査で測定する知能は，開発された能力，つまり環境や過去の教育によって形成された能力であると考え，生得的意味合いの少ないものとして適性ということばがよく用いられるようになった。

標準化されたこれらの検査では，分析的言語的能力は的確に評価できるが，人生での成功に不可欠な要素（たとえば創造性）あるいはガードナーの提唱している，異なった文化において見られる多様な知能などは評価できない。

（2） 検査結果の表示法

知能検査の結果は得られた得点を解釈するため，知能指数（IQ）や知能偏差値（ISS）などで表示される。IQは検査の結果求められた精神年齢（MA）を生活年齢（CA）で割り，100倍したものである。

$$知能指数(IQ) = \frac{精神年齢(MA)}{暦年齢(CA)} \times 100$$

表 11-9 知能指数と知能偏差値の段階

知能指数 (田中ビネー)	知能偏差値 (田中 B 式)	%	知能指数 (WISC, WPPSI)	%
141 以上	75 以上	0.6	130 以上	2.2
125～140	65～74	6.1	120～129	6.7
109～124	55～64	24.2	110～119	16.1
93～108	45～54	38.3	90～109	50.1
77～92	35～44	24.2	80～89	16.1
61～76	25～34	6.1	70～79	6.7
60 以下	24 以下	0.6	69 以下	2.2

したがって，IQ は MA と CA が同じであれば 100 となり，標準の知能を意味し，年齢相応の知能の発達を示していることになる。

知能偏差値は，学力偏差値などと同様，同年齢の集団の平均点を 50，標準偏差を 10 に換算したもので，同年齢集団内での個人の相対的位置を示すことになる。

$$知能偏差値(ISS) = \frac{10(個人の得点 - 母集団の平均値)}{母集団の標準偏差値} + 50$$

つまり，ある個人の知能点が，集団の平均点よりどの程度ずれているかをみるものである。なお，ウェクスラー式検査でも知能指数ということばが使われるが，この知能指数は同年齢の集団の平均を 100，標準偏差を 15 に換算した偏差値の一種である。知能指数や偏差値は，一般に 1, 2 点の差を問題にするよりは，大きくいくつかの段階に分けて解釈する(表 11-9)。

5 遺伝と環境

知能は生まれつきのものか，つまり遺伝的要因によって決まるものか，あるいは後天的に経験によって変化するものか，育つ環境によって影響されるものであるのか。このような生得説(遺伝説)と経験説(環境説)の論争は，知能やパーソナリティに関して古くから繰り返されてきた。どちらか一方が影響を及ぼすという考え方ではなく，遺伝と環境の相互作用およびパーソナリティや知能と環境の相互作用も考えたモデルが提唱されている。

1 遺伝規定性

このモデルを検証するために次のような方法が用いられてきた。(1) 一卵性双生児と二卵性双生児の類似性を比較する，(2) 親子の相関，(3) 兄弟の間の相関，(4) その他いろいろなタイプの親類間の相関，(5) 養子研究，(6) 別々に育てられた一卵性

5　遺伝と環境

双生児対間の相関，(7)これら多数の諸関係を結びつけた研究，である。

知能の遺伝規定性に関しては，バウチャードとマギュ（T. J. Bouchard & M. McGue）[35]は，一卵性双生児と二卵性双生児をも含めた，さまざまな親族の対間の知能の相関を検討した数多くの研究を要約しているのが参考になる。図11-7にまとめられているように，34件の研究から得られた4672組の一卵性双生児対間の知能の相関の重みづけされた平均値は0.86で，41件の研究から得られた5546組の二卵性双生児対間の重みづけされた平均値は0.60である。この相関の大きさの違いは，数学的には母集団の知能検査得点の分散の約52%が遺伝的差異によるものであることを意味している，と述べている。もし知能の発達に遺伝的要因以外の要因は作用しないとすれば，相関係数の期待値は一卵性双生児の場合は1.00，二卵性双生児の場合は0.50となる。しかしながら，この仮説は支持されていないことは明らかである。つまり，一卵性双生児対間の相関は低すぎる。これは環境の影響を受けたために一卵性双生児が完全には類似しなかったことを示している。また，二卵性双生児対間の相関は高すぎ，一緒に育てられた兄弟の知能の相関が0.47であるので，これは二卵性双生児の場合，より類似の環境を共有していることを示している。双子であるという状況と双子は同じ年齢であるので非常に似た扱いを受けるということを示している。別々に育てられた一卵性双生児対間の相関は，一緒に育てられた一卵性双生児対間の相関係数と比較すると低くはなっているが，0.72とかなり高い。別々の環境で育てられた一卵性双生児対間の相関は知能に及ぼす遺伝の影響の強さを示す根拠とされる。

集団内の人々がパーソナリティや知能において異なっている度合いは得点の分散を見ればわかる。集団内の個人個人が相互に異なっているほど特性や知能得点の分散は大きくなる。この分散のうちの，個人間の遺伝的差異によって説明される割合は遺伝決定性とよばれる。特性や知能の個人差が遺伝的差異によるものであればあるほど，遺伝規定性は高くなり，100%に近づいていく。ある特性や知能に関して，一卵性双生児が二卵性双生児より似ている程度に応じて，その特徴は遺伝性成分を持っていると推測できる。身長の遺伝規定性はさまざまな研究において85%から95%の範囲にあり，遺伝の影響が大きい。

フロデラス-メイレドら（Floderus-Myred, Petersen, & Rasmuson）は，成人双生児12,000組以上の標本を集めた研究で，外向性（社交性）と情緒安定性（神経症的傾向）の両特性ともに遺伝規定性の推定値は60%であることを見いだした[36]。

ミネソタ大学の研究者たちによって行なわれた双生児研究によると，最も高い遺伝規定性は能力および知能の測度で（60%—70%），つぎに高い遺伝規定性はパーソナリティの測度で典型的に見られ（約50%），そして最も低い遺伝規定性は宗教的信

念，政治的信念，職業興味で見いだされている(30%—40%)[37]。

2 環境との相互作用

個人のパーソナリティや知能の形成において，遺伝と環境の影響は誕生の瞬間から生じる。子どもは両親から遺伝子と環境の両方を与えられ，それらは独立に作用するのではなく，相互作用している。図 11-7 からわかるように，両親と子どもの間の知能の相関は，0.5 であり，かなり高い。これは両親の知能が高いと子どもの知能が高くなることが多いことを表している。また，知能の高い親は，親子の相互作用を通して，また本を与えたり，いろいろな場所の見学につれて行ったりするなど，より豊かな知的刺激を与えることで，子どもの知能にはよい影響を与えやすい。逆に，内向的である親が，子どもには外向的であってほしいと思えば，子どもに社会活動に参加させるなど環境を整えることもあるだろう。このように遺伝と環境は単純な相互作用をするわけではない。

	相関の数	対の数	相関係数の中間値	重みづけられた平均	X^2 (d.f.)	X^2 d.f.
一緒に育てられた一卵性双生児	34	4672	0.85	0.86	81.29 (33)	2.46
別々に育てられた一卵性双生児	3	65	0.67	0.72	0.92 (2)	0.46
両親と一緒に育てられた子どもたち	3	410	0.73	0.72	2.66 (2)	1.33
両親と一人の子ども	8	992	0.475	0.50	8.11 (7)	1.16
一緒に育てられた二卵性双生児	41	5546	0.58	0.60	94.5 (40)	2.36
一緒に育てられたきょうだい	69	26.473	0.45	0.47	403.6 (64)	6.31
別々に育てられたきょうだい	2	208	0.24	0.24	0.02 (1)	0.02
一人の親と一緒に育てられた子どもたち	32	8433	0.385	0.42	211.0 (31)	6.81
一人の親と別々に育てられた子どもたち	4	814	0.22	0.22	9.61 (3)	3.28
半きょうだい	2	200	0.35	0.31	1.55 (1)	1.55
いとこ	4	1.176	0.145	0.15	1.02 (2)	0.51
非生物学的きょうだい対（養子と実子の対）	5	345	0.29	0.29	1.93 (4)	0.48
非生物学的きょうだい対（養子と養子の対）	6	369	0.31	0.34	10.5 (5)	2.10
里親（両親）と養子	6	758	0.19	0.24	6.8 (5)	1.36
里親（片親）と養子	6	1397	0.18	0.19	6.64 (5)	1.33
同類交配	16	3817	0.365	0.33	96.1 (15)	6.41

図 11-7 IQ に関する家族の相関 (Bouchard & McGue, 1981)
縦の線分は相関係数の中央値を，矢印は単純なポリジーン・モデルから予想される相関を示す。

さらに，子どものパーソナリティや知能は遺伝と環境の相互作用で決まるだけではなく，パーソナリティ自身が主体的な相互作用を通して環境を作り出すこともあ

る[37]。たとえば，同じ環境におかれても，パーソナリティや知能の違いによって，その環境を解釈し，それに対する反応の仕方が異なる（反応性相互作用：reactive interaction）。親に本を読んでもらったとき，賢い子どもはそうでない子どもよりもその内容以上のものを学ぶだろうし，感受性の高い子どもと低い子どもでは，同じ状況に置かれても異なった経験をするだろう。つまり，子どものパーソナリティや知能は，客観的な状況から主観的な環境を引き出すが，その主観的な環境がパーソ

■■■■ 〈コラム 11-3〉 いわゆる「血液型性格学」は信頼できるのだろうか ■■■■

　最近書店には，血液型と性格に関する本が多く並んでいる。「第三次血液型性格分析ブーム」とよばれ，若い女性を中心に幼稚園児から大人までがこの正体不明の"占い"の結果に一喜一憂している。保育士が園児の血液型を頭に入れて保育の参考にしたり，血液型を入社試験や人事配置の参考にする会社まで現われたといわれる。NHK の調査によると，15 歳から 69 歳までの男女 4 人中 3 人までが，血液型と性格は関係があると思っているらしい。

　果たして，このような「血液型性格学」は科学的には信頼できるものであろうか。最近の心理学関係学会で報告された科学的研究のいくつかをみてみよう。長谷川 (1985) は，血液型により性格特性に違いがあるなら性格テストの結果に反映されるはずだと考え，YG 性格検査と血液型の関係を検討したが，そこにはなんらの明確な関係も得られていない[b]。

　大村 (1984) は，能見 (1984) の『血液型エッセンス』という本の中から「血液型別気質の核心」に関する記述を抜きだし，オリジナル版，変換版，ランダム版の三つの血液型性格記述版を作成した[c]。オリジナル版は原著と同じ記述のもの，変換版はある血液型の気質の記述と他の血液型の気質の記述を総入れ替えしたもの，ランダム版は各血液型に関する生き方の基本や行動特性などの個々の記述をランダムに組み合わせたものである。いずれの版にも「何々型 (A とか B) の気質の核心」というラベルがつけられている。これらの版を大学生に提示し，自分の血液型にあたるところに記述されている気質が全体として自分の気質に当てはまるかどうかの適合率を調べた。その結果，オリジナル版の適合率は 88.5% であったが，変換版の（「何々気質の核心」と書かれているものが「本人の気質」に全体として合っていると答えた）見かけ上の適合率も 87.7% に達していた。さらに，原著とは内容的にまったくでたらめであるランダム版の見かけ上の適合率も 90.5% に達していた。つまり 10 人中約 9 人までがラベル名によって支配されていた。

　これらの結果は，A 型はこのような傾向があるといわれれば，実際には B 型の気質が記述されていても全体としては A 型である自分の気質に当てはまると思い込んでしまう（思い込み効果）ことを示している。また，各血液型で記述されている気質はどの血液型の人にもある程度当てはまる（フリーサイズ効果）ことをも示している。これらの点から大村 (1985) は，ABO 式の血液型による性格判定は科学的には虚構であり，占い術としては個人を無視した詐術であると結論している[d]。

ナリティや知能を発達させるのである。

　また,パーソナリティや知能の違いは他者から異なった反応を引き起こす(喚起性相互作用：evocative interaction)。たとえば,静かでおとなしい子どもと活発な子どもでは,親の接し方は異なるだろう。このように,子どものパーソナリティや知能が親の養育態度を作り出すこともあり,それがさらに子どものパーソナリティを形成すると考えられる。このことから,親の養育態度が子どものパーソナリティを決定すると簡単に仮定することはできない。

　子どもは成長すると,親の与えた環境を超えて行動するようになるが,そのときには自分自身の環境を形成するようになる(積極的相互作用：proactive interaction)。社交的な子どもは家で本を読んでいるより,外出して友だちと過ごすだろうし,新しい友だちも自分から進んで作る。これは個人が自分自身のパーソナリティの発達において能動的になる過程であり,成長するに従ってこの積極的な相互作用の重要性は増していく[37]。

12 臨床心理学の基礎

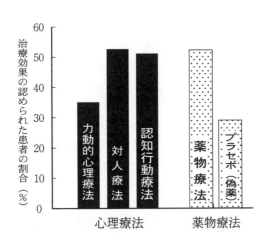

うつ病の心理療法と薬物療法の効果比較において，治療効果の認められた患者の割合（%）。結果は多数の臨床研究報告のメタ分析に基づくものである(Hollon, Thase, & Markowitz, 2002)。

1章で述べたように，心理学は「ワタシは，イマ，ココに生きている」というテーマに関するさまざまな問題の解明に向けて科学的な方法を用いる学問であり，その中で臨床心理学は心理学の応用領域として位置づけられる。近年，わが国でも「こころのケア」に対する社会的要請は非常に高く，不登校，社会的ひきこもり，および就労者の抑うつと自殺問題は世界に類をみないとも言われている。さらに，法制度の改革に伴い，発達障害のある人への支援にも注意が向けられるようになり，早期発見と早期介入が急がれている。また，PTSD（Post Traumatic Stress Disorder：心的外傷後ストレス障害）や ADHD（Attention Deficit Hyperactivity Disorder：注意欠如/多動性障害）などは誰もが日常耳にすることばになってしまったほど，現代社会が抱える適応問題は複雑かつ深刻化している。

2015年9月には日本で公認心理師法が国会で成立・公布され，心理学への期待が高まっている。この国家資格は「保健医療，福祉，教育その他の分野において，心理学に関する専門的知識及び技術」により支援を要する者に対して援助を行なうことを主な目的とする。この国家資格の必須条件として心理学の基礎を修めることが含まれている。

一方，資格制度の整備された欧米では，1980年代から各種心理的障害の理論モデルの構築と効果的な介入方法の実証開発が精力的に行なわれている。アメリカやイギリスでは1990年代に入ると心理療法の効果実証に関する系統的で大規模な調査研究が始まり，データに基づく報告が公表されるようになった。実際，イギリスでは「心理療法へのアクセスを改善させるための政策」（Improving Access to Psychological Therapies：IAPT）が2007年から施行され，世界的な注目を浴びている。不安と抑うつの問題などでQOLが低下している人に対して，介入効果が実証された認知行動療法を提供しようとする大規模な国家計画であり，個人の福祉と健康を重視していることがわかる。

21世紀の臨床心理学は実証的基盤の確立と普及に向けて始動している。本章では，歴史的背景を踏まえて，臨床心理学の基礎に関係する主要な課題について解説する。

1 臨床心理学の領域

臨床心理学は実践を伴った学問であり，その目的は ① 人間の行動と心的過程について科学的に研究する心理学の一領域として位置づけること，② 研究によって得られた知識を応用することにより，個人のウェル・ビーイング（well-being）への貢献を目ざすこと，③ 個人の能力やスキル，パーソナリティ，適応問題などに関するア

セスメントを行なうこと，④ 心理的に苦悩する人びとの援助を行なうこと，である[1]。1章で述べたように，心理学は人のさまざまな心理過程について基本法則を明らかにしようとする領域であるが，臨床心理学はさらに「イマ，ココに生きている」一人一人の適応問題を扱う領域である。したがって個人差を考慮したアプローチが必要であり，専門活動も個人のニーズに対応できるものでなければならない。

1991年にアメリカ心理学会・臨床心理学部門が採用した臨床心理学定義は統括であり，次のようである。

「臨床心理学は，さまざまな人が持つ認知的，感情的，生物的，心理的，社会的，および行動的な適応障害と不能および苦痛に関する理解を高め，それらの問題を予測し改善するために心理学の原理，方法，手続きを適用する応用学問領域であり，臨床心理学専門家の活動は研究，教育，および人的援助におよぶ」[2]。

この定義を見ると，臨床心理学は心理学の基礎が有効的に応用される実践的学問であることがわかる。臨床心理学がどのような歴史的背景のもとに発展してきたのか，次に臨床心理学の歴史を概観してみる。

2 臨床心理学の歴史的背景：現在とのつながり

1 臨床心理学の誕生

臨床心理学の歴史は心理科学の歴史と同じくらい古く，学問として誕生してからすでに100年余りになる[3]。1879年は科学的心理学の独立の年であり，ヴント(W. Wundt, 1832-1920)がドイツのライプチッヒ大学に心理学実験室を設置した。1896年は臨床心理学誕生の年であり，ライプチッヒ大学において，実験心理学者ヴントとアメリカ人の心理測定学者キャッテル(J. M. Cattell, 1860-1944)の指導を受けたウイットマー(L. Witmer, 1867-1956)は，ペンシルバニア大学にアメリカで最初の心

ウイットマー

図 12-1 ウイットマーがペンシルバニア大学に設立した心理学クリニックの表札（現在は，同大学心理学部内に記念品として掲示されている）（写真提供：中島定彦）

理クリニックを設立した。Clinical psychology（臨床心理学）という用語もウイットマーが最初に用いた。ウイットマーは子どもの学習上の問題や発達問題に関する症例を数多く発表し，次第に知能テストなどが学校でも施行されるようになり，児童相談所も設立された。

2 個人差心理学研究と計量的分析法の開発

19世紀末から20世紀はじめにかけて人間の能力に関する個人差の科学的研究が始まり，臨床心理学の発展にも影響を与えることとなった。ゴールトン（F. Galton, 1822-1911）は，いとこにあたるダーウィン（C. Darwin, 1809-1882）の進化論の影響のもとに遺伝研究から個人差の問題を研究し，人間の能力の発達研究を行なうためにロンドンに人間測定実験室をつくり，すぐれた子孫を残そうとする優生学を提唱した。

膨大な身体的・精神的測定データを分析するためにはデータ解析法が必要になるが，相関の概念を発見したゴールトンの影響を受けた統計学者ピアソン（K. Pearson, 1857-1936）は相関係数を数式化し，心理学者スピアマン（C. E. Spearman, 1863-1945）は因子分析を考案し，サーストン（L. L. Thurstone, 1887-1955）やギルフォード（J. P. Guilford, 1897-1987）の研究に先立ち，知能の因子構造を明らかにしようとした。少し後になるが，パーソナリティの研究では，同じく統計的手法を用いて心理学者アイゼンク（H. J. Eysenck, 1916-1997）が，外向性—内向性，神経症的傾向，精神病質傾向の基本的次元を測定する性格検査を作成し，人間の行動は，生物的要因と環境的要因の双方によって決定されるという説を提唱した。現在では，因子分析法は，多変量解析法の主要な一手法として，パーソナリティの主要5因子モデル（開放性，誠実性，外向性，調和性，神経症傾向）の検証にも用いられている（11章参照）。

統計的分析方法は，知能やパーソナリティ検査の因子構造を明らかにする上で臨床心理学の個人差研究に貢献した。また，後に述べるように，パーソナリティや行動を予測判断する上で，客観的・数量的な判別の方が主観的・臨床的な判別よりも正確かどうか，という臨床心理学におけるアセスメントの大問題は，19世紀末から始まった心理測定研究から芽生えたと言えるだろう。

3 知能検査と心理テストの開発

心理測定学を研究所から一般社会へと広げた功績は，20世紀初頭，心理学者ビネー（A. Binet, 1857-1911）のはたらきによるところが大きい。ビネーは，思考過程の個人差を実証的・具体的に研究した。ビネーはフランス政府からの委託により，

3歳から12歳を対象に知的発達が遅れている幼児・子どもの科学的な選別法について研究し，シモン（T. Simon, 1873-1961）とともに1905年世界ではじめての知能検査尺度を作成した。これにより発達遅滞のある幼児・子どもが厳密な診断基準に基づいて選別され，特殊教育を受けられるようにした。ビネー式知能検査尺度は発達段階にあわせて作成され，テストに精神年齢（MA：Mental Age），後には知能指数（IQ：Intelligence Quotient）の概念が導入された。アメリカではターマン（L. M. Terman, 1877-1956）が，ビネー式知能テストを導入し，1917年には，アメリカ版の標準化資料を公表した。ビネー検査尺度は，ターマンの功績により世界中に広まった。

知能の個人差研究と並行して，20世紀前半にはさまざまな心理テストが作成された。代表的な例は，ユング（C. G. Jung, 1875-1961）のことばの連想テスト（1919），ロールシャッハ・テスト（1921），ベンダー・ゲシュタルト・テスト（1938），TAT（Thematic Apperception Test，主題統覚検査）（1935），人物画テスト（1926），ウェクスラー・ベルヴュー知能検査（1939），ミネソタ多面人格目録（MMPI）（1943），16PF人格検査（1946）などである。心理測定学に基づき作成されたテストは，時代の変遷とともに，標準化データの検討が行なわれ改訂版が出ているが，日本でも海外で開発されたテストの日本語版が精力的に作成されている[4]（詳細は11章参照）。

4 心理療法の創始と発展

a）**心理療法とプラセボ（placebo）効果**　心理的介入により「こころの苦悩」を改善しようとする近代的アプローチは，18世紀後半，フランスでメスメル（F. A. Mesmer, 1734-1815）が創始したヒステリーの磁気療法にまでさかのぼる。メスメルは，人間の体内には磁気が流れており，その体内バランスが崩れることによりヒステリー症状が生じるという説を掲げて，磁気療法を始め，一時隆盛を博したが，持続効果はなくやがて衰退した。大切なことは，心理療法において効果的と思われる要因を検討することである。具体的には，メスメルが巧みに用いた説得的な教示，暗示，治療のための演劇的なセッティング，およびメスメルの派手な衣装などが患者と観衆を惹きつけ，回復への期待感が高まる中でヒステリー患者の身体麻痺を治療しようとしたことである[5]。暗示と期待による心理療法のプラセボ（偽薬）効果と言えよう。薬物療法では，有効成分が含まれていない偽薬を処方されたときに，患者が有効な薬だと信じることで実際に症状が改善することをプラセボ効果という。心理療法の場合，有効成分に匹敵するものが何であるか，メスメルの時代には実証的に研究されていたわけではない。メスメルの例は，心理療法の効果を検証する際には，技法以外の要因を実験的に統制し評価する必要性があることを示している。

ちなみにプラセボ効果とは，ラテン語で「あなたをなぐさめてあげます」を意味している。

　b）**力動的心理療法の開花**　19世紀末から20世紀前半にかけては力動的心理療法が躍進した時期であり，臨床心理学に多大の影響を与えた。力動的心理療法（dynamic psychotherapy）の考え方は，19世紀の物理学のエネルギー論を反映するものであり，人間の異常行動を心的な動機と他の心的な力の間に生まれる葛藤の視点から理解しようとするものである。力動的な観点は，行動の心理的な動機づけや原因を探ることを重視する。これは，ドイツの精神医学者クレペリン（E. Kraepelin, 1856-1926）が提唱した精神医学における観察・記述的な観点とは対照をなす。力動的心理療法は，神経学者シャルコー（J. Charcot, 1825-1893）によるヒステリー患者の催眠療法に始まり，つづいて精神医学者ジャネ（P. Janet, 1859-1947）による心理的解離現象の臨床研究に引き継がれた。

　力動的心理療法の発展に最も大きな影響を与えたのは神経科医フロイト（S. Freud, 1856-1939）である（1章，pp. 9-10参照）。フロイトは，人間の心的構造に無意識と意識の領域を想定し，この二つの領域を性的エネルギーであるリビドーが交流すると考えた。フロイトは，1890年代には催眠療法に替わる自由連想法を確立し，患者の言語化された内容，言いよどみ，話の展開の仕方，非言語的動作や態度を分析の対象とする精神分析療法を創始した。

　フロイトは，無意識や抑圧の概念を人格発達論，精神病理論，治療のための精神分析に導入し，人間学として精神分析学を体系化した。フロイトの人格発達論については11章を参照してほしい。フロイトの『日常生活に於ける精神病理学』（1900）や『夢判断』（1901）には，普段意識されない，忘れている，あるいは避けていることさえ気がつかない事象の分析がたくさん出てくる。フロイトは，臨床心理学において，自我に脅威を与える不安の概念を不動のものにしたと言えよう。心理科学におけるフロイトの精神分析理論は，理論が実証性に欠けるため評価が極めて困難である。また，個人の発達に及ぼす社会の影響が考慮されていないことも批判の的となった。しかしながら，フロイトの思想は20世紀の芸術，文学，教育から戦争論に至るまで影響を及ぼした。

　フロイトが検討した行動の動機づけ，社会的・文化的基準から逸脱した願望や行為への心理的対処法としての自我防衛機制（p. 124参照），自由連想により自分の「意識の流れ」を言語化する作業の心理的効用などは，今日は科学的に研究されているテーマである。無意識と情動的な出来事の記憶との関係や記憶の脳内メカニズムの研究などは，その一例である。

　フロイトの性的エネルギーであるリビドー論を批判し，フロイトと決別した心理

学者ユングは分析心理学を，精神医学者アドラー(A. Adler, 1870-1937)は個人心理学を提唱した。フロイト以後は，性的エネルギーの充足よりも主として社会的交流により自我を強化しようとする自我分析派の設立へと展開した。新フロイト派に属す代表的な分析者は，ホーナイ(K. Horney, 1885-1952)，A. フロイト(A. Freud, 1895-1982)，エリクソン(E. H. Erikson, 1902-1994)，サリヴァン(H. S. Sullivan, 1892-1949)，フロム(E. Fromm, 1900-1980)などである。今日，臨床心理学では，力動的な観点は短期心理療法(brief psychotherapy)や対人関係療法などに受け継がれている。

c) **来談者中心療法とロジャーズの臨床心理学への貢献** 1940年代，アメリカでロジャーズ(C. R. Rogers, 1902-1987)が，『カウンセリングと心理療法』(1942)という著作により非支持的な心理療法を公表し，1951年にはクライエント中心療法(client-centered therapy)とよんだ。ロジャーズは，「無条件の尊重」，「共感的理解」，「純粋性」というセラピストの3つの条件がカウンセラーにとり重要とした。すなわち，セラピストはクライエントと対等の立場に立つこと，クライエントを受容し反復(reflection)すること，クライエントが抱く自己観と実際の経験の「自己一致」を助け，クライエントの自発的成長を促すことが重要であると説いた。ロジャーズのクライエント中心療法理論は，「治療的パーソナリティ変化の必要にして十分な条件」(1959)に明らかにされている。

ロジャーズは，アメリカ心理学会の会長を歴任したが，アメリカの臨床心理学の大学院教育についても数多くの提言を行ない，その専門性を高めるため，心理療法の内容を明らかにすることを提言した。実際，ロジャーズが自分のカウンセリング場面を録音した最初の臨床心理学者であった。ロジャーズは，1961年に日本を訪れ，日本のカウンセリング界にも影響を与えた。

d) **日本で生まれた心理療法** 20世紀前半，日本では文化的特徴および禅や仏教の思想をそれぞれ反映した森田療法と内観療法が開発された。1920年代に創始された森田療法は今や世界の文献に紹介され，海外での普及にも広がりを見せている。1998年には創始者，森田正馬(1928)の『神経質の本態と療法』の英訳版がアメリカで発行され，森田療法に対する国際的な関心が高まった。日本に多いと言われている対人恐怖症の改善を目ざした森田療法は国際的な評価を受けている。森田療法では不安反応を直接の介入対象とせず，自然な感情とし，環境を整え日常行動に従事させることで生の欲望を高めようとする。今日，森田療法は，アメリカ，ドイツ，オーストラリア，中国，カナダなど海外でも実践され，森田療法専門の国際誌も出ている。

欧米で創始された心理療法は，セラピストとクライエントが一対一の関係におい

て，ことばによるコミュニケーションを図ることが前提となるが，森田療法と内観療法はセラピストと直接に接する時間は最小限である点において，独創的である。また，課題が対人不安や，家族などから受けた恩に発する内観である点は日本文化への配慮が見られる。

e) **行動療法** 20世紀後半に入ると，4章と5章で解説した学習理論と実験心理

〈コラム 12-1〉 行動療法，認知行動療法，認知療法の実証的アプローチ

表12-2は「効果が十分に証明された治療の例」を挙げたものであるが，それを見ると，行動と認知がつくさまざまな技法が目立つ。それではそれらの相違点は何か，と問われるかもしれない。行動療法は，歴史的には，アイゼンクが1964年に定義したように「人間の行動と情動とを現代行動原理にしたがってよい方向に変える試み」を指す。また，ウォルピによると，「実験的に確立された学習の諸原理の応用」に基づいた治療法であるが，次第に理論的にも方略的にも包括的で多様な形態をとるようになった。本章のほか5章2節にも行動療法の理論的基盤について述べているので参照してほしい。

認知行動療法は，クライエントの信念，スキーマ，問題解決方略，考え方などが外部から観察できる不適切行動に直接関係するとして，認知的な問題を治療目標に定め，行動的技法と認知的技法を合わせて適用して問題の改善を図ろうとする。どのような状況の下に，どのように具体的な認知的問題が出現し，それは行動や情動とどのように相互関係があるか，というアセスメントを行なう。一方，認知療法は，障害を理解する上でさらに大きな比重を認知のはたらきに置き，問題の認知を特定化し，それを修正することを治療目標とする。ベックの認知療法は，不適切・非現実的な「認知の歪み」に焦点をあてることによってうつ病や不安障害，さらに人格障害などの問題の治療を行なうアプローチである[21]。重要な点は，行動療法と同様，認知療法，認知行動療法で認知が治療のターゲットになる場合には，クライエントは，セラピストの指導の下，自分の不適切な認知をモニターし，その機能を日常生活において検証可能な仮説につなげていく作業に参加するということである。うつ病の認知療法では，自己・環境・将来に対する「否定的認知の3要因」が介入の焦点になる。

認知行動療法の例には，エリス(A. Ellis)による論理情動療法，マイケンバウハ(D. H. Meichenbaum)による自己教示法とストレス免疫訓練，マホニー(M. Mahoney)によるセルフ・コントロール法，スイン(R. M. Suinn)による不安管理訓練，ネズ(A. M. Nezu)とゴールドフリード(M. Goldfried)による問題解決方法，などがある。さらに，1990年代に入ると，リネハン(M. Linehan)による弁証法的行動療法，ヘイズ(S. Hayes)によるアクセプタンス＆コミットメント・セラピー(ACT)，あるいは臨床行動分析などが紹介されるようになり，現在も活発に認知行動療法の開発・研究が行なわれている。いずれも，治療プログラムとして，行動的・認知的技法を柔軟に組み合わせ，仮説の検証に基づく実証的アプローチを重視している。

3 臨床心理学の基礎訓練について：科学者—実践家モデル

学の実証方法に基づく行動療法，応用行動分析，行動変容法（行動修正法ともいう）がアメリカとイギリスを中心に頭角を現した。1970年代に入ると認知行動療法や認知療法が創始され，1980年代までには心理療法の主要な学派は出そろった。行動療法の理論的基盤は，パブロフ（I. P. Pavlov, 1894-1936）の古典的条件づけ，ワトソン（J. B. Watson, 1878-1958）のS-R理論に基づく恐怖の条件づけ（4章参照），ハル（C. L. Hull, 1884-1952）の習慣行動の数量的法則，スキナー（B. F. Skinner, 1904-1990）のオペラント条件づけ，バンデューラ（A. Bandura, 1925- ）の社会的学習理論に明らかである。行動療法は，正常行動も異常行動も同じ行動原理によって形成されたり消去されたりするという観点に立ち，行動と環境の相互関係の機能分析を行なうことにより，不適切行動を修正しようとする[6]。行動療法については5章2節と〈コラム12-1〉を参照してほしい。

以上，19世紀後半から20世紀前半にヨーロッパとアメリカで発展した個人差心理学，力動的心理療法，ロジャーズの人間学的心理療法，知能やパーソナリティの標準化検査，学習理論と実験心理学の研究方法は，20世紀後半の臨床心理学の教育内容，研究，および実践に影響を及ぼしたのである。

3 臨床心理学の基礎訓練について：科学者—実践家モデル

臨床心理学が実践を兼ねた専門活動として系統的に発展したのは20世紀後半からである。今日，どのような教育哲学に基づいて大学院で臨床心理学専門家は養成されているのであろうか。臨床心理専門家はまず心理学者であり，その中の専門分野が臨床心理学であるという認識の下に訓練される科学者—実践家モデルについて述べる。

アメリカでは1949年ボールダーで開催された会議において「科学者—実践家モデル」（the Scientist-Practitioner Model）が確立された。ボールダーモデル（Boulder Model）ともよばれるが，このモデルに基づく臨床心理学者養成プログラムの特色は，① 心理学の基礎分野の知識を習得させること，② 臨床心理学専門知識の習得は講義やセミナーと併行して実習を積ませることにより強化すること，③ 科学的な研究方法と統計などによるデータの評価方法を必須科目にすること，④ 1年間に相当する臨床心理のインターンシップ制度を実施すること，そして ⑤ 実証研究に基づく博士号（Ph. D.）学位論文の提出を義務づけるというものであった[7]。

臨床心理学専門家は，心理科学者として研究を行ない，さらに，実践家として臨床現場で効果的な専門活動を行なう能力を養わなければならない。臨床心理学専門家は科学者であるべきか，それとも実践家であるべきか，という二者択一型の考え

方ではなく，双方のバランスが大切である。実際，モデルの発生元であるアメリカ心理学会でも長年にわたり，サイエンスとプラクティスのバランスについては検討が重ねられてきた[7]。現在，多様性時代の社会的ニーズに対応するために，日本も含めて多くの国で臨床心理学の基礎訓練と資格の問題をめぐり検討が重ねられている。

科学者―実践家モデルの確立とともに20世紀後半から系統的に発展した臨床心理学の学問的土台は少なくとも4つある。それは① 心理学の実証研究方法，② 個人差心理学，③ 心理的障害のアセスメント（評価・査定），④ 心理的障害の理論的モデルの開発である。これらを重点的に解説する。

4 実証研究方法

1章でも紹介したように，心理学の研究方法は，目的が関連事象の相関関係を探ることなのか，それとも原因と結果の因果関係を検証することなのかにより大別される。ここでは，心理療法を例にとり，臨床心理学における研究方法について解説する。今日，心理療法の技法の数は250を越すと言われているが，「どの技法が誰により適用され，誰のどのような具体的な問題に対してどのような条件の下で効果的であり，改善はどのようにして起こるのか」[8]という心理療法の究極的な問題の答えは未だ定かではない。実証研究は現在ますます活発に行なわれている。アイゼンク[9]の「心理療法の効果」という半世紀前の論文は，この問題に関する科学的データが極めて乏しかったことを警告し，心理療法の科学的研究の必要性を説いたものとして重要である。

1 事例研究

事例研究は特定のクライエントの問題について必要な情報を収集し，それを系統的に整理し，問題の本質を明らかにしようとする方法である。介入の終了時には，問題が改善したという結論づけが行なわれる。事例研究の古典的な例としては，ワトソンとレイナが作成したアルバート坊やに対する恐怖条件づけの事例報告（4章参照）やフロイトが作成したハンス坊やの馬の恐怖症に関する事例報告などがあげられる。事例の情報は面接でクライエントから直接集められる場合もあるが，必要であれば家族など関係者からも収集される。一般に，事例研究に含まれる情報収集のカテゴリーには次のようなものがあげられる。① クライエントの身元証明として氏名，性別，生年月日，年齢，住所，職業，婚姻など。② 主訴，相談の理由。③ 面接時の行動観察。④ 現在の状況。⑤ 発達歴。⑥ 家族構成。⑦ 心理査定の結果。⑧ 病歴。⑨ 症例の統括。⑩ 今後への方向付け。

4 実証研究方法

　近年，これまでの事例研究よりも介入の理論モデルに沿った計画的なケース構築 (case formulation) が使われるようになった。これは，一人一人のクライエントについて異なった介入モデルの枠内で必要な情報を集め，治療のための計画を立てるという方法である。たとえば，クライエントの問題が抑うつ気分であるとしよう。ベックの認知療法では，セラピストは，クライエントが自己，環境，あるいは将来に対して抱いている否定的な考え方や信念について具体的なデータを集め，否定的な考え方や信念がどのように抑うつ気分や行動と機能的に関係があり，どのような生活状況の中で出てくるのかを明らかにした末，クライエントの抑うつ問題に関して仮説を立て，認知療法による治療計画を作成する。

　事例研究は実践活動の基本であるが，臨床判断の信頼性と妥当性を科学的に検証することには問題がある。クライエントの問題が改善しても，介入を受けなかった場合と比べてより効果があるのか，といった問題に答えることはできない。結果に影響を及ぼしたかもしれないさまざまな要因を技法の要因と区別することができない。たとえば，セラピストの要因，クライエントの要因，適用された技法の要因，そしてこれらの相互作用の要因が考えられる。あるいは，介入を受けなくてもクライエントの問題は自然によくなったかもしれない。このように心理療法の結果には多様な要因が絡み合っている。特定の技法と介入結果の因果関係を明らかにするためには，科学的な方法が必要になる。

2 実験研究

　事例研究が中心であった臨床心理学は，20世紀後半になると実験的研究法の採用に向けて展開した。実験の目的は，行動を引き起こす条件を明確にし，介入条件(独立変数)と行動(従属変数)との関係を仮説検証することである。介入には，治療条件などが含まれる。臨床心理学では，心理療法の技法の効果を実証するためにも実験研究が行なわれるが，ここではパニック障害の治療に関してクロスコー (J. S. Klosko)ら[10]が行なった臨床実験の例を検討してみることにする。実験の目的は，不安障害の一種であるパニック障害に対して抗不安剤の薬物療法と比較して行動療法はどのくらい効果があるか，という問題を科学的に検討することである。クロスコーらは，客観的な基準に基づいてパニック障害と診断された患者69名を4群にランダムに振り分けた。このうち57名が実験を完了した。4群とは，① アルプラゾラム (Alprazolam)というベンゾジアゼピン系抗不安薬による治療群，② プラセボ(偽薬)統制群，③ 行動療法群，および ④ 治療待ち(wait list)統制群である。治療はそれぞれの規定に従い15週間行なわれた。結果の一部を表12-1に示すが，行動療法群の結果は，ハミルトン不安尺度による自己評定，パニック回数，およびパニック回数

表 12-1 パニック障害のアルプラゾラム抗不安薬療法と行動療法の治療効果の比較
(Klosko, Barlow, Tassinari, & Cerny, 1990 より作成)

尺　度		アルプラゾラム ($n=16$)	プラセボ ($n=11$)	行動療法 ($n=11$)	治療待ち ($n=15$)
不安の平均 自己評定	治療前 治療後	18.75 13.68	17.36 13.36	16.93 9.80	18.07 16.27
治療後のパニック 回数，1週間平均*		0.51	0.56	0.20	1.72
治療後2週間のパニック 回数が0の患者数(%)		50.00%	36.40%	86.70%	33.30%

＊) 4群全体の治療前のパニック発作回数平均は1週間に2.0回($SD=1.90$)。

0の患者数において，治療待ち統制群の結果よりも有意に優れていた。治療後のパニック0回の患者数(%)に関しては，抗不安薬群，行動療法群ともプラセボ群と治療待ち群の両統制群よりも有意に多かった，という結果である。この実験により，行動療法はパニック障害の治療に効果的であり，従来の抗不安薬療法と比較して少なくとも同等あるいはそれ以上の効果があることが実証された。

3 アナログ・デザイン

　心理療法の効果を評価するためにはさまざまな要因を統制できる研究デザインが必要になる。アナログ実験デザインはその代表的なものである。もともと，アナログとは原物に類似したものという意味であるが，この場合，アナログ・デザインは実際の臨床心理実践に類似するという点でアナログ・デザインとよばれる。選択基準を設けて心理療法を受ける対象者を募り，対象者を実験治療群と治療待機群などの統制群にランダムに振り分け，介入方法を明確に記述操作し，その効果を科学的に評価するという実験デザインをさす。
　世界で初めての本格的なアナログ・デザインによる効果研究としてポール(G. Paul, 1966)[11]が1960年代にイリノイ大学で行なった博士論文研究を見てみよう。ポールは人前で話すことに対して不安を感じるという実験参加者を一般の大学生から募集し，スピーチ不安があることを確認した後，大学生を4つの群に無作為に割り当てて介入を行なった。介入群としてウォルピ(J. Wolpe)が開発した行動療法である「系統的脱感作群」，もう一つの介入群として従来の「洞察に基づく心理療法群」，統制群として「心理的プラセボ群」さらに「介入無し群」を設け，介入群にはセラピストマニュアルに基づき，訓練を受けたセラピストが計画どおりに個別に介入を行なった。介入効果を調べるために，スピーチ不安の自己評定，実際のスピーチ場面における行動観察，そして生理反応(心拍数と皮膚電気反応)が測定された。

結果，新しく開発された行動療法「系統的脱感作」[12]の効果は，従来の「洞察に基づく心理療法」よりも有意に効果的であることが示された。

アナログ・デザインでは実験環境その他の要因を統制できるために結果の内的妥当性が高い。反面，外的妥当性に関しては，自ら治療を受けるために専門家を訪れた臨床患者の問題や生活状況と，実験にボランティアで参加した被験者のそれとがどこまで類似しているかという点において検討の余地がある。ポールのアナログ研究の場合，内的妥当性とは，独立変数（介入）と従属変数（不安の測度）の間の因果関係について他の説明要因を排除できる程度を示し，外的妥当性とは，実験の結論が自然環境（たとえば，外来クリニックを訪れる大学生以外の臨床患者）へ一般化できる程度を示す。アナログ研究には，このような課題があるが，心理療法における因果関係の検証に大きく貢献した。

4　一事例実験デザイン

事例研究では，技法と結果の因果関係は実証できないが，ここで紹介する一事例実験デザインを用いると，1つの事例から因果関係の妥当な推論を行なうことが可能である。これは同一被験者（群）に統制条件と介入（治療）条件を適用する実験デザインであり，標的行動の変動を時系列で観察し記録する。介入前にとる標的行動のベースラインよりその行動の変動性に寄与する環境要因の予測を立て，実験的にその要因に介入することにより，標的行動の生起率の変化を目指す実験である。一事例実験デザインには，ABAB逆転デザイン，多重ベースラインデザイン，基準変更デザインなどがあるが，いずれのデザインも介入前に対象者のベースラインを測り，介入中も標的行動の変動を続けてモニターするものである。一事例実験デザインは，行動療法や応用行動分析の研究と実践に貢献した。

一事例実験デザインを用いたイワタ（B. Iwata）ら[13]の画期的な研究を見てみよう。イワタらは，自傷行為（例：目に指をつっこむ，頭を壁にぶつけるなど）はどのような状況で出現し，どのような結果が伴うかという問題を検討した。精神遅滞や発達障害の問題を抱えた152人を対象に一人平均26回にわたり行動観察を行ない，さらに一事例実験デザインを用いて，各対象者の状況に対応した介入を行なっている。具体的には，与えられた課題がむずかしいときなどに自傷行為を起こすことが多い対象（38%）に対して，施設のスタッフは課題を中断あるいは除去することがわかった。つまり，自傷行為を起こすとむずかしい課題から開放されるために，自傷行為が強化されることが検証された。この場合，支援として，むずかしい課題のときには，助けをもとめるスキルを教えたり，課題をやさしくしたりしたところ，自傷行為は軽減した。また，対象者（26%）が自傷行為を始めると，スタッフが注目したり，

お菓子などを与えたりすることにより、自傷行為が強化されるという結果が出た場合には、お菓子や注目を除去した。反対に適切な行動はすぐに注目し強化するようにしたところ、自傷行為の頻度は軽減した。いずれの場合も、80%を超す対象者の自傷行為は、介入前のベースラインの10%以下まで減少した。一事例実験デザインを用いることにより、自傷行為が起こる状況に個人差があること、さらに自傷行為がスタッフの反応により維持されていることがわかった。このためデータに基づいて介入計画を立て、それぞれの対象者に適切な支援が行なわれ、長年、本人および周囲を悩ました自傷行為の頻度が大幅に減少した。5章2節にもオペラント条件づけによる行動修正の実験的事例をいくつか述べたので参照してほしい。

5 メタ分析(meta analysis)

さまざまな臨床実験によるデータが蓄積される中で、1970年代に入ると、数多くの研究報告を統括して評価しようとする動きが出てきた。メタ分析は通常の分析と異なり「超」・「高次」を意味するメタという語が示すように、種々の論文の結果に表れた心理療法の結果を一段高い所から数量的に分析する方法である。メタ分析は心理療法を受けた治療群の平均値から心理療法を受けなかった統制群の平均値を引いて、その差を統制群の標準偏差値で割ることによって求められ、これを効果量(effect size)とよぶ。スミス(M. Smith)ら[14]は、475件の心理療法研究結果のメタ分析を行なった結果、心理療法を受けた患者は、統制群で心理療法を受けなかった患者の80%よりもよい結果であることを確認した。メタ分析により心理療法の効果が証明されたわけである。最近は、さらに具体的に特定の心理的障害に対して用いられた治療技法の効果量を比較する傾向が顕著であるが、臨床心理領域のみならず医学領域においても疾病別の治療効果を算出するためにメタ分析は幅広く使われている。

以上、多様な心理学の研究法は、極めて具体的な個人の事例研究から総括的・数量的なメタ分析に至るまで、目的に応じて使い分けられる。臨床心理専門家は、心理アセスメントに基づいて治療目標を定め、治療計画を作成し、クライエントからデータを集め、信頼性と妥当性の高いアセスメントと治療を行ない、職業倫理に則り、社会的責任を果たそうとする。

5 臨床心理学におけるアセスメント

1 アセスメントとは？

アセスメントとは評価や査定を意味する。評価や査定のための情報を集めること

から始まる。臨床心理学では、長年、臨床家の経験に基づく主観的な予測（clinical prediction）と統計的判断による客観的な予測（actuarial prediction）のどちらがより有効か[15]、という問題の検討が繰り返されている。主観的な推測は客観的なデータに基づく推測に比べて信頼性と妥当性において劣ることは、精神疾患の診断の合意率をみても明らかである。

臨床心理学におけるアセスメントは、単なるテストの施行や結果ではなく、臨床家がクライエントを援助するために、あるいは他の専門家が結果を見て判断できるように、クライエントに関する有効な情報を集めるプロセス全体をさす。情報に信頼性があるか、臨床判断は妥当であったか、など臨床家の高度な意思決定が問われる。具体的には、アセスメントは次のように4段階のプロセスで行なわれる。

① データ収集計画
② データ収集
③ データ処理と仮説検証
④ 収集されたデータの説明

クライエントが提示する問題を明確に定義し、適切なデータを集め、問題に関わる要因の仮説検証を行なえるような治療計画を立て、介入効果を実証的に評価するためのステップである[16]。

2 心理面接

臨床心理学で心理面接は心理療法の学派や理論の相違を越えて最もよく用いられているアセスメント法である。面接の目的は、クライエントの反応の仕方に注目し、クライエントの主訴に関する情報を収集することである。臨床面接を行なうためには訓練された高度な技術が必要とされる。初回面接では、面接者はアセスメントに必要なデータは何か判断をすること、クライエントにわかりやすく今後のプランを説明し同意を得ること、などを目的とする。面接の具体的な内容は学派により異なる。たとえば、認知行動療法では次のような情報が集められる。① 主訴、② 問題の経緯、③ 問題の現在の状況要因、④ 問題に関する身体的、認知的要因、⑤ 問題の重症度（頻度、持続時間など）、⑥ 問題の結果（生活の支障になることなど）、⑦ 関連するほかの問題、⑧ 個人的なリソース（長所）、⑨ 問題改善への具体的な目標、⑩ 介入への動機づけ、⑪ 予後の予測、⑫ クライエントが治療に期待すること、などである。

3 行動アセスメント

行動アセスメントはクライエントのニーズに対応できるアセスメントとして幅広

く用いられている.行動アセスメントの目的は,① 介入の対象となる標的行動を選択すること,② 標的行動のベースライン・データを集めてどの技法が最も行動変容に適切であるかという判断を行なうこと,である.すなわち,標的行動と結果の随伴性を明らかにすることが行動アセスメントの目的であり,これを機能分析とよぶ.機能分析では行動の先行刺激(A:Antecedent),行動(B:Behavior),結果(C:Consequence)の相互関係を探り,その上で標的行動に関する原因結果の仮説検証を行なう.行動療法家は機能分析により,① 問題行動の明細を記述する,② 問題行動をコントロールする要因の検証を行なう,③ 刺激と反応あるいは反応と反応の相互関係を明らかにする,というステップを経て問題行動の診断と治療を行なう.

　行動療法では単なる問題行動の頻度や持続時間を問題にするのではなく,行動と環境との相互作用を分析する.たとえば,パニック障害のために生活に支障のある人は,パニックの起こりやすい状況を自己観察し,異なった状況におけるパニック症状と重症度,回数,持続時間などをモニターする.さらに,パニックの結果や対処方法なども記録し,パニック発作に関わる状況を調べる.パニックの起こってくるときの先行刺激条件として,環境要因(例,人ごみの中で出口が見つからない),不安の認知要因(例:心臓がドキドキしてきたが,前みたいに息苦しくなり,動けなくなったらどうしよう),情動要因(例:恐怖,不安),身体要因(例:緊張,頭痛)などさまざまな内的外的要因が考えられるが,これらの要因とパニック発作との相互関係を明らかにすることを目ざす.

4　生理的反応の測定

　臨床心理学では,不安や恐怖,抑うつ気分に伴う生理的反応を測定し,標的行動の生理学的側面をもモニターする.生理反応のアセスメントで最もよく用いられる指標は,心拍数,血圧,呼吸,皮膚電気反応,筋緊張である.たとえば,パニック発作に伴う心拍数の増加や,対人不安場面での皮膚電気反応に示される発汗活動の増加などは不安反応の生理指標として有効である.心的活動の生理的基礎の詳細に関しては2章を参照してほしい.

6　エビデンス・ベースの心理療法

　現在,欧米では心理学のすべての専門活動において「エビデンスに基づく実践」が奨励されている.心理学におけるエビデンスに基づく実践とは,「患者の特徴,文化,および志向性の枠組みの中で得られる最高度の研究と臨床的専門知識を統合すること」をさす[17].これは臨床研究の結果を実際の意思決定に用いる方法を示す

6 エビデンス・ベースの心理療法

ことから，一人ひとりの患者が最良の治療を受けられるようにするためのアプローチである。

近年，各種心理療法の効果研究に基づき，有効性のある技法介入を特定化していくプロジェクトが進んでいる。エビデンスとはもともと証拠という意味であるが，具体的には，アセスメントに基づく治療目的を達成できたかどうか判断する上で有効となる実証データをさす。

実証に基づく臨床実践のガイドラインを作成し，それを広めることが目的であるが，治療技法の明解な記述と具体的な手順を明記したセラピストの手引書が開発されている。日本でも，最近，エビデンス・ベースの臨床心理学が導入されるようになり，抑うつ，不安障害，パニック障害，強迫性障害，対人恐怖症，発達障害などさまざまな問題の改善に向けて技法介入の効果検証が進められるようになってきた[18]。心理療法の効果を実証する上で必要な治療条件が3つ挙げられる。それは，①技法の詳細な記述があること，②セラピストの具体的な手順が明記されていること，および③セラピストがどのくらい明記された手続きに従って治療を行なったかについて評価できること，である。

1990年代，アメリカ心理学会・臨床心理学研究部会は，効果実証の定義を行ない，基準に達した心理療法の技法を調査し，それを障害問題別にまとめ，臨床心理活動を行なう専門家，教育機関，健康保険会社などに普及させるという企画を始めた。治療効果については，「効果が十分証明された治療」(well-established treatment)，「効果がかなり実証された治療法」(probably efficacious treatment) に区別される。この調査で治療の効果が十分証明された，という場合には，①統制群を含む実験デザインの適用，②治療手引書の作成，③患者群の詳細な報告，④効果判定に関する2つ以上の独立実証報告がある，という判定基準を満たさなければならない。表12-2に効果が十分実証されたとする治療法の例を示した。これは1995年と1998年にアメリカ心理学会が公表した最初の調査報告である[19, 20]。

医療分野においてもエビデンス・ベースによる治療法の調査が行なわれているが，アメリカやイギリスでは，最新の調査報告を専門機関のウェブページ上で公開している。表12-2に示すように，健康臨床心理学では，行動療法や認知行動療法が頭痛，腸炎やリューマチの痛みをコントロールする方法として効果をあげている。教育分野では，アメリカのニューヨーク州保健局は，自閉症などの発達障害のある子どもを対象にした早期介入プログラムの徹底的な調査を行なった結果，ロヴァース (I. Lovaas) が開発した自閉症の集中行動療法，あるいはTEACCHプログラムなど構造化された早期介入プログラムの導入を推し進めている。TEACCHとはアメリカのノースカロライナ州で研究・開発された自閉症のプログラムであり，Treatment

表 12-2 「効果が十分に実証された治療の例」APA の調査報告

1995年度の報告			1998年度の報告		
技法	障害名	効用のエビデンスとなる文献	技法	障害名	効用のエビデンスとなる文献
ベックの認知療法	うつ病	Dobson (1989)	認知行動療法	パニック障害	Barlow et al. (1989) Clark et al. (1994)
行動変容法	発達障害	Scotti et al. (1991)	認知行動療法	全般性不安障害	Butler et al. (1991) Borkovec et al. (1987)
	夜尿, 遺糞症	Kupfersmid (1989) Wright & Walker (1978)	エクスポージャー法	広場恐怖	Trull et al. (1988)
行動療法	頭痛, 腸炎	Blanchard et al. (1987)	エクスポージャーとガイドによる達成法	特定の恐怖症	Bandura et al. (1969) Ost et al. (1991)
行動療法	女性のオルガズム障害	Lopiccolo & Stock (1986)	エクスポージャーと反応妨害法	強迫性障害	van Balkom et al. (1994)
	男性の勃起障害				
行動夫婦療法	夫婦不和	Azrin, Bersalel et al. (1980) Jacobson & Follette (1985)	ストレス免疫訓練	ストレス事象への対処	Saunders et al. (1966)
認知療法	慢性疼痛	Keefe et al. (1992)	ストレス免疫訓練	ストレス事象への対処	Saunders et al. (1966)
認知行動療法	パニック障害(広場恐怖の有無両方)	Barlow et al. (1989) Clark et al. (1989)	行動療法	うつ病	Jacobson et al. (1996) McLean & Hakstian (1979) Dobson (1989)
認知行動療法	全般性不安障害	Butler et al. (1991) Borkovec et al. (1988) Chambles & Gillis (1993)	認知療法	うつ病	DiMascio et al. (1979) Elkin et al. (1989)
	PTSD	Foa et al. (1991)	対人療法	うつ病	
エクスポージャー法	広場恐怖, 社会恐怖, 単一恐怖	Mattick et al. (1990) Trull et al. (1988)	行動療法	頭痛	Blanchard et al. (1980) Halroyd & Penzien (1990)
エクスポージャーと反応妨害	強迫性障害	Marks & O'Sullivan (1988) Stekete et al. (1982)	認知行動療法	ブレミア	Agras et al. (1989) Thackwray et al. (1993)
家族の教育プログラム	統合失調症	Hogarty et al. (1986) Falloon et al. (1985)	複合認知行動療法	リューマチに伴う痛み	Keefe et al. (1990 a, b) Paerker et al. (1988)
認知行動グループ療法	社会不安	Heimburg et al. (1990) Mattick & Peters (1988)	複合認知行動療法	禁煙	Hill et al. (1993) Stevens & Hollis (1989)
対人療法 Klerman & Weissman の対人療法	ブレミア	Fairburn et al. (1993) Wilfley et al. (1993)	行動療法	夜尿	Houts et al. (1994)
親の訓練プログラム	子どもの反抗行動	DiMascio et al. (1979) Elkin et al. (1989)	親の訓練プログラム	子どもの反抗行動	Walter & Gilmore (1973) Wells & Egan (1988)
系統的脱感作法	単一恐怖症	Wells & Egan (1988) Walter & Gilmore (1973) Kazdin & Wilcoxin (1976)	行動夫婦療法	夫婦不和	Azrin et al. (1980 a) Jacobson & Follette (1985)
トークン・エコノミー		Liberman (1972)			

アメリカ心理学会(APA)第12部会(臨床心理学)タスクフォース，1995, 1998
表12-2に引用された文献は章末の引用文献では省略した。

and Education of Autistic and Related Communication Handicapped Children（自閉症および関連するコミュニケーション障害の子どものための治療と教育）というものである。日本でも2005年に発達障害者支援法が制定され，2007年からは特別支援教育制度が実施されている。学習障害（LD：Learning Disability）や自閉症，あるいはADHDなどの発達問題がある子どもへの効果的な支援法をめぐり専門家の意見が求められるようになった。

7 臨床心理学における職業倫理

臨床心理における専門職倫理とは何か。臨床心理実践が普及するにつれて，その職業倫理に対する社会的関心が高まりつつある。西洋における最初の医療倫理コードは，「精神科医のためのヒポクラテスの誓い」とよばれる古代ギリシアの文書である。医師は患者の利益のために自分の能力と判断力に従った生き方の根本原則を使い，患者に危害や不正を加えず，患者の秘密を厳守し，常に専門的技術を保ち勉強することの必要性が説かれている[22]。

同様に，臨床心理学でも専門活動に対して社会的責任（accountability）を果たすことが肝要である。専門家が自分の活動をどのような根拠に基づいて正当化しているか，という問題に通じる。専門活動を支持する客観的な証拠はあるか，クライエントの文化的価値観や言語，宗教などを尊重しているか，などさまざまな問題があり，専門家に課せられた倫理的判断は多岐にわたる。

臨床心理家はどのような専門職倫理基準に従えばよいのか。世界で最も明確で詳しいと言われているアメリカ心理学会（2002）が制定し2012年に改正した「サイコロジストのための倫理綱領および行動規範」を例にとってみると，まず一般綱領では，① 専門的能力維持の努力，② 高潔性（integrity），③ 専門的・学問的責任，④ 人の権利と尊厳の尊重，⑤ 他者の福祉への配慮，⑥ 社会的責任に関する目標を述べている。さらに，倫理基準は，① 一般的基準，② コンピタンス（技能），③ 人間関係，④ プライバシーと秘密保持，⑤ 広告その他の公的発言，⑥ 記録の取り方と費用，⑦ 教育とトレーニング，⑧ 研究と公表，⑨ 査定，⑩ セラピーから成っている。

日本心理学会でも2009年に「社団法人日本心理学会倫理規定」を制定し，心理学と心理学の職務の遂行に関してガイドラインを示している。職業倫理の実践は，クライエントの人権や人格を守ることにつながり，さらに社会における臨床心理学の専門性を高めることにもなる。

推薦図書

―より理解を深めるために―

〈**1章**〉

今田　恵（1962）．心理学史　岩波書店
梅本堯夫・大山　正（編著）（1994）．心理学史への招待―現代心理学の背景　サイエンス社
大山　正（2010）．心理学史―現代心理学の生い立ち　サイエンス社
ノーレンホークセマ，S. 他（2009）．／内田一成（監訳）（2014）．ヒルガードの心理学（第15版）　金剛出版
リーヒー，T. H.（1980）．／宇津木保（訳）（1986）．心理学史―心理学的思想の主要な源流　誠信書房

〈**2章**〉

アンドレアッシュ，J. L.（2007）．／今井　章（監訳）（2012）．心理生理学―こころと脳の心理科学ハンドブック　北大路書房
塚田裕三（編）（1981）．生きている脳　Science Illustrated 11　別冊サイエンス　日本経済新聞社
宮田　洋（編）（1996）．脳と心　現代心理学シリーズ2　培風館
宮田　洋（監修）（1997・1998）．新生理心理学　第1〜3巻　北大路書房

〈**3章**〉

安藤寿康（2000）．心はどのように遺伝するか―双生児が語る新しい遺伝観　ブルーバックス　B-1306　講談社
長谷川寿一・長谷川真理子（2000）．進化と人間行動　東京大学出版会
ハリディ，T. R.・スレイター，P. J. B.（編）（1983）．／浅野俊夫・長谷川芳典・藤田和生（訳）（1998）．動物のコミュニケーション―行動のしくみから学習の遺伝子まで　西村書店
パピーニ，M. R.（2002）．／比較心理学研究会（訳）（2005）．パピーニの比較心理学―行動の進化と発達―　北大路書房

〈**4章**〉

今田　寛（1996）．学習の心理学　現代心理学シリーズ3　培風館
実森正子・中島定彦（2000）．学習の心理―行動のメカニズムを探る　サイエンス社
篠原彰一（2010）．学習心理学への招待（改訂版）―学習・記憶の仕組みを探る　サイエンス社
メイザー，J. E.（2006）．／磯　博行・坂上貴之・川合伸幸（訳）（2008）．メイザーの学習と行動（第3版）　二瓶社

〈**5章**〉

今田　寛（2000）．学習の心理学　放送大学教育振興会
篠原彰一（2010）．学習心理学への招待（改訂版）　学習・記憶の仕組みを探る　サイエンス社
メイザー，J. E.（2006）．／磯　博行・坂上貴之・川合伸幸（訳）（2008）．メイザーの学習と行動（第3版）　二瓶社

〈**6章**〉

今田純雄・北口勝也（編）（2015）．動機づけと情動　現代心理学シリーズ4　培風館
上淵　寿（編）（2012）．キーワード動機づけ心理学　金子書房
鹿毛雅治（編）（2012）．モティベーションを学ぶ"12の理論"―ゼロからわかる「やる気の心理学」入門　金剛出版

デカタンザロ，D. A.（1999）．／浜村良久・廣中直行・岡田　隆・筒井雄二（訳）（2005）．動機づけと情動　協同出版

〈**7章**〉

今田純雄・北口勝也（編）（2015）．動機づけと情動　現代心理学シリーズ4　培風館
今田　寛（2015）．ことわざと心理学　有斐閣　第5〜8講
大平英樹（編著）（2010）．感情心理学・入門　有斐閣
デカタンザロ，D. A.（1999）．／浜村良久・廣中直行・岡田　隆・筒井雄二（訳）（2005）．動機づけと情動　協同出版

〈**8章**〉

大山　正（2000）．視覚心理学への招待—見えの世界へのアプローチ　サイエンス社
八木昭宏（1997）．知覚と認知　現代心理学シリーズ6　培風館

〈**9章**〉

井上　毅・佐藤浩一（編）（2002）．日常認知の心理学　北大路書房
浮田　潤・賀集　寛（共編）（1997）．言語と記憶　現代心理学シリーズ5　培風館
太田信夫・多鹿秀継（編）（2000）．記憶研究の最前線　北大路書房
高野陽太郎（編）（1995）．記憶　認知心理学2　東京大学出版会
森　敏昭・井上　毅・松井孝雄（1995）．グラフィック認知心理学　サイエンス社
森　敏昭（編）（2001）．おもしろ記憶のラボラトリー　北大路書房
森　敏昭・中條和光（編）（2005）．認知心理学キーワード　有斐閣

〈**10章**〉

安西祐一郎（1985）．問題解決の心理学　中公新書757　中央公論社
市川伸一（編）（1996）．認知心理学4　思考　東京大学出版会
市川伸一（1998）．考えることの科学—推論と認知心理学への招待　中公新書1345　中央公論社
市川伸一・伊藤裕司（編）（1996）．認知心理学を知る（第3版）　ブレーン出版
大津由紀雄（編）（1995）．言語　認知心理学3　東京大学出版会
クラーク，H. H.・クラーク，E. V.（1977）．／藤永　保（他訳）（1986・1987）．心理言語学（上・下）　新曜社
グリーン，J.（1986）．／認知科学研究会（訳）（1990）．言語理解　海文堂
佐伯　胖（編）（1982）．推論と理解　認知心理学講座3　東京大学出版会
メイヤー，R. E.（1977）．／佐古順彦（訳）（1979）．新思考心理学入門　サイエンス社
森　敏昭（編）（2001）．おもしろ言語のラボラトリー　北大路書房

〈**11章**〉

アイゼンク，H. J.・ケーミン，L.（1981）．／斉藤和明（他訳）（1985）．知能は測れるのか—IQ討論　筑摩書房
サイエンティフィック・アメリカン編集部（1999）．知能のミステリー　日経サイエンス社
佐藤達哉（編）（1998）．性格のための心理学　現代のエスプリ372　至文堂
杉山憲司・堀毛一也（編）（1999）．性格研究の技法　福村出版
詫摩武俊（編）（1998）．性格　日本評論社
辰野千壽（1995）．知能検査基本ハンドブック　図書文化社

〈**12章**〉

坂野雄二（監修）（2012）．60のケースから学ぶ認知行動療法　北大路書房
下山晴彦（2010）．これからの臨床心理学　東京大学出版会
丹野義彦・石垣琢麿・毛利伊吹・佐々木淳・杉山明子（2015）．臨床心理学 Clinical Psychology: Evidence-based approach　有斐閣

引用文献

1), 2), …は本文の引用文献を示す。
a), b), …はコラム中の引用文献を示す。

〈1章〉
1) Watson, J. B. (1913). Psychology as the behaviorist views it. *Psychological Review*, **20**, 158-177.
2) Wertheimer, M. (1912). Experimental studies of the perception of movement. *Zeitschrift für Psychologie*, **61**, 161-265.
3) Bridgman, P. W. (1927). *The logic of modern physics*. Macmillan.（今田 恵（訳）(1950).　現代物理学の論理　新月社）
4) 日本心理学会（編）(1980).　日本心理学会五十年史［第一部］　金子書房

〈2章〉
1) 時実利彦（編）(1976).　脳と神経系　岩波書店
2) 石浦章一（編）(1999).　わかる脳と神経　羊土社
3) 宮田　洋・藤澤　清・柿木昇治（編）(1985).　生理心理学　朝倉書店.
4) Oatley, K. (1972). *Brain mechanisms and mind*.（川島誠一郎（訳）(1977).　脳のしくみと心　TBSブリタニカ）

〈3章〉
1) Harlow, H. F., & Zimmerman, R. R. (1959). Affectional responses in the infant monkey. *Science*, **130**, 421-432.
2) Itard, J. M. (1894). *Rapports et mémoires sur le sauvage de l'Aveyron*. Paris.（古武弥正（訳）(1975).　アヴェロンの野生児　福村出版）
3) Harlow, H. F., & Harlow, M. K. (1962). Social deprivation in monkeys. *Scientific American*, **207**, 136-146.
4) Thompson, W. R., & Melzack, R. (1956). Early environment. *Scientific American*, **194**, 38-42.
5) Rosenzweig, M. R., Bennett, E. L., & Diamond, M. C. (1972). Brain changes in response to experience. *Scientific American*, **226**, 22-29.
6) Nissen, H. W., Chow, K. L., & Semmes, J. (1951). Effects of restricted opportunity for tactual, kinesthetic, and manipulative experience on the behavior of a chimpanzee. *American Journal of Psychology*, **64**, 485-507.
7) Farroni, T., Menon, E., Rigato, S., & Johnson, M. H. (2007). The perception of facial expressions in newborns. *European Journal of Developmental Psychology*, **4**, 2-13.
8) Darwin, C. (1872). *The expression of the emotions in man and animals*. John Murray.
9) Eibl-Eibesfeld, I. (1970). *Ethology: The biology of behavior*. Translated by Klinghammer, E. Holt, Rinehart and Winston.
10) Ekman, P. (Ed.) (1973). *Darwin and facial expression: A century research in review*. Academic Press.
11) Lorenz, K. (1943). Die angeborenen Formen möglicher Erfahrung. *Zeitschrlft für Tierpsychologie*, **5**, 235-409.
12) Salk, L. (1973). The role of the heart beat in the relations between mother and infant. *Scientific American*, **228**, 24-29.（「特集ライフ・サイエンス・人間の生物学」別冊サイエンス (1974).　日本経済新聞社）
13) Dennis, W. (1940). The effect of cradling practices upon the onset of walking in Hopi

children. *Journal of Genetic Psychology*, **56**, 77-86.
14) Cole, M., & Cole, S. R. (2001). *The development of children*. New York: Worth.
15) Skeels, H. M., & Dye, H. B. (1939). A study of the effects of differential stimulation on mentally retarded children. *Proceedings of the American Association for Mental Deficiency*, **44**, 114-136.
16) Skeels, H. M. (1966). Adult status of children with contrasting early life experiences: A follow-up study. *Monographs of the Society for Research in Child Development*, **31**, Serial No. 105.
a) Gesell, A. (1941). *Wolf child and human child*. Harper-Brothers.（生月雅子（訳）（1967）. 狼にそだてられた子　家政教育社）
b) Bettelheim, B. (Ed.) (1959). *Feral children and autistic children*. University of Chicago Press.（中野善達（編訳）（1978）. 野生児と自閉症児―狼っ子たちを追って　福村出版）
c) Portmann, A. (1951). *Biologische Fragmente zu einer Lehre vom Menschen*. Verlag Benno Schwabe.（高木正孝（訳）（1961）. 人間はどこまで動物か―新しい人間像のために　岩波新書　433，岩波書店）
d) Nolen-Hoeksema, S., Fredrickson, B. L., Loftus, G. R., & Lutz, C. (Eds.) (2014). Atkinson & Hilgard's *Introduction to psychology*, 16th ed. Cengage Learning. pp.71-73.
e) De Casper, A. J., & Fifer, W. P. (1980). Of human bonding: Newborns prefer their mother's voice. *Science*, **208**, 1174-1176.
f) Decasper, A. J., Lecanet, J. P., Bunsel, M. C. Granier-Deferre, C., & Maugleais, R. (1994). Fetal reactions to recurrent maternal speech. *Infant Behavior and Development*, **17**, 159-164.
g) Nowlis, G. H., & Kessen, W. (1976). Human newborns differentiate differing concentrations of sucrose and glucose. *Science*, **191**, 865-866.
h) MacFarlane, J. A. (1977). *The psychology of childbirth*. Harvard University Press.

〈4章〉
1) Pavlov, I. P. (1927). *Conditioned reflexes*. Translated by Anrep G. V., Oxford University Press.
2) Watson, J. B., & Rayner, R. (1920). Conditioned emotional reactions. *Journal of Experimental Psychology*, **3**, 1-14.
3) Thorndike, E. L. (1898). Animal intelligence: An experimental study of the associative processes in animals. *Psychological Review. Monograph Supplements*, **2**, No. 8.
4) Skinner, B. F. (1938). *The behavior of organisms*. Appleton-Century-Crofts.
5) Breland, K., & Breland, M. (1961). The misbehavior of organisms. *American Psychologist*, **16**, 681-684.
6) 今田　寛（1996）. 学習の心理学　現代心理学シリーズ3　培風館　9章
a) Seligman, M. E. P. (1970). On the generality of the laws of learning. *Psychological Review*, **77**, 406-418.
b) Miller, N. E. (1948). Studies of fear as an acquirable drive: I. Fear as motivation and fear-reduction as reinforcement in the learning of new responses. *Journal of Experimental Psychology*, **38**, 89-101.

〈5章〉
1) Köhler, W. (1925). *The mentality of apes*. Harcourt Brace Jovanovich.
2) Tolman, E. C. (1932). *Purposive behavior in animals and men*. Century.
3) Bandura, A. (2001). Social cognitive theory: An agentic perspective. *Annual Review & Psychology*, **52**, 1-26.
4) Skinner, B. F. (1960). Teaching machine. *Scientific American*, **205**, 90-102.

5) Allison, M. G., & Ayllon, T. (1980). Behavioral coaching in the development of skills in football, gymnastics, and tennis. *Journal of Applied Behavior Analysis*, **13**, 297-314.
6) Mahoney, M. J. (1974). Self-reward and self-monitoring techniques for weight loss control. *Behavior Therapy*, **5**, 48-57.
7) Salomni, A. W., Schmidt, R. A., & Walter, C. B. (1984). Knowledge of results and motor learning: A review and critical reappraisal. *Psychological Bulletin*, **95**, 355-386.
8) Hatze, H. (1976). Biomechanical aspects of a successful motion optimization. In P. K. Komi (Ed.) , *Biomechanics V-B*. Baltimore: University Park Press.
9) Singer, R. N. (1980). *Motor learning and human performance: An application to motor skills and movement behaviors*. 3 rd ed. New York: Macmillan. (松田岩男（監訳）（1986）．スポーツトレーニングの心理学　大修館書店）
10) Schmidt, R. A. (1975). A schema theory of discrete motor skill learning. *Psychological Review*, **82**, 225-260.
11) Fitts, P. M., & Posner, M. I. (1967). *Human performance*. Oxford: Books and Cole.

〈6章〉
1) Davis, D. M. (1928). Self selection of diet by newly weaned infants. *American Journal of the Disabled Child*, **36**, 351-379.
2) Cannon, W. B., & Washburn, A. L. (1912). An explanation of hunger. *American Journal of Physiology*, **29**, 441-454.
3) Hetherington, A. W., & Ranson, S. W. (1940). Hypothalamic lesions and adiposity in the rat. *The Anatomical Record*, **78**, 149-172.
4) Anand, B. K., & Brobeck, J. R. (1951). Hypothalamic control of food intake in rat and cat. *Yale Journal of Biological Medicine*, **24**, 123-140.
5) Ross, S., & Ross, J. G. (1949). Social facilitation of feeding behavior in dogs: I. Group and solitary feeding. *Journal of Genetic Psychology*, **74**, 97-108.
6) Ross, S., & Ross, J. G. (1949). Social facilitation of feeding behavior in dogs: II. Feeding after satiation. *Journal of Genetic Psychology*, **74**, 293-303.
7) Yerkes, R. M., & Dodson, J. D. (1908). The relation of strength of stimulus to rapidity of habit-formation. *Journal of Comparative Neurology and Psychology*, **18**, 459-482.
a) Atkinson, R. L., Atkinson, R. C., & Hilgard, E. R. (1983). *Introduction to psychology*, 8th ed. Harcourt Brace Jovanovich.

〈7章〉
1) Festinger, L. (1957). *A theory of cognitive dissonance*. Row Peterson. (末永俊郎(監訳)（1965）．認知的不協和の理論　誠信書房）
2) Friedman, M., & Rosenman, R. H. (1974). *Type A behavior and your heart*. Knopf.
3) Badia, P., Culbertson, S., & Harsh, J. (1973). Choice of longer or stronger signalled shock over shorter or weaker unsignalled shock. *Journal of the Experimental Analysis of Behavior*, **19**, 25-33.
4) 今田　寛（2015）．ことわざと心理学　有斐閣　第5講
5) 今田　寛（2002）．情動研究の最近の動向を探る　感情心理学研究, **9**, 1-22.
6) Schachter, S., & Singer, J. E. (1962). Cognitive, social and physiological determinants of emotional state. *Psychological Review*, **69**, 379-399.
7) Strack, F., Martin, L. L., & Stepper, S. (1988). Inhibiting and facilitating conditions of the human smile: A non-obstrusive test of facial feedback hypothesis. *Journal of Personality and Social Psychology*, **54**, 768-777.
8) Ekman, P. (Ed.) (1982). *Emotion in human face* (2 nd ed.). Cambridge University Press.

- a) Maier, S. F., Seligman, M. E. P., & Solomon, R. L. (1969). Pavlovian fear conditioning and learned helplessness. In B. A. Campbell and R. M. Church (Eds.), *Punishment and aversive behavior*. Appleton-Century-Crofts.
- b) Davitz, J. R. (1969). *The language of emotion*. Academic Press.
- c) 沼田治子 (1980). 情動語の定義に関する比較文化的研究　関西学院大学文学部学士論文
- d) Imada, H. (1989). Cross-language comparisons of emotional terms with special reference to the concept of anxiety. *Japanese Psychological Research*, **31**, 10-19.
- e) 崔誠裕 (1998). 情動語に関する韓・日・米比較文化的研究　関西学院大学文学部学士論文
- f) セリグマン, M. E. P. ／山村宜子 (訳) (1994). オプティミストはなぜ成功するか　講談社文庫

〈8章〉
1) Blakemore, C., & Cooper, R. C. (1976). Development of the brain depends on the visual environment. *Nature*, **228**, 477-478.
2) Bruner, J. S., & Goodman, C. C. (1947). Value and need as organizing factors in perception. *Journal of Abnormal and Social Psychology*, **42**, 33-44.
3) Lambert, W. W., Solomon, R. L., & Watson, P. D. (1949). Reinforcement and extinction as factors in size estimation. *Journal of Experimental Psychology*, **39**, 637-641.
4) McGinnies, E. (1949). Emotionality and perceptual defense. *Psychological Review*, **56**, 244-251.
5) Postman, L., Bruner, J. S., & McGinnies, E. (1948). Personal values as selective factors in perception. *Journal of Abnormal and Social Psychology*, **43**, 142-154.
6) Levine, R., Chein, I., & Murphy, G. (1942). The relation of the intensity of a need to the amount of perceptual distortion: A preliminary report. *Journal of Psychology*, **13**, 283-293.
7) Hartline, H. K., & Ratliff, F. (1957). Inhibitory interaction of receptor units in the eye of *Limulus*. *Journal of General Physiology*, **40**, 357-376.
8) Selfridge, O. G. (1975). Pandemonium: A paradigm for learning. In *Symposium on the mechanization of thought processes*. H. M. Stationery Office.
9) Hubel, D. H., & Wiesel, T. N. (1959). Receptive fields of single neurons in the cat's striate cortex. *Journal of Physiology*, **148**, 574-591.
10) Lindsey, P. H., & Norman, D. A. (1977). *A human information processing*, 2nd ed. Academic Press. (中溝幸夫・箱田裕司・近藤倫明(訳) (1983, 1984, 1985). 情報処理心理学入門 I, II, III. サイエンス社)
11) Kahneman, D. (1973). *Attention and effort*. Prentice-Hall.
12) Posner, N. I. (1980). Orienting of attention. *Quarterly Journal of Psychology*, **32**, 3-25.
- a) Gibson, J. J. (1979). *The ecological approach to visual perception*. Houghton Mifflin Company. (古崎　敬・古崎　愛・辻敬一郎・村瀬　旻 (訳) (1985). 生態学的視覚論　サイエンス社)

〈9章〉
1) Sperling, G. (1960). The information available in brief visual presentations. *Psychological Monographs*, **74**, No. 498, 1-29.
2) Miller, G. A. (1956). The magical number seven, plus or minus two: Some limits on our capacity for processing information. *Psychological Review*, **63**, 81-97.
3) Wickelgren, W. A. (1965). Acoustic similarity and intrusion errors in short-term memory. *Journal of Experimental Psychology*, **70**, 102-108.

4) Wickens, D. D., Dalezman, R. E., & Eggemeier, F. T. (1976). Multiple encoding of word attributes in memory. *Memory and Cognition*, 4, 307-310.
5) Craik, F. I. M., & Lockhart, R. S. (1972). Levels of processing: A framework for memory research. *Journal of Verbal Learning and Verbal Behavior*, 11, 671-684.
6) Tulving, E. (1972). Episodic and semantic memory. In E. Tulving, & W. Donaldson (Eds.), *Organization of memory*. Academic Press.
7) Collins, A. M., & Loftus, E. F. (1975). A spreading-activation theory of semantic memory. *Psychological Review*, 82, 407-428.
8) Baddeley, A. D. (1986). *Working Memory*. Oxford: Oxford University Press.
9) Tulving, E., & Thomson, E. M. (1973). Encoding specificity and retrieval processes in episodic memory. *Psychological Review*, 80, 352-373.
10) Zeigarnik, B. (1927). Über das Behalten von erledigten und unerledigten Handlungen. *Psychologische Forschung*, 9, 1-85.
11) Rosenzweig, S. (1943). An experimental study of "repression" with special reference to need-persistive and ego-defensive reactions to frustration. *Journal of Experimental Psychology*, 32, 64-74.
12) Yavuz, H. S., & Bousfield, W. A. (1959). Recall of connotative meaning. *Psychological Reports*, 5, 319-320.
13) Dutta, S., & Kanugo, R. N. (1975). *Affect and memory: A reformation*. Pergamon Press.
14) Matlin, M. (1983). *Cognition*. Holt-Saunders.
15) Sachs, J. (1967). Recognition memory for syntactic and semantic aspects of a connected discourse. *Perception and Psychophysics*, 2, 437-442.
16) Bransford, J. D., & Franks, J. J. (1971). Abstraction of linguistic ideas. *Cognitive Psychology*, 2, 331-350.
17) Bartlett, F. C. (1932). *Remembering*. Cambridge University Press. (宇津木　保・辻正三(訳) (1983). 想起の心理学　誠信書房)
18) Johnson, M. K., Bransford, J. D., & Solomon, S. (1973). Memory for tacit implications of sentences. *Journal of Experimental Psychology*, 98, 203-205.
19) Loftus, E. F., & Palmer, J. C. (1974). Reconstruction of automobile destruction: An example of the interaction between language and memory. *Journal of Verbal Learning and Verbal Behavior*, 13, 585-589.
20) Allport, G. W., & Postman, L. (1947). *The psychology of rumor*. Henry Holt. (南　博(訳) (1952). デマの心理学　岩波書店)
21) Bower, G. H., & Clark, M. C. (1969). Narrative stories as mediators for serial learning. *Psychonomic Science*, 14, 181-182.
22) Paivio, A. (1971). *Imagery and verbal processes*. Erlbaum.

〈**10章**〉
1) Holland, J. H., Holyoak, K. J., Nisbett, R. E., & Thagard, P. R. (1986). *Induction: Processes of inference, learning, and discovery*. Cambridge MA: MIT Press. (市川伸一(他訳) (1991). インダクション：推論・学習・発見の統合理論へ向けて　新曜社)
2) Gick, M. L., & Holyoak, K. J. (1980). Analogical problem solving. *Cognitive Psychology*, 12, 306-355.
3) Luchins, A. S. (1942). Mechanization in problem solving. *Psychological Monographs*, 54, No. 248.
4) Maier, N. R. F. (1931). Reasoning in humans: II. The solution of a problem and its appearance in consciousness. *Journal of Comparative Psychology*, 12, 181-194.

5) Silveira, J. (1971). *Incubation: The effect of interruption timing and length on problem solution and quality of problem processing.* Unpublished doctoral dissertation, University of Oregon.
6) Johnson-Laird, P. N., & Wason, P. C. (1977). A theoretical analysis of insight into a reasoning task. In P. N. Johnson-Laird, & P. C. Wason (Eds.), *Thinking.* Cambridge University Press.
7) Newell, A., & Simon, H. A. (1974). *Human problem solving.* Prentice-Hall.
8) Greeno, J. G. (1974). Hobbits and orcs: Acquisition of a sequential concept. *Cognitive Psychology*, **6**, 270-292.
9) Thomas, J. C. (1974). An analysis of behaviour in the hobbits-orcs problem. *Cognitive Psychology*, **8**, 165-190.
10) Osgood, C. E., Suci, G. J., & Tannenbaum, P. H. (1957). *The measurement of meaning.* University of Illinois Press.
11) Rosch, E. (1975). Cognitive representations of semantic categories. *Journal of Experimental Psychology: General*, **104**, 192-233.
12) Slobin, D. (1966). Grammatical transformations and sentence comprehension in childhood and adult. *Journal of Verbal Learning and Verbal Behavior*, **5**, 219-227.
13) Flavell, J. H., Beach, D. R., & Chinsky, J. M. (1966). Spontaneous verbal rehearsal in a memory task as a function of age. *Child Development*, **37**, 283-299.
14) Brown, J. S., & Lenneberg, E. H. (1954). A study in language and cognition. *Journal of Abnormal and Social Psychology*, **49**, 454-462.
15) Slobin, D. (1979). *Psycholinguistics.* 2nd ed. Scott, Foreman and Company.
a) 梅本堯夫 (1969). 連想基準表―大学生100人による 東大出版会
b) 賀集 寛 (1966). 連想の機構 心理学モノグラフ1 東大出版会
c) 梅本堯夫・森川弥寿雄・伊吹昌夫 (1955). 清音2字音節の無連想価及び有意味度 心理学研究, **26**, 148-155.
d) Cole, M., & Scribner, S. (1974). *Culture and thought: A psychological introduction.* John Wiley and Sons. (若井邦夫(訳) (1982). 文化と思考：認知心理学的考察 サイエンス社)

〈**11章**〉
1) Allport, G. W. (1961). *Pattern and growth in personality.* Holt, Rinehart and Winston. (今田 恵(監訳) (1968). 人格心理学 上・下 誠信書房)
2) Sheldon, W. H., Stevens, S. S., & Tucker, W. B. (1940). *The varieties of human physique.* Harper.
3) Rees, L., & Eysenck, H. J. (1945). A factorial study of some morphological and psychological aspects of human constitution. *Journal of Mental Science*, **91**, 8-21.
4) Allport, G. W., & Odbert, H. S. (1936). Trait names: A psycholexical study. *Psychological Monographs*, **47** (1, Whole No. 211).
5) Cattell, R. B. (1946). *Description and measurement of personality.* World Book.
6) 伊沢秀而・山口 薫・Maurice M. Tatuoka・茂木茂八・内山武治・上野一彦 (1982). 16PF 人格検査手引き 日本文化科学社
7) Eysenck, H. J., & Wilson, G. D. (1976). *A Textbook of human psychology.* MTP Press. (塩見邦雄(監訳) (1984). 心理学概論 創元社)
8) Eysenck, H. J. (1959). *Maudsley Personality Inventory.* U. of London Press. (Educational Industrial Testing Service, (1962).)
9) Eysenck, H. J., & Eysenck, S. B. G. (1964). *Eysenck Personality Inventory.* San Diego: Educational Industrial Testing Service.

引用文献

10) Mischel, W. (1968). *Personality and assessment.* John Wiley & Sons. (詫間武俊(監訳) (1992). パーソナリティの理論―状況主義的アプローチ　誠信書房)
11) 渡邊芳之・佐藤達哉 (1993). パーソナリティの一貫性をめぐる「視点」と「時間」の問題　心理学評論, **36**, 226-243.
12) 渡邊芳之 (1998). 性格の一貫性と新しい性格観　性格の理論―その進展，性格のための心理学　現代のエスプリ, 372.
13) Krahe, B. (1992). *Personality and social psychology: Toward a synthesis.* Sage Publication. (堀毛一也(編訳) (1996). 社会的状況とパーソナリティ―統合に向けて　北大路書房)
14) Peabody, D., & Goldberg, L. R. (1989). Some determinants of factor structures from personality-trait descriptors. *Journal of Personality and Social Psychology,* **57**, 3, 552-567.
15) Costa, P. T. Jr., & McCrae, R. R. (1982). *Revised NEO personality inventory and NEO Five-Factor inventory: Professional manual.* Psychological Assessment Resources.
16) 下仲順子・中里克治・権藤恭之・高山　緑 (1999). 日本版 NEO-PI-R, NEO-FFI 使用マニュアル　東京心理
17) 辻平治郎・藤島寛・辻斎・夏野良司・向山泰代・山田尚子・森田義宏・秦一士 (1997). パーソナリティの特性論と5因子モデル：特性の概念，構造，および測定　心理学評論, **40**, 239-259.
18) 曽我祥子 (1999). 小学生用5因子性格検査(FFPC)の標準化　心理学研究, **70**, 349-351.
19) Butcher, J. N. Graham, J. R. Williams, C. L., & Ben-Porath, Y. S. (1990). *Development and use of the MMPI-2 content scales.* University of Minnesota Press.
20) Reich, W. (1949). *Character-analysis.* 3rd ed. New York: Farar, Straus and Cudahy.
21) Watson, J. B. (1930). *Behaviorism,* Rev. ed. Norton. (安田一郎 (訳) (1968). 行動主義の心理学　河出書房)
22) Dollard, J., & Miller, N. E. (1950). *Personality and psychotherapy: An analysis in terms of learning, thinking and culture.* McGraw-Hill.
23) Wechsler, D. (1958). *The measurement and appraisal of adult intelligence.* 4th ed. Williams and Wilkins.
24) 辰野千壽 (1995). 新しい知能観に立った知能検査基本ハンドブック　図書文化社
25) Jensen, A. R. (1998). *The G factor: The science of mental ability.* Praeger.
26) Carroll, J. B. (1993). *Human cognitive abilities: A survey of factor-analytic studies.* Cambridge University Press.
27) Gottfredson, L. S. (1998). The General Intelligence Factor. In Exploring intelligence, In *Scientific American.* (L. S. ゴットフレッドソン (1999). 人の知能の度合いをあらわす「g 因子」知能のミステリー, pp. 18-24. 別冊日経サイエンス 128. 日経サイエンス社)
28) Thorndike, E. L., Cobb, M. V., Woodyard, E. I., & staff (1926). *The measurement of intelligence.* Teachers College.
29) Thurstone, L. L. (1938). *Primary mental abilities.* University of Chicago Press.
30) Gardner, H. (1999). *Intelligence reframed: Multiple intelligence for the 21st century.* Basic Book. (松村暢隆(訳) (2001). MI：個性を生かす多重知能の理論　新曜社)
31) ヤム, P. (1999).「知能」とは何か　日経サイエンス 128, 知能のミステリー. 日経サイエンス社
32) Vernon, P. E. (1971). *The structure of human abilities.* Methuen.
33) Guilford, J. P., & Hoepfner, R. (1971). *The analysis of intelligence.* McGraw-Hill.
34) Sternberg, J. S. (1985). *Beyond IQ: A triarchic theory of human intelligence.* Cambridge

35) Bouchard, T. J. Jr., & McGue, M. (1981). Familial studies of intelligence: A review. *Science*, 212, 1055-1059.
36) Floderus-Myred, B., Petersen, N., & Rasmuson, I. (1980). Assessment of heritability for personality based on a short form of the Eysenck Personality Inventory. *Behavior Genetics*, 10, 153-161.
37) Atkinson, R. L., Atkinson, R. C., Smith, E. E., Bem, D. J., & Nolen-Hoeksema, S. (2000). *Hilgard's Introduction to Psychology*. 13 th ed. Harcourt College Publishers.
a) Colquhoun, W. P., & Corcoran, D. W. J. (1964). The effects of time of day and social isolation on the relationship between temperament and performance. *British Journal of Social and Clinical Psychology*, 3, 226-231.
b) 長谷川芳典（1985）．「血液型と性格」についての非科学的俗説を否定する　日本教育心理学会第27回総会発表論文集，422-423.
c) 大村政男（1984）．「血液型性格学」は信頼できるか　日本応用心理学会第51回発表論文集（補遺）
d) 大村政男（1985）．「血液型性格学」は信頼できるか（第2報）　日本応用心理学会第52回大会発表論文集

〈12章〉
1) Kramer, G.P., Bernstein, D. A., & Phares, V. (2014). *Introduction to clinical psychology*, 8/E. Upper Saddle River, NJ: Prentice Hall.
2) Resnick, J. H. (1991). Finally, a definition of clinical psychology: A message from the President, Division 12. *The Clinical Psychologist*, 44, 3-11.
3) Routh, D. K. (1996). Lightner Witmer and the first 100 years of clinical psychology. *American Psychologist*, 51, 244-247.
4) 上里一郎（監修）（2001）．心理アセスメントハンドブック（第2版）　西村書店
5) エレンベルガー H. F. (1970). ／木村　敏・中井久夫（監訳）．（1980）．無意識の発見　力動精神医学発達史　上・下　弘文堂
6) 宮下照子・免田　賢（2007）．新行動療法入門　ナカニシヤ書店
7) 松見淳子（2002）．米国における心理療法の基礎訓練：現状と課題　精神療法，28，37-46.
8) Paul, G. L. (1969). Behavior modification research: Design and tactics. In C. M. Franks (Ed.), *Behavior therapy: Appraisal and status*. New York: McGraw-Hill.
9) Eysenck, H. J. (1952). The effects of psychotherapy: An evaluation. *Journal of Consulting Psychology*, 16, 319-324.
10) Klosko, J. S., Barlow, D. H., Tassinari, R., & Cerny, J. A. (1990). A comparison of Alprazolam and behavior therapy in treatment of panic disorder. *Journal of Consulting and Clinical Psychology*, 58, 77-84.
11) Paul, G. L. (1966). *Insight versus desensitization in psychotherapy*. Stanford University Press.
12) Wolpe, J. (1958). *Psychotherapy by reciprocal inhibition*. Stanford University Press.
13) Iwata, B., Pace, G. M., Dorsey, M. F., Zarcone, J. R., Vollmer, T. R., Smith, R. G., Rodgers, T. A., Lerman, D. C., Shore, B. A., Mazaleski, J. L., Goh, H., Cowdery, G. E., Kalsher, M J., McCosh, K. C., & Willis, K. D. (1994). The functions of self-injurious behavior: An experimental-epidemiological analysis. *Journal of Applied Behavior Analysis*, 27, 215-240.
14) Smith, M., Glass, G. V., & Miller, T. I. (1980). *The benefits of psychotherapy*. Johns Hopkins University Press.

15) Meehl, P.E. (1954). *Clinical versus actuarial prediction*. University of Minnesota Press.
16) ブルック M・ボンド F.W. (編著)／下山晴彦 (編訳) (2006). 認知行動療法ケースフォーミュレーション入門　金剛出版
17) APA Presidential Task Force on Evidence-Based Practice (2006). Evidence-based practice in psychology. *American Psychologist*, **61**, 271-285.
18) 丹野義彦・石垣琢麿・毛利伊吹・佐々木淳・杉山明子 (2015). 臨床心理学 *Clinical Psychology: Evidence-based approach*　有斐閣
19) Division 12 Task Force on Promotion and Dissemination of Psychological Procedures (1995). Training in and dissemination of empirically validated psychological treatments: Report and recommendations. *The Clinical Psychologist*, **48**, 3-23.
20) Division 12 Task Force (1998). Update on empirically validated therapies: II. *The Clinical Psychologist*, **51**, 3-16.
21) 村本詔司 (1998). 心理臨床と倫理　朱鷺書房
22) ベック, A.T., ラッシュ, A.J., ショウ, B.F. (1979).／坂野雄二(監訳) 神村栄一・清水里美・前田基成(訳) (2007). うつ病の認知療法　新版　岩崎学術出版社

図 表 出 典

本書に引用した図・表およびそれらの出典をリストした。

Anrep, G. V. (1920). Discrimination in dog. *Journal of Physiology*, **53**, 367-385. (図 4-2B)
Atkinson, R. L., Atkinson, R. C., Smith, E. E., & Hilgard, E. R. (1985). *Psychology* (9 th ed.), Harcourt Brace Jovanovich. (図 11-6)
Atkinson, R. L., Atkinson, R. C., Smith, E. E., Bem, D. J., & Nolen-Hoeksema, S. (2000). *Hilgard's Introduction to Psychology*. 13 th ed. Harcourt College Publishers. (表 11-5)
Baddeley, A. D. (1986). Working memory. Oxford: Oxford University Press. (図 9-7)
Bandura, A. (1965). Influence of models' reinforcement contingencies on the acquisition of imitative responses. *Journal of Personality and Social Psychology*, **1**, 589-595. (図 5-2)
Bandura, A. (1967). Behavioral psychotherapy. *Scientific American*, **216**, 77-86. (図 5-5)
Bandura, A., Blanchard, E. B., & Ritter, B. (1969). The relative efficacy of desensitization and modeling approaches for inducing behavioral, affective, and attitudinal changes. *Journal of Personality and Social Psychology*, **13**, 173-199. (図 5-6)
Bexton, W. H., Heron, W., & Scott, T. H. (1954). Effects of decreased variation in the sensory environment. *Canadian Journal of Psychology*, **8**, 70-76. (図 6-6)
Bouchard, T. J., & McGue, M. (1981). Familial studies of intelligence: A review. *Science*, **212**, 1055-1059. (Wolman, B. B. (ed) (1985). *Handbook of intelligence*. John Wiley & Sons. (杉原一昭(監訳)(1992). 知能心理学ハンドブック 第一編, 田研出版)(図 11-7)
Bransford, J. D., & Franks, J. J. (1971). Abstraction of linguistic ideas. *Cognitive Psychology*, **2**, 331-350.
Bransford, J. D. and Johnson, M. K. (1972). Contextual prerequisites for understanding: Some investigations of comprehension and recall. *Journal of Verbal Learning and Verbal Behavior*, **11**, 717-726. 〔Rumelhart, D. E. (御領謙訳)(1979). による〕(表 9-1)
Brunswik, E. (1952). The conceptual framework of psychology. *International Encyclopedia of Unified Science*, **1**, No. 10. Universtiy of Chicago Press. (図 8-1)
Cannon, W. B. (1934). Hunger and thirst. In C. Murchison (ed.), *A handbook of general experimental psychology*. Clark University Press. 〔Munn, N. L. (1961). より〕(図 6-1)
Carmichael, L., Hogan, H. P., & Walter, A. A. (1932). An experimental study of the effect of language on reproduction of visually perceived form. *Journal of Experimental Psychology*, **15**, 73-86. (図 9-11)
Cattel, R. B. (1963). *The Sixteen Personality Factor Questionnaire*. Institute for Personality and Ability Testing. (表 11-4)
Colquhoun, W. P., & Corcoran, D. W. J. (1964). The effects of time of day and social isolation on the relationship between temperament and performance. *British Journal of Social and Clinical Psychology*, **3**, 226-231. (コラム 11-2)
Ebbinghaus, H. (1855). *Über das Gedächtnis*. (宇津木保(訳)(1978). 記憶について 誠信書房)〔八木 冕(編)(1967). による〕(図 9-7)
Epstein, A. N., & Teitelbaum, P. (1962). Regulation of food intake in the absence of taste, smell, and other oropharyngeal sensations. *Journal of Comparative and Physiological*

Psychology, **55**, 753-759.〔Lefrancois, G. R. (1980). より〕（図6-4）

Erikson, C. W., & Collins, J. F. (1967). Some temporal characteristics of visual partern perception. *Journal of Experimental Psychology*, **74**, 476-484.（図8-5）

Eron, L. D., Huesmann, L R., Lefkowitz, M. M., & Walder, L. O. (1972). Does television violence cause aggression? *American Psychologist*, **27**, 253-263.〔Atkinson *et al.* (1983). より.〕（図5-1）

Eysenck, H. J. (1951). The organization of personality. *Journal of Personality*. **20**, 103.（図11-3）

Eysenck, H. J. (1967). *The biological basis of personality*. Charles C. Thomas.（梅津耕作・祐宗省三（他訳）(1973). 人格の構造―その生物学的基礎　岩崎学術出版社）（図11-2）

Eysenck, H. J., & Wilson, G. D. (1976). *A textbook of human psychology*. MTP Press.（塩見邦雄（監訳）(1984). 心理学概論　創元社）（表11-4）

Fantz, R. L. (1961). The origin of form perception. *Scientific American*, **204**, 66-72.（図3-8）

藤永　保（編）(1976). 思考心理学　大日本図書（図10-5）

Gibson, E. J., & Walk, R. D. (1960). The "visual cliff". *Scientific American*, **202**, 64-71.（図3-9）

Gottesman, I. I. (1963). Genetic aspects of intelligent behavior. In N. Ellis (ed.), *Handbook of mental deficiency: Psychological theory and research*. McGraw-Hill.（図3-10）

Gould, J. L. (1982). *Ethology: Mechanisms and evolution of behavior*. Norton.（図3-1）

Guilford, J. P. (1967). *The nature of human intelligence*. McGraw-Hill.（図11-4）

Harlow, H. F. (1950). Learning and satiation of response in intrinsically motivated complex puzzle performance by monkeys. *Journal of Comparative and Physiological Psychology*, **43**, 289-294.（図6-7）

Harlow, H. F. (1959). Love in infant monkeys. *Scientific American*, **200**, 68-74.（図3-5）

Held, R., & Hein, A. (1963). Movement-produced stimulation in the development of visually acquired behavior. *Journal of Comparative and Physiological Psychology*, **56**, 872-876.（図3-7）

Hess, E. H. (1958). "Imprinting" in animals. *Scientific American*, **198**, 81-90.（図3-4）

Hull, C. L. (1943). *Principles of behavior*. Appleton-Century-Crofts.（能見義博・岡本栄一（訳）(1960). 行動の原理　誠信書房）（図6-5）

Imada, H., & Imada, S. (1983). Thorndike's (1898). puzzle-box experiments revisited. *Kwansei Gakuin University Annual Studies*, **32**, 168-184.（図4-5, 図4-6）

今田　恵（1958). 現代の心理学　岩波書店．（図1-1, 図2-3）

伊藤　薫（1982). 脳と神経系の生物学（改訂版）　培風館．（図2-8, 図2-9）

Kanizsa, G. (1979). *Organization in vision*. Praeger Publishers.（野口　薫（訳）(1984). 視覚の文法―ゲシュタルト知覚論　サイエンス社）（図8-6）

岸本陽一・今田　寛　1978). モーズレイ性格検査(MPI)に関する基礎調査. 関西学院大学人文論究, **28**(3), 63-83.（図11-2）

小林重雄・藤田和弘・前田久男・大六一志・山中克夫（1998). 日本版WAIS-Rの理論と臨床　日本文化科学社（図11-5）

古武弥正（1943). 条件唾液反射の形成　汎化及び分化　心理学研究, **18**, 77-82.（図4-9）

Kretschmer, E. (1955). *Korperbau und charakter*. Springer-Verlag.（相場　均（訳）(1961). 体格と性格　文光堂）（図11-1, 表11-1）

Krueger, W. C. F. (1929). The effect of overlearning on retention. *Journal of Experimental Psychology*, **12**, 71-78.〔八木　晃編（1967). による〕（図9-12）

Lefrancois, G. R. (1980). *Psychology*. Wadsworth.（図6-4）

Levitt, E. E. (1966). *The psychology of anxiety*. Books-Merrill.（西川好夫（訳） 不安の心理学　法政大学出版会）（表11-8）
Lindsey, P. H., & Norman, D. A. (1977). *Human information processing*, 2 nd ed. Academic Press.（中溝幸夫・箱田裕司・近藤倫明共（訳）（1984）．情報処理心理学入門Ⅰ・Ⅱ・Ⅲ　サイエンス社）（図8-16）
Magoun, H. W. (1958). *The waking brain*. Charles C. Thomas.（図2-6）
Maier, S. F., Seligman, M. E. P., & Solomon, R. L. (1969). Pavlovian fear conditioning and learned helplessness. In B. A. Campbell, & R. M. Church (Eds.), *Punishment and aversive behavior*. Appleton-Century-Crofts.（コラム7-1）
Maslow, A. H. (1943). A theory of human motivation. *Psycholgical Review*, 50, 370-396.（図6-10）
Maslow, A. H. (1967). Self-actualization and beyond. In J. F. T. Bugental (Ed.), *Challenges of humanistic psychology*. McGraw-Hill.（表6-2）
Matlin, M. (1983). *Cognition*. Holt-Saunders.（図9-5）
McCrae, R. R., & Costa, P. T., Jr. (1987). Validation of the five-factor model of personality across instruments and observers. *Journal of Personality and Social Psychology*, 52, 81-90.（表11-5）
Miller, N. E. (1948). Studies of fear as an acquirable drive: I. Fear as motivation and fear-reduction as reinforcement in the learning of new responses. *Journal of Experimental Psychology*, 38, 89-101.（コラム4-4）
Miller, N. E. (1957). Experiments on motivation: Studies combining psychological, physiological, and pharmacological techniques. *Science*, 126, 1271-1278.（図6-2）
MPI研究会（編）（1969）．新性格検査法―モーズレ性格検査　誠信書房（図11-3）
Munn, N. L. (1961). *Psychology: The fundamentals of human adjustment*. G. G. Harrap.（図6-1）
村田孝次（1983）．教養の心理学（三訂版）　培風館
沼田恵太郎・小松丈洋・植月静・柿木達也・横山和正・佐藤暢也（2012）．Causal knowledge modulates backward blocking: An fMRI study. 第35回日本神経科学会大会発表抄録（図2-14）
大岸元子（1984）．発達―乳児期・幼児期・児童期　塩見邦雄（編）教育心理学　ナカニシヤ出版（表11-7）
Olds, J. (1956). Pleasure center in the brain. *Scientifc American*, 195, No.4, 105.（図2-7）
Pavlov, I. P. (1928). *Lectures on conditioned reflexes*. International.（図4-1）
Penfield, W., & Jasper, H. H. (1954) *Epilepsy and the functional anatomy of the human brain*. Little, Brown.（図2-12 A）
Penfield, W., & Rasmussen, T. (1954). *The cerebral cortex of man*. Macmillan.（図2-11）
Penfield, W., & Roberts, L. (1965). *Speech and brain mechanisms*. Princeton University Press.（上村忠雄・前田利男（訳）　言語と大脳　誠信書房）（図2-9）
Peterson, L. R., & Peterson, M. J. (1959). Short-term retention of individual verbal items. *Journal of Experimental Psychology*, 58, 193-198.（図9-3）
Picton, T. W., Hillyard, S. A., Krauz, H. I., & Galambos, R. (1974). Human auditory evoked potentials. *Electroencephalography and Clinical Neurophysiology*, 36, 179-190.（図2-13）
Richter, C. P. (1927). Animal behavior and internal drives. *Quarterly Review of Biology*, 2, 307-343.〔Hull, C. L. (1943). より〕（図6-5）
Rock, I. (1984). *Perception*. An inprint of Scientific American Books.
Rosch, E. (1975). Cognitive representation of semantic categories. *Journal of Experimental*

Psychology: General, **104**, 192-233. (表 10-1)
Ross, S., Goldstein, I., & Kappel, S. (1962). Perceptual factors in eating behavior in chicks. *Journal of Comparative and Physiological Psychology*, **55**, 240-241. (図 1-3, 図 6-3)
Rumelhart, D. E. (1977). *Introduction to human information processing*. John Wiley & Sons. (御領 謙(訳)(1979). 人間の情報処理 サイエンス社)(図 8-14)
相良守次 (1950). 記憶とは何か 岩波新書 岩波書店(図 9-10)
Sheldon, W. H., & Stevens, S. S. (1942). *The varieties of temperament: A psychology of constitutional differences*. Harper & Row. (表 11-3)
Skinner, B. F. (1960). Teaching machine. *Scientific American*, **205**, 90-102. (図 4-8)
Smith, E. E., Shoben, E. J., & Rips, L. J. (1974). Structure and process in semantic memory: A featural model for semantic decisions. *Psychological Review*, **81**, 214-241.〔Matlin, M. (1983). による〕(図 9-6)
Sperling, G. (1960). The information available in brief visual presentations. *Psychological Monographs*, **74**, No. 498, 1-29. (図 9-2)
鈴木 清(編)(1983). 心理学―行動を科学する ナカニシヤ出版
田中靖政 (1969). コミュニケーションの科学 日本評論社(図 10-4)
寺崎正治 (1985). パーソナリティ・テストを通してみた大学生の性格特性の逐年変化 関西学院大学人文論究, **35**(1), 144-164. (図 11-2)
Thomas, J. C. (1974). An analysis of behaviour in the hobbits-orcs problem. *Cognitive Psychology*, **8**, 165-190. (図 10-1, 図 10-2)
Thorndike, E. L. (1898). Animal intelligence: An experimental study of the associative processes in animals. *Psychological Review Monograph Supplement*, **2**, 8. 〔写真, Yale University Library の許可を得て転載〕(図 4-5, 図 4-6 A)
Tinbergen, N. (1952a). The curious behavior of the stickleback. *Scientifc American*, **182**, 22-26. (図 3-2, 図 3-3)
Tinbergen, N. (1952b). 'Derived' activities: Their causation, biological significance, origin and emancipation during evolution. *Quarterly Review of Biology*, **27**, 1-32. (永野為武(訳)(1957). 本能の研究 三共出版)
時実利彦 (1969). 目でみる脳 東京大学出版会(図 2-12 B)
鳥居修晃 (1982). 視覚の心理学 サイエンス社(図 3-6)
塚田裕三 (1966). 100億の脳の細胞 日本放送出版協会(図 2-4)
Underwood, B. J. (1957). Interference and forgetting. *Psychological Reviews*, **64**, 49-60. (図 9-9)
Warden, C. J. (1931). *Animal motivation studies*. Columbia University Press. (図 6-9, 表 6-1)
Watson, J. B., & Rayner, R. (1920). Conditioned emotional reactions. *Journal of Experimental Psychology*, **3**, 1-14. (図 4-4)
Weiss, J. M. (1972). Psychological factors in stress and disease. *Scientific American*, **226**, 106. 〔サイエンス, (1972). **2**, No.8 より。〕(図 7-3, 図 7-4)
Wickens, D. D., Dalezman, R. E., & Eggemeier, F. T. (1976). Multiple encoding of word attributes in memory. *Memory and Cognition*, **4**, 307-310. (図 9-4)
Winterbottom, M. R. (1958). The relation of need for achievement to learning experiences in independence and mastery. In J. W. Atkinson (ed.), *Motives in fantasy, action and society*. Van Nostrand. (図 6-8)
Wulf, F. (1922). Über die Veränderung von Vorstellungen. *Psychologische Forschung*, **1**, 333-373. 〔相良守次 (1950). による〕(図 9-10)
八木 冕(編)(1967). 心理学Ⅰ 培風館(図 9-7, 図 9-12)

山根　薫(編)(1980).　現代教育心理学——人格の診断　日本文化科学社(表11-2)
山添恵子・久野能弘(1977).　夜尿児に対する行動療法，適用例の分析　行動療法研究, **2**, 68-69. (図5-4)
Yarbus, A. L. (1967). *Eye movements and vision*. Plenum Press. (図8-16)
Zeigarnik, B. (1927). Über das Behalten von erledigten und unerledigten Handlungen, *Psychologische Forschung*, **9**, 1-85. (村田孝次 (1983). による)

〈中扉〉

Bartlett, F. C. (1932). *Remembering: A study experimental and social psychology*. Cambridge University Press. (9章)
Boakes, R. (1984). *From Darwin to behaviourism: Psychology and the minds of animals*. Cambridge University Press. (宇津木保・宇津木成介 (訳) (1990). 動物心理学史　誠信書房) (4章, 5章)
Haeckel, E. (1897). *The evolution of man: A popular exposition of the principal points of human ontogeny and phylogeny*. Appleton. (3章)
Hollon, S. D., Thase, M. E. & Markowitz, J. C. 2002 Treatment and prevention of depression. *Psychological Science in the Public Interest*, **3**, 39-75. (12章)

索　引

■人名索引

アイゼンク（Eysenck, H. J.）
　225, 229, 230, 233, 234,
　256, 260
アイブル・アイベスフェルト
　（Eibl-Eibesfeldt, I.）　45
アドラー（Adler, A.）　259
アリストテレス（Aristoteles）
　7, 22
アンダウッド（Underwood, B.
　J.）　182
イワタ（Iwata, B.）　265
ヴァーノン（Vernon, P. E.）
　243
ヴィゴツキー（Vygotsky, L. S.）
　216
ウイットマー（Witmer, L.）
　255
ウェイソン（Wason, P. C.）
　205
ウェクスラー（Wechsler, D.）
　240, 246
ウェーバー（Weber, E.）　144
ヴェルトハイマー（Wertheimer,
　M.）　11, 141,
　148, 155, 204
ウェルニッケ（Wernicke, C.）
　24, 33, 42
ウォッシュバーン（Washburn,
　A. L.）　103
ウォルピ（Wolpe, J.）　260, 265
ウルフ（Wulf, F.）　186
ヴント（Wundt, W.）　6, 8, 24,
　152, 255
エビングハウス（Ebbinghaus,
　H.）　6, 24, 168, 170, 180,
　188
エリクソン（Erikson, E. H.）
　238, 259
エリス（Ellis, A.）　260
エンジェル（Angell, J. R.）　9
オスグッド（Osgood, C. E.）
　209, 211
オドバート（Odbert, H. S.）
　226, 227
オールズ（Olds, J.）　25, 31

オルポート（Allport, G. W.）
　117, 190, 26, 227
ガードナー（Gardner, H.）　242,
　243
カーネマン（Kahneman, D.）
　163
カフーン（Colquhoun, W. P.）
　233
カーマイケル（Carmichael, L.）
　186
ガル（Gull, F. J.）　24
ガレヌス（Galenus）　21, 22
ギック（Gick, M. L.）　199
ギブソン（Gibson, E. J.）　57
ギブソン（Gibson, J. J.）　161
ギルフォード（Guilford, J. P.）
　243, 244, 256
キャッテル（Cattell, J. M.）
　255
キャッテル（Cattell, R. B.）
　227, 229, 241
キャノン（Cannon, W. B.）　25,
　102, 103, 126, 134
キャロル（Carroll, J. B.）　241
クラーエ（Krahe, B.）　231
グリーノ（Greeno, J. G.）　207
クレーク（Craik, F. L. M.）
　174
クレッチマー（Kretschmer, E.）
　223
クレペリン（Kraepelin, E.）
　258
クロスコー（Klosko, J. S.）
　263
ゲーツ（Gates, A. I.）　240
ケーラー（Köhler, W.）　11, 85,
　86
コーカラン（Corcoran, D. W. J.）
　233
コスタ（Costa, P. T. Jr.）　232
ゴットフレドソン
　（Gottfredson, L. S.）　241
コフカ（Koffka, K.）　11, 140
コリンズ（Collinz, A. M.）　176
コール（Cole, M.）　218

ゴールドフリード（Goldfried,
　M.）　260
ゴールトン（Galton, F.）　212,
　256
ザウレス（Thouless, R. H.）
　150
サーストン（Thurston, L. L.）
　241, 242, 256
ザックス（Sachs, J.）　187
サピア（Sapir, E.）　217
シアーズ（Sears, R. R.）　239
ジェームズ（James, W.）　8, 9,
　24, 136, 162, 181
シェルドン（Sheldon, W. H.）
　224, 225
ジェンセン（Jensen, A. R.）
　241
シモン（Simon, T.）　257
シャクター（Schachter, S.）
　134
ジャネ（Janet, P.）　258
シャルコー（Charcot, J.）　258
シュテルン（Stern, W.）　240
シュミット（Schmidt, R. A.）
　98
ジョンソン-レアード（Johnson-
　Laird, P. N.）　205
シンガー（Singer, R. N.）　97
スイン（Suinn, R. M.）　260
スキナー（Skinner, B. F.）　13,
　75, 76, 90, 215, 239, 261
スキールズ（Skeels, H. M.）
　62
スタンバーグ（Sternberg, R. J.）
　240, 244, 245
スパーリング（Sperling, G.）
　168
スピアマン（Spearman, C. E.）
　241, 242, 244, 256
スピールバーガー
　（Spielberger, C. D.）　234
スペリー（Sperry, R. W.）　25,
　42
スペンサー（Spencer, H.）　7
スポールディング（Spalding,

289

290

索　引

D. A.） 50
スミス（Smith, E. E.） 177, 178
スミス（Smith, M.） 266
セリエ（Selye, H.） 25, 126, 133
セリグマン（Seligman, M. E. P.） 73, 123, 125, 137
セルフリッジ（Selfridge, O. G.） 160
ソーク（Salk, L.） 59
ソーンダイク（Thorndike, E. L.） 72, 76, 84, 86, 242
ダイ（Dye, H. B.） 62
ダーウィン（Darwin, C.） 7, 24, 45, 58, 136, 256
ダッドソン（Dodson, J. D.） 112
ターマン（Terman, L. M.） 240, 245, 257
ダラード（Dollard, J.） 239
タルビング（Tulving, E.） 176, 184
チョムスキー（Chomsky, N.） 214, 215, 219
ツァイガルニク（Zeigarnik, B.） 184
ディアボーン（Dearbone, W. F.） 240
ディーズ（Deese, J.） 212
ティチェナー（Titchener, E. B.） 8
ティンバーゲン（Tinbergen, N.） 45, 47
デヴィッツ（Davitz, J. R.） 135
デカルト（Descartes, R.） 7, 24
デニス（Dennis, W.） 61
デューイ（Dewey, J.） 9
トーマス（Thomas, J. C.） 208
トールマン（Tolman, E. C.） 13, 87
トンプソン（Thompson, W. R.） 54
ネズ（Nezu, A. M.） 260
ノーマン（Norman, D. A.） 161
ハイン（Hein, A.） 55
バウチャード（Bouchard, T. J.） 249
バード（Bard, P.） 134

バドリー（Baddeley, A. D.） 179
バートレット（Bartlett, F. C.） 188
パブロフ（Pavlov, I. P.） 25, 31, 67, 87, 261
ハル（Hull, C. L.） 13, 239, 261
ハーロー（Harlow, H. F.） 51
ハーロー（Harlow, M. K.） 53
バンデューラ（Bandura, A.） 87〜90, 95, 261
ピアジェ（Piaget, J.） 215
ピアソン（Pearson, K.） 256
ビネー（Binet, A.） 240, 245, 256
ヒポクラテス（Hippocrates） 22
ヒューム（Hume, D.） 7
ピントナー（Pintner, R.） 240
ビンドラ（Bindra, D.） 108
ファンツ（Fantz, R. L.） 57
フィッツ（Fitz, P. M.） 98
フェスティンガー（Festinger, L.） 127
フェヒナー（Fechner, G. T.） 6, 7, 24, 144
プラトン（Platon） 22
フランクス（Franks, J. J.） 188
ブランズウィック（Brunswik, E.） 140
ブランスフォード（Bransford, J. D.） 188
ブリッジマン（Bridgman, P. W.） 13
フロイト（Freud, A.） 258
フロイト（Freud, S.） 9, 10, 62, 117, 124, 185, 236, 239, 258
ブローカ（Broca, P.） 24, 33, 42
フロデラス-メイレド（Floderus-Myred） 249
ブロードマン（Brodmann, K.） 28
フロム（Fromm, E.） 259
ヘイズ（Hayes, S.） 260
ペイビオ（Pavio, A.） 194
ヘス（Hess, E. H.） 50
ヘッケル（Haeckel, E. H.） 43
ヘッブ（Hebb, D. O.） 25, 109

ベルガー（Berger, H.） 25
ヘルド（Held, R.） 55
ペンフィールド（Penfield, W.） 25, 33
ボークス（Boakes, R.） 65
ポストマン（Postman, L.） 190
ポズナー（Posner, M. I.） 98, 164
ホーナイ（Horney, K.） 259
ホランド（Holland, J. H.） 199
ホリオーク（Holyoak, K. J.） 199
ポール（Paul, G.） 264
ポルトマン（Portmann, A.） 60, 62
マイケンバウム（Meichenbaum, D. H.） 260
マギュ（McGue, M.） 249
マズロー（Maslow, A. H.） 117
マックレー（McCrae, R. R.） 232
松本亦太郎 15
マトリン（Matlin, M.） 185
マホニー（Mahoney, M.） 260
マレー（Murray, H. A.） 114
ミッシェル（Mischel, W.） 231
ミラー（Miller, G. A.） 172
ミラー（Miller, N. E.） 83, 239
メイヤー（Maier, N. R. F.） 201
メスメル（Mesmer, F. A.） 257
メルザック（Melzack, R.） 54
元良勇次郎 15
森田正馬 259
ヤーキーズ（Yerkes, R. M.） 112
ユング（Jung, C. G.） 257, 259
ラザルス（Lazarus, R. S.） 126
ラッシュレー（Lashley, K. S.） 25
ランゲ（Lange, C.） 133
リース（Rees, L.） 227
リネハン（Linehan, M.） 260
ルーチンズ（Luchins, A. S.） 200
ルビン（Rubin, E. J.） 147
レイナ（Rayner, R.） 70, 262
レビッツ（Levitt, E. E.） 238

ロジャーズ (Rogers, C. R.) 259
ローゼンツバイク (Rosenzweig, S.) 185
ローゼンツワイク (Rosenzweig, M. R.) 54
ロック (Locke, J.) 7
ロックハート (Lockhart, R. S.) 175
ロッシュ (Rosch, E.) 213
ロフタス (Loftus, E. F.) 176
ロールシャッハ (Rorschach, H.) 235
ローレンツ (Lorenz, K.) 45
ワーデン (Warden, C. J.) 116
ワトソン (Watson, J. B.) 10, 70, 73, 135, 238, 261, 262
ワーフ (Whorf, B. L.) 217

▌事項索引

◆欧文

α波→アルファ波
β波→ベータ波
δ波→デルタ波
θ波→シータ波
φ(ファイ)現象→仮現運動
A型行動 128
CAL (CAI) 91
CNV→随伴性陰性変動
CPI→カリフォルニア人格検査
CR→条件反応
CS→条件刺激
DRL スケジュール→低比率分化強化スケジュール
DTI→拡散テンソル画像法
EEG→脳波
EPI→アイゼンク性格検査
ERP→事象関連電位
FAP→恒常的動作パタン
FFPC→5因子性格検査
FI スケジュール→定間隔スケジュール
FR スケジュール→定率スケジュール
GSR→皮膚電気反射
IQ→知能指数
IRM→生得的解発機構
j. n. d.→丁度可知差異
KP→遂行の知識
KR→結果の知識
LTM→長期記憶
MA→精神年齢
MMPI, MMPI-2→ミネソタ多面人格目録
MPI→モーズレー性格検査
NEO-PI-R→ネオ・パーソナリティ目録改訂版
OR→定位反射

PF スタディ→絵画欲求不満テスト
QOL→生活の質
REM→急速眼球運動
REM 睡眠 25
SCT→文章完成テスト
SD→弁別刺激
SD 法→セマンティック・ディファレンシャル法
S-R 説 (理論) 87, 261
S-R 法則 10
S-R 連合 (結合) 67, 75, 87
S-S 説 87
S-S 連合 67, 87
SSS→刺激希求性尺度
STAI→状態-特性不安尺度
STM→短期記憶
TAT→主題統覚テスト
UR→無条件反応
US→無条件刺激
VI スケジュール→変動間隔スケジュール
VR スケジュール→変動比率スケジュール
WAIS 246
WISC 246
WPPSI 246
YG 性格検査→矢田部ギルフォード性格検査

◆あ 行

アイゼンク性格検査 (EPI) 229, 234
愛他行動 131
愛着 51
アクションスリップ 194
アセスメント (臨床心理学における) 266
アドレナリン 134

アナログ・デザイン 264
アフォーダンス 161
アメリカ心理学会 5, 255, 269
アメリカ陸軍式知能検査 246
アルファ波 (α波) 36
暗順応 145
鋳型モデル (パタン認識の) 160
怒り 31
意識主義 7〜10
意識の流れ 9, 258
維持リハーサル 174
1次強化 (子) 82
一事例実験デザイン 265
一卵性双生児 249
一貫性論争 (人間一状況論争) 230
一般知能因子 g 241
遺伝 (説) 223, 241, 247, 248
意味 209, 210
意味記憶 168, 174, 176, 210
意味測定法 211
イメージ化 (記憶における) 193
因果関係 17, 19
因子分析 211, 225〜227, 243, 256
ウェクスラー (・ベルヴュー) 式知能検査 245, 246, 257
ウェーバーの法則 144
迂回反応 124
嘘発見器 135
うつ (⇄抑うつ) 139
うつ病 127
運動器官 (⇄効果器) 23, 25
運動技能学習 96
運動残像 156
運動視差 153
運動神経 (⇄遠心性神経) 23, 25, 29

運動の知覚　154
エピソード記憶　168, 175, 176
エビデンス・ベースの心理療法　268
演繹(的)推理　199, 205
遠隔刺激　140, 141, 150
遠心性神経(⇄運動神経)　23, 25
延滞条件づけ　69
エンメルトの法則　152
応用行動分析　261, 265
置き換え　126
奥行知覚　55, 57, 58, 151
恐れ(⇄恐怖)　31
オペラント(反応)　76, 80
オペラント条件づけ　75, 94, 261
おや，なんだ反射　31, 166
音響記憶　169

◆か　行

快　31, 72, 185
外延的意味(⇄指示的意味)　209
絵画欲求不満テスト(PFスタディ)　236
外言　216
外向性　228, 230, 232, 249
概日リズム　39
蓋然性推理(⇄帰納推理)　199
階層群因子説　243
外的フィードバック(結果の知識，KR)　97
概念　211
概念学習　213
海馬　32
外胚葉型　224
解発刺激　46, 47, 59
回避行動　122
開放性　232
潰瘍(ストレス性の)　128
カウンセリング心理学(⇄相談心理学)　5
科学者―実践家モデル　261
拡散的思考能力　243
学習　41, 44, 49, 66, 113
　―の種類　66
学習・記憶の生理的基礎　41
学習原理の応用　90
学習性の無力感　123, 125, 137

学習理論　215, 238, 260
覚醒(⇄生理的覚醒)　39, 109, 111
覚醒水準　30, 162, 184
拡張テンソル画像法(DTI)　38
カクテルパーティ効果　163
仮現運動(φ現象)　11, 155
頭文字法(記憶術における)　193
過剰学習　191
過剰汎化　215
仮説推理　199
仮説の構成概念　13
画像記憶　169
形の知覚　159
学校心理学　5
葛藤(動機の)　120, 130
カフェテリア給食　103
構え　200, 201, 205
仮眠効果　180
カリフォルニア人格検査(CPI)　234
感覚　141
　―の範囲　144
感覚記憶　159, 168, 191
　―の持続時間　169
　―の容量　169
感覚器官(⇄受容器)　23, 25, 140, 143
感覚遮断　109
感覚類似の体験　142
眼球運動　40, 165
環境(説)　247, 248
環境と知能　54, 62, 63, 250
環境適応力　240
間欠強化(⇄部分強化)　78
還元主義(⇄要素還元論)　9, 11
還元主義(動機の)　117
観察学習　87, 95
干渉説(忘却の)　173, 180
感情　131
感性動機　111
桿体　144
間脳　32
顔面フィードバック仮説(情動の)　135
完了的行動　101
記憶　41, 167, 243
　―の永続性　190
　―の変容　186

記憶研究法　170
記憶術(⇄記憶増進法)　191
記憶容量　168, 172
幾何学的錯視　142
気質　223
　―と体型(⇄体型と気質)　223
帰属パターン　137
帰属(理論)　115, 134
機能局在　33
機能主義　9, 11
帰納推理(⇄蓋然性推理)　199
機能的固定　201
機能的自律性　117
機能的非対称性　42
機能分析　268
気分　131
基本情動　135
基本的動機　101, 116
記銘　170
逆向干渉　181, 182
逆行条件づけ　69
キャノン・バード説　134
嗅覚　60
休憩の効果　181
求心性神経(⇄知覚(感覚)神経)　23, 25
吸啜反射　59
急速眼球運動(REM)　41
教育心理学　5
強化　68, 78, 83, 95, 215
　―のスケジュール　78
強化子　76, 80
共感　131
驚盤運動　155
恐怖(⇄恐れ)　84, 132
　―の動機づけ機能　83
恐怖症　71, 93, 95
恐怖条件づけ　70, 261
恐怖低減　84
巨視的行動(⇄全塊的行動)　14
筋弛緩訓練　93
近接刺激　141, 150
空間知覚　150
空間の統合作用(知覚の)　146
空間の異方性　150
群化の要因　148
経験論(説)　7, 11, 248
継時条件づけ　69
形態心理学(⇄ゲシュタルト心

理学） 11, 148
系統的脱感作法 93, 264
系統発生(的発達) 4, 44
系列予言法 171
ゲシュタルト心理学(⇄形態心理学） 11, 148, 155, 185
ケース構築 263
血液型性格学 251
結果の知識(KR) 96
結晶性知能 241
幻覚 143
健康心理学 5
言語 197, 208
　—と認知 215
　—と文化 217
　—の恣意性 209
　—の文法 214
言語化の効果 216
言語機能 216
言語習得装置 215
言語性(知能)検査 246
言語相対性仮説 217
言語中枢 33
言語普遍性 219
顕在記憶 175
顕在的注意 164
現実否認(自我防衛の反応) 124
現象学的アプローチ 14
減衰説(忘却の) 173
5因子性格検査(FFPC) 232, 256
効果器(⇄運動器官) 23
工学心理学 5
効果の法則 75
交感神経系 35, 49
好奇動機⇄探索動機 110, 116
攻撃 31
攻撃行動 88, 122
高次条件づけ 82
恒常性(知覚の) 149
恒常性維持(⇄ホメオスタシス) 35, 102
恒常的動作パタン(FAP) 46
口唇期 238
構成主義 8, 262
構成の記憶 186
行動(動機と) 100
行動アセスメント 267
行動観察法 234

行動修正(法) 95, 261, 266
行動主義 10, 238
行動的アプローチ 14
行動的環境 140
行動(心的活動)の分類 23
行動変容法 261
行動療法 91, 239, 260, 263, 265, 268
肛門期 238
合理化(自我防衛的反応) 124
刻印づけ(刷り込み) 49, 50, 60
心の座 22
個人差研究 256
個体発生(的発達) 4, 44
骨相学 22
固着(リビドーの) 238
古典的条件づけ 67, 78, 82, 91, 261
個別式知能検査 245
痕跡条件づけ 69
コンピュータ 14, 158

◆さ 行

再構成法 171
再生 170
再認 170
最適覚醒水準 112
細長型 224
催眠(療法) 10, 258
作業記憶, 作動記憶(⇄ワーキングメモリ) 170
錯覚(錯視) 142, 152, 155
サピア-ワーフの仮説 217
産業心理学 5
三項(強化)随伴性 80
残像 142
三部理論(知能の) 244
地(⇄図と地) 147
シェーピング(⇄漸次的接近法) 77, 82, 90
ジェームズ・ランゲ説 133
視覚 60
視覚的断崖 57
仕掛け箱(⇄問題箱) 72, 74
自我防衛的反応(自我防衛機制) 124, 235, 258
時間的統合作用(知覚の) 146
軸索 26, 27
刺激閾(⇄絶対閾) 143, 145

刺激希求性尺度(SSS) 112
刺激頂 143, 145
刺激の等価性の前提 72
刺激般化(⇄一般化) 71, 81
思考 26, 197, 198, 243, 245
　—と文化 218
試行錯誤学習 72, 74, 86
自己刺激法 32
自己実現 118
自己制御 96
自己中心語 216
自己有効感 90
時差ボケ 40
指示的意味(⇄外延的意味) 209
視床下部 28, 30, 32, 103, 104, 105
事象関連電位(ERP) 37
自傷行為 265
自然観察法 17
シータ波(θ波) 36
実験心理学 4
実験的方法 16
失語症 42
実体鏡(⇄ステレオスコープ) 151
質問紙法(⇄パーソナリティ目録法) 234
自動運動 156
シナプス 25, 26, 27, 41
自発的回復 80
自閉症 269
脂肪細胞(肥満と) 107
社会的学習理論 87, 261
社会的隔離 52, 53, 54
社会的促進 106
社会的知覚 157
社会的適応能力 240
社会的動機 113, 118
自由再生法 171
従属変数 16
集団因子説(知能の) 242
集団(団体)式知能検査 245, 246
集中学習 181
集中的思考能力 243
自由連想(法) 10, 258
16PF(人格検査) 228, 257
主観的輪郭 147
熟練の技 97
樹状突起 26, 27, 41

主題統覚テスト(TAT) 114, 236, 257
受容器(⇄感覚器官) 23, 159
順向干渉 174, 182
順応 146
準備性(学習における) 61, 73, 78
障害 121
障害箱実験 116
消去 80
状況論 231
条件刺激(CS) 68, 92
条件づけ 68
条件反射(反応)(CR) 10, 26, 67, 68, 92
状態依存学習 184, 186
状態-特性不安尺度(STAI) 234
状態不安 234
情緒 131
情緒安定性(⇄神経症的傾向) 249
情緒的意味(⇄内包的意味) 209
情緒的動機 83
情動 119, 131
 ――の意識経験 132
 ――の中枢 31
 ――の中枢起源説 134
 ――の認知説 134
 ――の末梢起源説 133
 ――の理論 133
情動条件づけ 72
情動表出(⇄表情) 58, 136
小脳 27, 30
情報処理的アプローチ(問題解決の) 205
情報処理的研究(知覚の) 158
情報処理能力 162, 240
情報処理モデル(知能の) 244
初期経験(学習) 44, 49, 56, 61, 62, 156
職業倫理 271
処理レベル説 175
自律神経系 28, 32, 35, 49
 ――の覚醒(と情動) 135
自律反射 29, 45
思慮的反応 26
事例研究 19, 262
人格心理学(⇄パーソナリティ心理学) 4
進化論 7, 9

神経細胞(⇄ニューロン) 26, 27, 29
神経質 259
神経症 71, 239
神経症的傾向(⇄情緒安定性) 228, 230, 232, 249
神経心理学 4, 36, 195
神経網 27
新行動主義 12
心身医学 128
心身症 77, 127
心身相互作用説 7
新生児の感覚 60
新生児の反射 59
深層構造(文の) 214
心像 143
身体緊張型 225
心的活動 3, 22
 ――の分類 26
人物画テスト 236, 257
新フロイト派 259
信頼性(テストの) 236
心理学の研究方法 15
心理学の諸領域 5
心理学の歴史 6
心理的分泌 67
心理テスト(性格検査) 256
心理物理学(⇄精神物理学) 144
心理面接 267
心理療法 257
心理薬理学 4
親和動機 114
遂行の知識(KP) 97
水晶体の調節作用 151
錐体 144
睡眠 40
睡眠-覚醒リズム 39
推理 86, 198, 205
鈴木・ビネー知能検査 245
随伴性 76, 78
随伴性陰性変動(CNV) 38
スキナー箱 31, 75
スキーマ(理論)(運動技能学習の) 98, 188
スキャロップ現象 79
図地反転 147
スタンフォード・ビネー知能検査 245
すっぱいブドウ反応(⇄合理化) 127

ステレオスコープ(⇄実体鏡) 151
図と地 147
ストレス 25, 36, 77, 122, 126, 186
ストレッサー 126
頭脳緊張型 225
性格検査(⇄パーソナリティ・テスト) 234
生活の質(QOL) 131
誠実性 232
成熟 61
精神年齢(MA) 247, 257
精神物理学(⇄心理物理学) 7, 144
精神分析(学) 9, 10, 236, 258
精神分析的アプローチ 14
精神分裂病(⇄統合失調症) 223, 224
精緻化リハーサル 174
生得(観念)論(説) 7, 248
生得的解発機構(IRM) 46
生得的行動 44, 56, 58
生得的知覚様式 57
正の情動 131, 137
生物学的アプローチ 14
生物学的運動(⇄バイオロジカルモーション) 149
生物の動機 102, 118
生物的枠組み(制約) 61, 78, 90
生物時計 39
生物(生体)リズム 39
生理心理学 4, 36
生理測定 268
生理的覚醒(⇄覚醒) 134
生理的早産 60, 62
脊髄 23, 28, 29
脊髄神経系 28
脊髄反射 28
接近行動 120
接近の法則 70
摂食行動 30, 103
摂食(空腹)中枢 104
絶対閾(⇄刺激閾) 143
設定値理論(肥満の) 107
節約法 171, 180
セマンティック・ディファレンシャル(SD)法 210, 212
全塊的行動(⇄巨視的行動) 14
宣言的記憶(知識) 168, 175,

索　引

208
潜在記憶　175
潜在的注意　164
漸次的接近法(⇌シェーピング)　77
全体論　12
全体報告法(記憶の)　185
選択的注意　163
躁うつ気質(病)　224
相関(法)　18, 256
相関係数(r)　19, 226, 256
操作子　206
操作的定義(概念の)　13
操作動機　110
走性　44
双生児(と遺伝)　249
創造性(創造的思考能力)　244, 247
相談心理学(⇌カウンセリング心理学)　5
側抑制　159
組織心理学　5
素性の束(意味)　210

◆ た　行

体型と気質(⇌気質と体型)　223
退行(自我防衛的反応)　124
胎児期　61
対処(ストレスへの)　126
対処の柔軟性　126
代償的反応　123
対処不可能性(ストレスと)　128
対人恐怖症　259
大脳化　27
大脳半球　27, 42
　──の機能的非対称性　41
大脳皮質　28, 30, 33
大脳辺縁系(⇌辺縁系)　32
代理強化　89
多重知能(MI)理論　242
妥当性(テストの)　236
達成動機　114
田中・ビネー知能検査　245
タフ・マインド傾向　229
短期記憶　41, 168, 170, 191
　──の持続時間　171
　──の容量　172
男根期　238

探索(⇌好奇)動機　116
知覚　26, 139, 140, 205
　──の恒常性　149
　──の再体制化　86, 201
　──の選択性　141
　──の統合性　141
知覚運動学習　181
知覚学習　87
知覚(感覚)神経(⇌求心性神経)　23, 25, 29
知覚的防衛　157
知識　175, 176, 188, 190, 208
知・情・意　3
知的適応能力　240
知能　239
　──と環境　54, 62, 63
　──(知性)の構造　241, 244, 257
知能検査　245, 257
知能指数(IQ)　241, 247, 257
知能偏差値　247, 248
チャンキング　192
チャンク　172, 192
地理的環境　140
注意　37, 162
　──と記憶　169, 191
注意容量　162
抽象的思考能力　240
中心窩　145, 164
中心転換　201
中枢神経系　23, 25, 27, 28
中枢的動機状態　108
中断作業効果(⇌ツァイガルニク効果)　184
中胚葉型　224
聴覚　60, 145
長期記憶　41, 168, 174, 175
調査法　18
調整作用(水晶体の)　151
超正刺激　47
丁度可知差異(j.n.d.)　143
調和性　232
直後強化　76, 91
直接強化　90
直観像　143
ツァイガルニク効果(⇌中断作業効果)　184
対連合学習法　171
通況状的一貫性　230
月の錯視　152
定位反射(OR)　31, 68

定間隔スケジュール(FI スケジュール)　78
定義的特性(概念の)　177
ティーチング・マシン　90
低比率分化強化スケジュール(DRL スケジュール)　80
定率スケジュール(→FR スケジュール)　80
手がかり依存(と忘却)　183
適応性　97
適応(的行動)　44, 66
適応の心理学　9
適性　247
適当刺激　143
手続き的記憶(知識)　168, 174, 208
徹底的行動主義　13
デマ　189
デルタ波(δ 波)　36
転移　98
てんかん　224
典型性(概念の)　178, 213
転導推理　199
展望的記憶　194
動因　46, 59, 72
　──の 3 機能　108
動因低減　72, 109
投映(影)法　158, 234, 235
動機　100
　──の階層　117
　──の葛藤　120
　──のピラミッド　118
　──の分類　101
動機づけ　26, 90, 91, 100, 131
　──と忘却　183
道具的条件づけ　72, 78, 82
統合失調症(⇌精神分裂病)　223, 270
動作性(知能)検査　246
洞察(学習)　86, 204
闘士型　224
同時条件づけ　68
投射(自我防衛的反応)　124
動的知覚　157
特殊飢餓　103
特殊知能因子 s　241
特性比較モデル(意味記憶の)　177, 178
特性不安　234
特性論　226, 227
特徴抽出モデル(パタン認識

の) 158, 160
特徴的特性(概念の) 177
独立変数 16
闘争あるいは逃走反応 48
トップダウン型処理(パタン認識の) 162, 166

◆な 行

内観(⇄内省) 7, 8
内観療法 259
内向性 228, 230
内言 216
内省(⇄内観) 7, 8
内臓緊張型 225
内的フードバック(運動技能学習における) 97
内胚葉型 224
内発的動機 109
内包的意味(→情緒的意味) 209
慣れ 31, 66, 146
2次強化(子) 82
二重符号化仮説(記憶の) 194
日常記憶 194
日本心理学会 271
日本の心理学 15
ニューロン(⇄神経細胞) 25, 26, 27, 29
二卵性双生児 249
人間工学 158
人間性の心理学 15
認知 158, 245
認知質 143
認知学習 86, 87
認知行動療法 260, 261, 267, 269
認知説(シャクターの) 134
認知地図 87
認知的アプローチ 14
認知的不協和理論 127
認知動機 110
認知評価説(情動の) 135
認知療法 260
ネオ・パーソナリティ(人格)目録改訂版(NEO-PI-R) 232, 234
ネットワークモデル(意味記憶の) 176, 210
粘着気質 224
脳画像研究 195

脳幹網様体 28, 29
脳機能イメージング 36, 38
脳室機能局在説(ガレヌスの) 22
脳・神経系 28
脳の構造 27
脳波(EEG) 36, 40

◆は 行

把握反射 59
バイオフィードバック 77
バイオロジカルモーション(⇄生物学的運動) 149
媒介(記憶における) 192
媒介変数 13, 101
白昼夢(自我防衛的反応) 124, 198
場所法(記憶術における) 194
派生的動機 101
パーソナリティ 221
　――の5因子モデル(⇄ビッグファイブ) 231, 234
パーソナリティ心理学 4
パーソナリティ・テスト(検査) 233, 234
パーソナリティ目録法(→質問紙法) 234
パタン認識 158, 160
罰 79, 89
罰子 79
発達心理学 4
パニック障害 263
バビンスキー反射 59
般化(⇄刺激般化) 81
般化勾配 81
反射 25, 28, 45
汎性欲説 10
パンデモニウムモデル 160
反動形成(自我防衛的反応) 124
反応学習 87
反応性相互作用(パーソナリティ形成の) 251
ピアジェ-ヴィゴツキー論争 215
比較行動学 45
比較心理学 4
比較認知 218
微視的行動(⇄分子的行動) 14

非実験的方法 17
ビジランス 162
ヒステリー 257, 258
ビッグファイブ(⇄パーソナリティの5因子モデル) 231, 234
必要 101
独り言(幼児の) 216
ビネー式知能検査 245, 257
皮膚電気反射(GSR) 68, 133
肥満 104, 107
肥満型 224
ヒューマン・エラー 31
ヒューリスティック 205
表情(⇄情動表出) 136
表象・媒介過程 211
表層構造(文の) 214
標的オペラント 77
標本(サンプル) 18
非連合学習 66
不安 132
　――の階層 93
フェヒナーの法則 144
不快 31, 72, 185
孵化効果 204
副交感神経系 35, 49
輻輳 151
符号化 172, 174
符号化特定性原理 184
負の情動 131
部分強化(⇄間欠強化) 78
部分報告法(記憶の) 169
ブラウン・ピーターソン・パラダイム 171
フラストレーション(⇄欲求不満) 121
プラセボ効果 257
プランター 130
フリー・オペラント 78
プルキンエ現象 145
プレグナンツの法則 148, 186
ブロックの法則 147
分化 81
文化 132, 217, 218, 247, 259, 260, 271
分割的注意 162
分散学習 181
分子的行動(⇄微視的行動) 14
文章完成テスト(SCT) 236
文章の記憶 187

文法習得の生得説　215
分離脳　42
分裂気質　224
ベータ波(β波)　36
辺縁系(⇄大脳辺縁系)　32
辺縁皮質　32
変形生成文法　214
ベンダー・ゲシュタルト・テスト　257
変動間隔スケジュール(→VIスケジュール)　79
変動比率スケジュール(→VRスケジュール)　80
弁別　81
弁別閾　143
弁別刺激(SD)　80
忘却　167, 173, 180
　短期記憶からの—　173
　長期記憶からの—　180
忘却曲線　179, 181
防御反射(反応)　29, 49
飽食中枢　105
報酬　79, 89
保持　170
保持曲線　180
ポジティブ心理学　137
母集団　18
補償(自我防衛的反応)　124
ボトムアップ型処理(パタン認識の)　160, 166
ホメオスタシス(⇄恒常性維持)　102, 105, 109
ポリグラフ　40
ポリアンナ原理　185
ボールダーモデル　261
ホルモン　35
本能(的行動)　30, 45, 59, 100, 117

◆ま 行

末梢神経系　23, 25, 28
マッハ効果　159
味覚　60
ミネソタ多面人格目録(MMPI, MMPI-2)　234, 257
無意識　9, 258
無意識的動機　100
無条件刺激(US)　68, 92
無条件反応(UR)　68, 92
無力感(⇄学習性の無力感)　123
明順応　145
命題　205
迷路　65, 75
メタ分析　266
面接法　234
網膜　141, 144, 150, 158
目撃証言　189, 195
目標　100
モーズレー性格検査(MPI)　229
モデリング　95
モニター　130
物語連鎖法(記憶における)　193
模倣　88, 215
森田療法　259
モロー反射　59
問題　200
　—の定式化　206
問題解決　98, 200, 205
問題空間　206
問題箱(⇄仕掛け箱)　72

◆や 行

ヤーキーズ・ダッドソンの法則　112, 162
野生児　52, 53
矢田部ギルフォード性格検査(→YG性格検査)　234
夜尿症の治療　92
誘因　101, 105
誘導運動　155
要素還元論(⇄還元主義)　9, 11
抑圧(自我防衛的反応)　124, 185, 258
抑うつ(⇄うつ)　123

予測不可能性(とストレス)　130
欲求阻止　120
　—に対する反応　122
欲求不満　119, 121
欲求不満耐性　127

◆ら 行

来談者(クライエント)中心療法　259
力動的心理療法　258
リズム(睡眠—覚醒)　39
リハーサル　174
リビドー　238, 258
流動性知能　241
両眼視差　151
臨界期　49, 50, 51, 60
臨床心理学　5, 253, 254
　—の基礎訓練　261
　—の研究法　262
　—の領域　254
　—の歴史　255
類型(論)　223, 224, 230
類推　199
歴年齢(生活年齢)　247
レスポンデント条件づけ　68
レミニセンス　181, 182
連合学習　66, 67
連合の法則　7
連合論　7, 11
連鎖反射　45
連想価　170
連想検査(テスト)　236, 257
連想法　212
連続強化　78
ロールシャッハ・テスト　235, 236, 257

◆わ 行

ワーキングメモリ(⇄作業記憶, 作動記憶)　170, 178

ⓒ 今田 寛・宮田 洋・賀集 寛 2016

1986年 1 月10日	初　版　発　行	
1991年 1 月15日	改 訂 版 発 行	
2003年 4 月 2 日	三 訂 版 発 行	
2016年 4 月20日	四 訂 版 発 行	
2020年 9 月10日	四訂第 4 刷発行	

心 理 学 の 基 礎

編者　今田　　寛
　　　宮田　　洋
　　　賀集　　寛

発行者　山本　　格

発行所　株式会社　培風館
東京都千代田区九段南4-3-12・郵便番号102-8260
電話(03)3262-5256(代表)・振替00140-7-44725

中央印刷・牧 製本

PRINTED IN JAPAN

ISBN978-4-563-05245-4　C3011